COMÉRCIO E POLÍTICA COMERCIAL NO BRASIL

Desempenho, interesses e estratégias

COMÉRCIO E POLÍTICA COMERCIAL NO BRASIL
Desempenho, interesses e estratégias

Coordenador:
Pedro da Motta Veiga

Colaboradores:
João Paulo Cândia Veiga
José Tavares de Araujo Jr.
Leane Cornet Naidin
Lia Valls Pereira
Maria Fernanda Gadelha
Maria Regina Soares de Lima
Marta Calmon Lemme
Marta R. Castilho
Paulo Bastos Tigre
Ricardo Markwald
Roberto M. Iglesias
Sandra P. Rios
Vivianne Ventura-Dias

LATN LATIN AMERICAN TRADE NETWORK

[i+d] CINDES Centro de Estudos de Integração e Desenvolvimento

Editora Singular

Dados Internacionais de Catalogação na Publicação (CIP)
(Câmara Brasileira do Livro, SP, Brasil)

C738 Comércio e política comercial no Brasil: desempenho, interesses e estratégias. Coordenadores: Pedro da Motta Veiga; Latin American Trade Network e Centro de Estudos de Integração e Desenvolvimento (CINDES). São Paulo: Singular, 2007.

308 p.
ISBN: 978-85-86626-38-8

Autores: João Paulo Cândia Veiga; José Tavares de Araujo Jr.; Leane Cornet Naidin; Lia Valls Pereira; Maria Fernanda Gadelha; Maria Regina Soares de Lima; Marta Calmon Lemme; Marta R. Castilho; Paulo Bastos Tigre; Pedro da Motta Veiga; Ricardo Markwald; Roberto M. Iglesias; Sandra Polónia Rios; Vivianne Ventura-Dias.

1. Política comercial – Brasil. 2. Comércio Exterior. I. Latin American Trade Network. II. Centro de Estudos de Integração e Desenvolvimento (CINDES). III. Araujo Jr., José Tavares de. IV. Castilho, Marta R. V. Gadelha, Maria Fernanda. VI. Iglesias, Roberto M. VII. Lemme, Marta Calmon. VIII. Lima, Maria Regina Soares de. IX. Markwald, Ricardo. X. Naidin, Leane Cornet. XI. Pereira, Lia Valls. XII. Rios, Sandra Polónia. XIII. Tigre, Paulo Bastos. XIV. Veiga, João Paulo Cândia. XV. Veiga, Pedro da Motta. XVI. Ventura-Dias, Vivianne.

CDU: 339.564(81) CDD: 338.0981

Revisão: Paola Morsello
Diagramação: Microart – Com. Editoração Eletrônica Ltda.
Capa: Studio Graal

Editora Singular
Rua José Nóbrega Barbosa, 100
02336-090 – São Paulo-SP
Tel/fax: 55 11 38621242
e-mail: singular@editorasingular.com.br
site: www.editorasingular.com.br

SUMÁRIO

APRESENTAÇÃO

Pedro da Motta Veiga

Criada há dez anos, a Rede Latino-americana de Política Comercial (LATN – Latin American Trade Network) se converteu, em seu período de existência, na principal rede de conhecimento na área de comércio e política comercial na região.

Como se observa em recente avaliação externa das atividades da rede, são traços distintivos da rede o desenvolvimento de uma perspectiva de economia política – que enfatiza as relações de conflito e de cooperação entre os interesses que se articulam em torno da definição das agendas e dos impactos da política comercial – e a prioridade conferida à interação entre a reflexão acadêmica e as agendas de política comercial de diferentes atores sociais. Boa parte dos resultados logrados pela rede pode ser atribuída a esse perfil, que também inclui a flexibilidade para antecipar e acompanhar a evolução das agendas de política comercial e a opção por um modelo de gestão descentralizado.

Como parte do processo de descentralização da rede, foram criados, há três anos, dois núcleos regionais (CAN e América Central) e um núcleo de cobertura nacional, responsável pelo Brasil. É a produção do núcleo brasileiro da rede nos seus primeiros anos de vida que está reunida neste volume.

O livro está organizado em quatro eixos temáticos, em que se discutem questões pertinentes não apenas à agenda de política comercial brasileira, mas também temas relevantes para os demais países da região e para o funcionamento do que por vezes se denomina sistema mundial de comércio. Há temas relativos à experiência de política comercial do atual governo brasileiro e às negociações comerciais em curso seja no plano multilateral seja na esfera dos acordos preferenciais. A questão dos impactos distributivos do comércio e da política comercial, tema que vem adquirindo maior relevância nos últimos anos em função da emergência de novos atores na arena de política comercial, recebe atenção em três trabalhos especificamente direcionados a esse tema. As interseções e relações entre inovações tecnológicas – principalmente as vinculadas à introdução e difusão de TICs (tecnologias de informação e de comunicação) – também são exploradas, deixando claro que há nessa área questões que se tornarão crescentemente importantes para aqueles que se interessam pelos temas comerciais e, de forma mais ampla, pelas relações entre integração internacional e objetivos de desenvolvimento.

POLÍTICA COMERCIAL E POLÍTICA EXTERNA DO BRASIL

AUTONOMIA, NÃO-INDIFERENÇA E PRAGMATISMO: VETORES CONCEITUAIS DA POLÍTICA EXTERNA DO GOVERNO LULA

Maria Regina Soares de Lima

Inserção internacional e política externa

Na avaliação da política externa duas crenças têm sido propaladas. A primeira é a suposta continuidade das orientações da política externa ao longo da história, com poucas mudanças de rumo e grande estabilidade, ainda mais quando comparada com alguns de nossos vizinhos. A outra diz respeito ao consenso na sociedade brasileira com relação à política externa, o que, de certa forma, seria um dos elementos responsáveis pela sua continuidade. A avaliação positiva está relacionada à sua legitimidade entre as elites no sentido de constituir um instrumento relevante do projeto de desenvolvimento nacional. Esta crença se consolidou em parte como um legado do processo de formação do Estado brasileiro e, em parte, como uma construção intencional dos agentes diplomáticos. Como é sabido, o processo de constituição das fronteiras nacionais se fez por uma série de arbitragens internacionais, amplamente favoráveis aos interesses brasileiros, de modo que o país ingressou na modernidade tendo resolvido praticamente todos os conflitos territoriais com seus vizinhos. Este processo relativamente pacífico legou às elites a percepção de que as principais ameaças externas não envolviam as questões clássicas de guerra e segurança militar, mas de vulnerabilidade econômica e desenvolvimento.

Ao longo dos anos, a prática e o discurso diplomáticos reforçaram essa percepção da contribuição da política externa aos desafios econômicos da nação. Durante a Guerra Fria, a diplomacia brasileira foi uma das principais articuladoras da idéia de que a segurança internacional só seria alcançada pelo desenvolvimento, mote que marcou a atuação do País nas arenas multilaterais de então. No plano da diplomacia econômica multilateral se manifestou claramente a estreita vinculação entre a inserção econômica internacional do País e sua política externa. Naqueles fóruns, o Brasil destacou-se como uma das lideranças do Terceiro Mundo no sentido de demandar mudanças na ordem liberal e instituição de mecanismos que levassem em conta a posição desvantajosa daqueles países no comércio mundial. No eixo Norte-Sul, a política externa combinava, portanto, relativo protagonismo na liderança terceiro-mundista e defesa do modelo de industrialização com base na indução estatal e economia fechada. Aquela sintonia fina entre inserção internacional e orientação política garantiu não apenas relativa continuidade, mas grande legitimidade entre as elites brasileiras do papel da política exterior no desenvolvimento nacional.

As transformações da macroestrutura de poder nas décadas de 1980 e 1990 foram cruciais para entender a mudança de paradigma internacional do Brasil, no pós-Guerra Fria. Os múltiplos efeitos daquela transformação sistêmica até hoje se fazem sentir. Mas cabe assinalar duas conseqüências por seu impacto na inserção internacional de países intermédios como o nosso: por um lado, a remoção de obstáculos políticos e territoriais à expansão global do capitalismo como conseqüência da eliminação da oposição na política internacional, do desaparecimento do contra-modelo do socialismo, fenômeno definido pelo conceito de globalização; e, por outro, a crise do Terceiro Mundo, resultado de uma combinação de fatores dos quais os mais relevantes foram a crise da dívida externa, a crise fiscal e a exaustão do modelo prévio de crescimento voltado para dentro, com base na estratégia de substituição de importações. A conseqüência política dessas mudanças foi erodir a coalizão terceiro-mundista que havia sido uma dos principais balizadoras da diplomacia econômica do Brasil desde os anos 1970.

A abertura da economia a partir dos anos 1990 e a integração do Brasil nos circuitos globalizados do consumo e da produção iriam romper a sintonia fina que existia entre inserção econômica internacional e política externa. Um dos exemplos de iniciativa em que se buscou restaurar aquela sintonia, em um contexto de integração de regionalismo aberto, foi a constituição do Mercosul. Essa iniciativa representou uma aliança tácita entre os setores favoráveis à abertura econômica, uma vez que o acordo funcionaria como uma solda para consolidar as iniciativas de abertura comercial, e os setores desenvolvimentistas, bastante enfraquecidos pelo fortalecimento das políticas orientadas pelo mercado, mas que viam no Mercosul um instrumento importante para aumentar o poder de barganha do Brasil e da Argentina nas negociações internacionais. Vista do lado brasileiro, a crise atual do Mercosul espelha esta disjunção já que as medidas que visam recriar seu dinamismo anterior são antes motivadas pelas prioridades da política externa do que impulsionadas pelos interesses comerciais, uma vez que uma parte destes prioriza mercados globais e não apenas regionais. São esses mesmos interesses que defendem o rompimento do vínculo institucional da política externa e política de comércio exterior, que, se levada a cabo, configuraria a separação de fato da inserção econômica internacional e política externa.

As transformações regionais e domésticas, em especial a democratização política, permitiram ao Brasil universalizar suas relações internacionais, simbólica e materialmente representadas seja pelo reconhecimento de Cuba, seja pela aproximação inédita com Argentina e a criação do Mercosul. Todas estas transformações internacionais e domésticas tornaram sem efeito um dos parâmetros centrais na definição de sua identidade internacional no período da Guerra Fria: qual seja o eixo leste-oeste referido ao alinhamento maior ou menor à política externa dos EUA. Com relação à dimensão norte-sul, a mudança na estratégia de inserção internacional, e a reestruturação e diferenciação da periferia modificaram o patamar da inserção do Brasil nas arenas de negociação econômica multilateral.

Nas arenas comerciais multilaterais, o Brasil vai passar da adesão unilateral ao novo ordenamento normativo comercial que se inaugura com a transformação do GATT em OMC, nos anos 1990, para um papel de protagonista na linha de frente dos países em desenvolvimento, com uma mudança significativa de protagonismo, porém, agora calcado em um papel ofensivo em face da liberalização dos mercados agrícolas dos países centrais. No plano político, as modificações também são de relevo devido ao desaparecimento do antagonismo bipolar da Guerra Fria e conseqüente perda de funcionalidade dos paradigmas de política externa. Estudo sobre a comunidade de política externa detectou um relativo consenso com respeito ao exercício de um papel protagônico pelo País, mas diferenças sensíveis no que diz respeito às estratégias concretas de inserção internacional.[1]

Essas diferenças de estratégia sugerem dois modelos de potência média que um país como o Brasil poderia desempenhar na cena mundial, configurando-se dois modelos alternativos de política externa no período pós-Guerra Fria. Por um lado, aquele calcado no conceito de "autonomia pela participação", cuja ênfase recai no desempenho de um papel clássico de potência média no sentido de adesão e colaboração às instituições e normas multilaterais que se desenham na atualidade e no exercício de um papel construtivo na governabilidade internacional.[2] O outro modelo tem por inspiração os paradigmas autonomistas prévios, mas deles se diferenciam pelo componente ofensivo e não defensivo no ordenamento mundial e, em especial, pela afirmação da necessidade de articulação da ação coletiva de países intermediários como o Brasil, com vistas à transformação da ordem por via da mudança das normas internacionais vigentes, combinada à construção

[1] Cf. Amaury de Souza, *A agenda internacional do Brasil: um estudo sobre a comunidade brasileira de política externa*, CEBRI, Rio de Janeiro, 2002.

[2] A elaboração conceitual do modelo de "autonomia pela participação" foi efetuada por Gelson Fonseca Jr., em *A legitimidade e outras questões internacionais; poder e ética entre as nações,* São Paulo, Paz e Terra, 1998.

de pólos regionais de poder, contribuindo assim para atenuar a excessiva unipolaridade do sistema internacional do pós-Guerra Fria.[3]

Com alguma simplificação, se poderia dizer que essas duas visões de "potência média" guardam semelhança com as orientações da política externa no período pós-Guerra Fria. A gestão externa do governo Fernando Henrique Cardoso estaria mais próxima do modelo da "credibilidade pela participação na ordem" e a de Luiz Inácio Lula da Silva do modelo da "autonomia pela mudança da ordem".

Continuidade e mudança na política externa do governo Lula

A principal influência intelectual na concepção de política externa do primeiro governo do PT são as idéias contidas no modelo de "autonomia pela mudança da ordem", acima exposto. Naturalmente que a prática a política externa não é o reflexo perfeito de sua origem intelectual. Esta não apenas tem que fazer face aos legados existentes, mas também às restrições advindas do comportamento dos demais países. Como já argumentado, o governo Lula deu continuidade à política restritiva macroeconômica de seu antecessor, mas inovou tanto na política social como na política externa. Nesta última, contudo, também se observou relativa continuidade em vista de sua natureza como questão de Estado e por envolver longos processos de negociação que podem perdurar por mais de uma década. Nas eleições presidenciais de 2006, porém, a política externa foi alçada, pela oposição, à condição de tema político-partidário. De modo geral, as críticas se concentraram na necessidade de abandonar a orientação terceiro-mundista do governo Lula e de retornar às relações com os países desenvolvidos, em particular os Estados Unidos e a União Européia.

O curioso é que na orientação externa do governo Lula não se encontram indícios de um afastamento com relação nem a uns nem à outra, até porque a estrutura diversificada do relacionamento econômico externo não aconselharia uma concentração em qualquer um dos grandes parceiros. O que é verdade sim é que o atual governo, tal como sucedera no anterior, não se mobilizou com relação à constituição da Alca, no que, de resto, foi acompanhado pelos Estados Unidos, nem conseguiu fechar um acordo Mercosul/União Européia, novamente por dificuldades de ambos os lados.

Na medida em que se negociam novas regras e medidas substantivas, com impactos diversificados na sociedade brasileira, é inevitável que esses proces-

[3] Para o desenvolvimento conceitual desse modelo de política externa, ver Samuel Pinheiro Guimarães, *Desafios brasileiros na era dos gigantes*, Rio de Janeiro, Contraponto, 2006.

sos gerem a politização da política externa. Por outro lado, persiste a falta de um consenso nacional com relação ao grau de aprofundamento da integração internacional da economia brasileira, bem como de extensão da delegação da soberania econômica a instituições de integração regional.[4]

Vetores conceituais

É no componente político propriamente dito que o governo Lula buscou inovar e se diferenciar das experiências pretéritas. O discurso diplomático se constrói a partir de três vetores conceituais, por assim dizer. O primeiro deles se refere a uma visão do sistema internacional com tintas multipolares ou, pelo menos, com potencial para brechas de uma estrutura que se reconhece ainda unipolar. Nesse contexto, trata-se de construir capacidade de influência na elaboração de novas normas e padrões globais e regionais, de modo a torná-los mais permeáveis aos interesses dos países do Sul. Esse vetor está informado pelo legado "autonomista" de experiências passadas, como o foram a "política externa independente" dos anos 1960, ou o "pragmatismo responsável" dos anos 1970. A renovação da postulação de um assento permanente no Conselho de Segurança das Nações Unidas é o melhor exemplo dessa busca do exercício de uma política externa própria[5] e do reconhecimento pelas potências da sua relevância, pelos papéis que pode desempenhar na comunidade das nações, nas questões da paz e do desenvolvimento.[6]

A diferenciar de outros experimentos autonomistas, em particular o "pragmatismo responsável", é que o contexto democrático implica que o exercício da autonomia no plano externo é dependente também de sua ratificação interna. Uma outra diferença bastante significativa tem a ver com a aceitação pelas elites dirigentes de que o Brasil só terá o reconhecimento que almeja na sociedade de Estados desiguais se puder "falar" por outros que não sejam apenas seus nacionais, isto é se representar uma determinada categoria de países. Ainda que esse truísmo já fosse conhecido dos atores do pragmatismo responsável, a novidade fica por conta do reconhecimento

[4] Ver Pedro da Motta Veiga, As negociações comerciais intra e extra-Mercosul, *Análise de Conjuntura OPSA*, n. 3, fev. 2005. Disponível em: http://observatorio.iuperj.br.

[5] "Independente", ecumênica", "pragmática" e "soberana" foram expressões utilizadas para definir a política externa em todos os momentos em que o país buscou afirmar seus interesses em face de alinhamentos dados como incondicionais.

[6] Para uma discussão dessa aspiração na história da política externa, ver Maria Regina Soares de Lima, Aspiração internacional e política externa, *Revista Brasileira de Comércio Exterior*, ano XIX, jan.-mar. 2005.

no presente de que qualquer representação implica sua aceitação também pelo representado. Em outras palavras, que a coordenação da ação coletiva envolvendo outros atores nacionais tem custos que incidem diretamente sobre o grau de autonomia e flexibilização dos interesses particulares a que se está disposto a abrir mão em prol dos interesses coletivos.

A política sul-americana do atual governo sugere que a diplomacia reconhece os custos da liderança regional, seja na concessão de benefícios materiais, como créditos especiais aos vizinhos, seja na atenuação da arraigada tradição do "esplêndido isolamento" em relação aos assuntos domésticos dos vizinhos. Destaque-se, nesse particular, a intermediação brasileira na formação do Grupo de Amigos da Venezuela e no conflito entre aquele país e a Colômbia. Essa mediação não se observou, porém, em todas as situações de conflito, ressaltando-se a ausência da intermediação do País no conflito envolvendo Argentina e Uruguai, em torno das indústrias de papel. Em um horizonte geográfico mais distante, mas exemplo da aceitação dos "custos da liderança", mencione-se o comando brasileiro de uma força de paz de cerca de 1.200 soldados no Haiti desde junho de 2004. Ainda que ao longo dos anos o Brasil tenha contribuído em diversas missões dessa natureza, em comparação com a Argentina, porém, sua participação em termos de tamanho do contingente militar e de localização geográfica da missão foi sempre menor e normalmente restrita a regiões com prévios vínculos políticos e culturais, como por exemplo os países africanos de língua portuguesa, o Timor Leste (de colonização portuguesa) e países latino-americanos. A participação militar brasileira no Haiti não apenas demonstra uma nova postulação com respeito ao exercício de um papel mais interveniente em face de situações de conflito interno e/ou guerra civil que possam reverberar em seu perímetro de segurança, como se dá em um país do Caribe, região de fracos vínculos com o Brasil.[7] Nos anos 1990, por exemplo, o Brasil absteve-se de apoiar no Conselho de Segurança das Nações Unidas o envio de uma missão multinacional àquele País, posição acompanhada pela República Popular da China.

Duas objeções poderiam ser feitas a essa argumentação. A primeira delas, teoricamente frágil, é que as "boas ações" brasileira são motivadas por interesses próprios, seja para impulsionar e ampliar as exportações e os investimentos brasileiros na região, seja para obter um assento permanente no Conselho de Segurança da ONU. Meu argumento não pressupõe qualquer componente altruísta no comportamento brasileiro. Trata-se na verdade de sugerir, como novidade nesse comportamento, o exercício de um papel de auto-interesse esclarecido capaz de arcar com os custos da ação

---

[7] Para a análise da participação de países sul-americanos na MINUSTAH, ver Mônica Hirst, A intervenção sul-americana no Haiti, *Análise de Conjuntura OPSA*, n. 6, jun. 2007.

coletiva, porque os benefícios dela derivados, inclusive no longo prazo, são expressivos. A questão pertinente é se o Brasil está disposto a participar da vida regional e se de fato aceitaria investir na garantia da estabilidade regional em uma quadra em que a área, como outras periféricas do planeta, fosse abandonada a sua própria sorte?

A outra objeção é pertinente ao argumento e refere-se à Argentina. Parece certo que qualquer política inovadora de "aprofundamento da inserção regional" só terá sucesso com a cooperação da Argentina, tese que tem se comprovado verdadeira com o maior envolvimento do Brasil na região. O problema é que um dos principais objetivos do governo brasileiro tem natureza soma-zero, uma vez que nenhum dos dois países aceitaria compartilhar o mesmo assento permanente e, mesmo na eventualidade de que os membros atuais aceitassem abrir o Conselho para uma nova inclusão, caberia apenas um representante regional. Sem a cooperação da Argentina, porém, o aprofundamento da inserção regional do Brasil não pode ser completo. Do nosso lado, a grande dificuldade é a aceitação de delegação de soberania às instituições regionais.

O segundo vetor conceitual, que introduz um elemento de inovação na política externa, é bem representado pelo conceito da "não-indiferença" cunhado pelo Chanceler Celso Amorim como um contraponto ao de "não-intervenção" para justificar a participação brasileira no Haiti. O conceito é revelador das novas disposições internacionais do País e vincula esse tipo de prática ao compromisso expresso do governo Lula com a política de inclusão social e eliminação da pobreza absoluta. O contraponto ao conceito de não-intervenção, pedra de toque da tradição diplomática brasileira, não poderia ser mais ilustrativo da diferença que se quer estabelecer. Desde a guerra no Iraque, o "direito à ingerência" vem sendo justificado pelos EUA como meio para eliminar bolsões terroristas e implantar democracias de inspiração norte-americana. "Não-indiferença" também legitima a ingerência, mas o faz respaldada pela autorização expressa das Nações Unidas, diferentemente do que ocorreu por ocasião da invasão do Iraque, e por razões de justiça social, especialmente com relação às populações abandonadas pela comunidade internacional. Novamente, argüir pelo auto-interesse subjacente a esse movimento é ocultar o que ele tem de novidade, em especial no contexto pós-Guerra Fria.

Na negociação da Alca, campo bem distinto da política de segurança regional, também a argumentação se apóia no princípio da não-indiferença a comunidades com fraca capacidade de mobilização da atenção das autoridades constituídas. No argumento diplomático, a negociação da Alca gera um problema ético, de justiça, na medida em que a proposta norte-americana condiciona o acesso de bens a seu mercado à aceitação de novas regras no regime de propriedade intelectual vigente, que praticamente inviabilizariam a produção de medicamentos genéricos no País e interromperia um dos mais bem-sucedidos e consolidados programas de saúde pública de tratamento da Aids. Como pondera o Embaixador Adhemar Bahadian, "há muito mais do que batatas e bananas em jogo. Há também a vida das pessoas".[8] A sensibilidade para critérios de justiça distributiva, aplicados a comunidades de pessoas, é nova no léxico diplomático, já que, no passado, tais questões estavam afetas basicamente ao plano da justiça distributiva entre as nações, que não necessariamente é o melhor instrumento de atenuação da desigualdade entre as pessoas.

O terceiro vetor conceitual é o pragmatismo da conduta externa, principal legado institucional da burocracia diplomática. Este se manifesta, por exemplo: na constituição do G-20 no âmbito das negociações multilaterais; na formação do G-3, que inclui Índia, Brasil e África do Sul; na importância conferida ao relacionamento com a China; na constituição do G-4; e, até mesmo, na tentativa de limitar o espaço de questões conflituosas com os EUA e desenhar espaços delimitados de cooperação, como no caso dos biocombustíveis. Movem essas iniciativas o objetivo do exercício de um papel de protagonista na cena internacional, desde redundem em benefícios para o País. Tanto os casos do IBSA, quanto o do G-20 espelham a relevância dada à cooperação Sul-Sul na política, em certo sentido uma novidade no contexto atual. Contudo, o objetivo que levou à criação do G-20 não foi a defesa de princípios gerais de tratamento diferenciado para o Terceiro Mundo, mas a liberalização do comércio agrícola, de modo a destravar as negociações multilaterais em curso. As autoridades diplomáticas não admitem a representação da disputa sobre produtos agrícolas como uma típica questão Norte-Sul.[9] Alguns especialistas em negociações multilaterais, contudo, criticam tais iniciativas políticas e sugerem que o Brasil deveria concentra-se na sua condição de *demandeur* nas negociações agrícolas.[10]

Da mesma forma, a aliança com Índia e África do Sul tem componentes geopolíticos, econômicos e de inclusão social, na medida em que, entre outras coisas, ilustra as complementaridades entre os três em diversos campos de cooperação. Como países intermediários já dispõem de uma base industrial complexa, tendo alcançado relativo desenvolvimento tecnológico em alguns setores de ponta. Contudo, também compartilham todos os problemas estruturais dos países periféricos: pobreza, desigualdade e analfabetismo. Em sentido figurado, o paradigma da Aids pode encarnar o novo sentido da

---

[8] Ver entrevista do Embaixador Adhemar Bahadian, Ganhos com a Alca podem não valer a pena, *O Globo*, 6 mar. 2005.

[9] Ver as entrevistas do Ministro Celso Amorim: *Brasil abriga la esperanza de acoger al Perú en al G-20*, disponível em: http://www.mre.gov.br e *Celso Amorim: G-8 necesita del Sur si quiere legitimar-se*, disponível em: http://www.ipsnoticias.net.

[10] Ver Marcelo de Paiva Abreu, Riscos da nova estratégia brasileira na OMC: falta agenda positiva às alianças do Brasil, *O Estado de S. Paulo*, 1.º set. 2003.

colaboração entre os países do Sul, na medida em que combina: o aporte de uma indústria de fármacos tecnologicamente desenvolvida; a tecnologia de novos métodos de tratamento da doença; e a demanda por esses serviços de saúde pública, em vista da grande incidência da doença na África.

Da perspectiva do atual governo, a cooperação Sul-Sul não substitui o relacionamento com os EUA e a União Européia, mas representa uma oportunidade de ampliação do comércio exterior. O governo avalia que a proporção atual do comércio do Brasil com os EUA e a União Européia já teria alcançado um valor limite a partir do qual os incrementos seriam apenas marginais. Ao contrário, os novos mercados do Sul apresentariam grande potencial por serem economias com complementaridades naturais. A imagem de vários tabuleiros diplomáticos, parte da tradição da política externa, é retomada nessa figuração da ação internacional.

Riscos e desafios futuros

O primeiro deles é colocado pelo objetivo brasileiro de participar nos diretórios do poder mundial. Se concretizada tal possibilidade, abriria um leque de oportunidades inéditas de exercício de metapoder, mas implicaria alguns riscos para um país como o Brasil, que vão desde a possibilidade de cooptação pelos membros mais poderosos, até a inoperância na prática da presença brasileira nesses fóruns, por sua condição de não dispor de capacidade de retaliação militar suficiente que possa respaldar posições políticas próprias e disputas de interesse com os membros mais poderosos.

O segundo risco diz respeito a eventuais pretensões de hegemonia regional. Quanto maior a assimetria entre a economia brasileira e as demais, maior o temor dos vizinhos com respeito à possibilidade de um "expansionismo brasileiro" na área. Os dois principais antídotos para tais temores são a construção de instituições regionais fortes com soberanias compartilhadas e o fortalecimento das instituições democráticas na América do Sul, condições necessárias para que se possa constituir uma verdadeira comunidade das nações. A primeira condição não conta com o entusiasmo das elites dirigentes e empresariais do País. A segunda é também problemática, já que remete ao núcleo de algumas das crises na região, que sugerem a persistência de sérios obstáculos estruturais, que vão da extrema concentração de recursos políticos e econômicos, à vigência plena das instituições democráticas.[11] Ademais, o agravamento de algum desses conflitos poderia colocar o Brasil diante de escolhas problemáticas, nas quais a garantia da estabilidade regional poderia ir de encontro ao aprofundamento da democracia.

---

[11] Para uma discussão dos desafios políticos e econômicos dos países andinos na atualidade, ver Marcelo Vasconcelos Coutinho, Democracias andinas: chegando tarde à festa?, *Dados*, v. 49, n. 4, 2006.

O primeiro desafio é reconstruir a ampla coalizão política que deu suporte à política externa da fase prévia à inserção internacional na globalização e integração competitiva. A erosão dessa coalizão original é que explica a fragilidade do consenso na sociedade com relação aos rumos da política de comércio exterior e mesmo da integração regional, cujas conseqüências são: uma integração rasa, o aparente abandono de uma estratégia de aprofundamento da integração, a falta de instituições supranacionais, o protecionismo difuso enfrentado pelos produtos de nossos parceiros comerciais; e os saldos quase mercantilistas da balança comercial com nossos principais parceiros. Talvez um dos principais desafios da política externa do governo Lula neste segundo mandato seja recriar a ampla coalizão que sustentou a política exterior na vigência do modelo prévio de inserção internacional.

O segundo desafio está no fato de que a diversificação e a complexidade de nosso relacionamento internacional demandam o respaldo de atores privados e públicos no mundo da política, da economia, da mídia, da academia e dos movimentos sociais em geral, se é que as ações da diplomacia devem produzir os melhores efeitos. A diplomacia é instrumento de indução e apoio, mas são as ações dessa diversidade de atores que conferem densidade à iniciativa diplomática. A multiplicação de vozes na política externa naturalmente aumenta as dificuldades de sua coordenação doméstica.

A inclusão da política externa no ciclo político-eleitoral, porém, não necessariamente ampliou seu grau de prestação de contas à sociedade. Nesse particular, mesmo que no governo Lula tenha diminuído o tradicional insulamento na formulação da política externa, a condição atual de partido do governo, o PT, retirou do Legislativo um dos principais mecanismos de controle político. Ao contrário da política externa do governo de Fernando Henrique Cardoso, que teve na oposição liderada pelo PT um valioso instrumento de controle legislativo, a fragmentação da oposição no atual governo e sua pouca qualificação nos assuntos internacionais não tem contribuído para aumentar o grau de prestação de contas da política externa.

Este último desafio se traduz na necessidade de aproximar a política externa da sociedade civil, incluindo não apenas os grupos de interesse e os políticos, mas também os movimentos sociais e setores não organizados da sociedade. Um movimento de internalização da política internacional é ainda mais necessário em caso de uma mobilidade de fato do País no sistema político internacional, uma vez que eventuais custos de políticas de coordenação da ação coletiva serão arcados pela sociedade em geral. Em uma ordem unipolar os desafios de políticas externas assertivas são consideráveis. Para serem bem-sucedidas, estas últimas têm que estar assentadas em dois pilares: sólidas e diversificadas alianças internacionais e legitimidade democrática advinda de amplo apoio político interno.

AS NEGOCIAÇÕES COMERCIAIS SOB LULA: A ESTRATÉGIA NACIONAL-DESENVOLVIMENTISTA REPAGINADA[1]

Pedro da Motta Veiga

Na área de negociações comerciais, a estratégia do governo Lula apresenta, em relação àquela praticada pelos dois governos Cardoso, ao mesmo tempo linhas de continuidade e de mudança. Para ressaltar a especificidade do atual governo em relação ao que o precedeu, podem-se acentuar três linhas de mudança.

Em primeiro lugar, as negociações preferenciais com os países do Norte perderam peso na estratégia do novo governo. As negociações preferenciais continuaram a ser percebidas como instâncias relevantes para a negociação de acesso a mercados (não de regras), mas, como *demandeur* na área agrícola, tende a se tornar claro para o Brasil que a melhoria das condições de acesso nessa área também dependem, pelo menos em parte, da negociação de regras aplicáveis a subsídios agrícolas, o que somente ocorrerá na OMC.

Em segundo lugar, a partir de 2003, adquiriram relevância na estratégia do Brasil as negociações com outros países em desenvolvimento. Dois elementos estão presentes na reativação pela política de negociações do Brasil da dimensão Sul-Sul.

Há a busca de formas de cooperação econômica com outros grandes países em desenvolvimento situados fora da América do Sul. A iniciativa IBSA (Índia – Brasil – África do Sul) é uma ilustração desse tipo de proposta, em que o componente comercial das relações bilaterais pode inclusive não desempenhar o papel central, embora a própria iniciativa possa gerar externalidades positivas para o País em foros multilaterais.[2]

Mas há também a prioridade explicitamente atribuída ao aprofundamento do Mercosul e à intensificação das relações econômicas com a

[1] Este trabalho foi publicado originalmente na *Revista Brasileira de Comércio Exterior*, n. 87, abr.-jun. 2006).

[2] Em boa medida, o G-20 pode ser entendido como uma externalidade positiva associada a iniciativas não necessariamente comerciais de aproximação entre países em desenvolvimento, especialmente Brasil e Índia.

América do Sul, que recoloca a região no centro da estratégia brasileira, com duas qualificações:

- o componente comercial é percebido, pelos *policy-makers*, como apenas um dos elementos da estratégia de fortalecimento dos vínculos regionais do Brasil: no caso do Mercosul, por exemplo, afirma-se a necessidade de incluir na agenda temas relacionados à política industrial, ao financiamento de investimentos, enquanto, no caso das relações com o restante da América do Sul, o tema da infra-estrutura recebe prioridade por parte do Brasil. Além disso, preocupações com questões políticas e de segurança – narcotráfico, guerrilhas etc. – reforçam a prioridade concedida, na política comercial, à América do Sul; e
- na área comercial, o Brasil tem admitido uma abordagem das concessões baseada no conceito de reciprocidade assimétrica: países menores e/ou menos desenvolvidos recebem tratamento mais favorável do que o Brasil, especialmente nas negociações com a Comunidade Andina. Para os formuladores da política, trata-se do preço a pagar pelo exercício de uma liderança benévola do Brasil na região.

Em terceiro lugar, a perda de importância das negociações preferenciais com os países desenvolvidos e a crescente relevância das relações Sul-Sul na estratégia brasileira somaram-se ao peso crescente que as demandas de liberalização agrícola adquiriram na agenda comercial do Brasil para conferir à OMC um papel central na atual estratégia brasileira de negociações.

De volta aos trilhos da tradição

As três inflexões introduzidas pelo governo Lula levaram a estratégia de negociações comerciais de volta aos trilhos da tradição nacional-desenvolvimentista da política externa brasileira. Esta volta se opera em dois movimentos.

No primeiro, é a própria política externa que recupera dois conceitos centrais da tradição nacional-desenvolvimentista, que havia perdido parte de seu prestígio durante os anos 1990. A oposição Norte-Sul é o primeiro desses conceitos. A ela se atribui papel central para explicar os problemas de desenvolvimento enfrentados por países como o Brasil, mas também para entender a ordem econômica internacional vigente. É a partir dessa clivagem que a política externa brasileira formulou historicamente, durante o período de industrialização, suas prioridades políticas e econômicas, sua estratégias de alianças e coalizões etc. O segundo conceito é o que atribui à política externa a função central de "isolar" o quadro em que se desenham e implementam políticas industriais no Brasil das restrições e ameaças representadas pelos compromissos externos e pelos interesses dos países desenvolvidos.

No segundo movimento, a estratégia de negociações comerciais é subordinada diretamente à política externa reconciliada com a tradição nacional-desenvolvimentista. Nos governos Cardoso, ensaiou-se um movimento de "autonomização" da estratégia de negociação comercial em relação aos objetivos mais gerais da política externa, a partir da idéia geral (sujeita a algumas qualificações pontuais) de que essas negociações e seus resultados não seriam capazes de comprometer aqueles objetivos, podendo até mesmo dar alguma contribuição positiva à sua consecução. No governo atual, esse movimento de "autonomização" foi revertido: as negociações são avaliadas em grande medida segundo critérios políticos, entre os quais a clivagem Norte-Sul e a preservação da "autonomia nacional" aparecem como critérios de primeira grandeza.

Esse duplo movimento explica as três inflexões operadas pelo governo Lula na estratégia comercial herdada de Cardoso. De fato, permite entender tanto a retirada de prioridade às negociações preferenciais com os países desenvolvidos, quanto à preferência, nessas negociações, por agendas concentradas em temas de acesso a mercados e por acordos e coalizões Sul-Sul. Já os acordos comerciais Sul-Sul, de alcance muito limitado em termos econômicos, são concebidos como instrumentos de construção de coalizões que só adquirem sentido pleno – na estratégia do governo – dentro de uma lógica de oposição Norte-Sul, que se manifestaria tanto nas instâncias multilaterais (OMC) quanto nas negociações preferenciais com os países desenvolvidos.

Há, no entanto, um elemento na atual estratégia que não estava presente nas versões anteriores da visão nacional-desenvolvimentista: pela primeira vez, há interesses ofensivos importantes que são contemplados pela estratégia. Trata-se obviamente dos interesses do *agribusiness* competitivo. Aos poucos, a integração desse elemento na estratégia negociadora leva segmentos sociais a questionarem, na prática negociadora, os limites do *framework* herdado da tradição protecionista brasileira, na medida em que, para obter ganhos em agricultura, o País tenha efetivamente que ceder em áreas como NAMA e serviços, investimentos etc.

Ora, a integração de um elemento ofensivo a uma estratégia defensiva desenhada historicamente para "mitigar riscos" e manter a distância entre o nacional e o internacional não é um processo isento de dificuldades, como se constatou nos debates internos no governo em relação à importância da Alca.

O debate sobre a estratégia de negociações

Ao longo de todo o mandato do governo Lula, sua política externa e sua estratégia de negociações comerciais suscitaram críticas e elogios no

Brasil. Como o tema das negociações comerciais entrou na agenda de política doméstica no final dos anos 1990, tem gerado diversos tipos de posicionamentos, inclusive dentro do próprio governo.

Para os defensores da estratégia comercial do governo Lula, a sua lógica respalda-se em características estruturais do comércio exterior brasileiro e em aspectos diretamente relacionados à agenda brasileira de negociações comerciais.

Nessa visão, o fato de o Brasil ter um comércio exterior fortemente diversificado, tanto em termos de mercados geográficos de destino e origem dos fluxos comerciais, quanto em termos de produtos comercializados, caracterizaria o país como um *global trader* que não tem nenhum sócio comercial "natural". Além de fornecer a *rationale* comercial para que a agenda brasileira com os países desenvolvidos priorize as negociações multilaterais, a valorização dessa característica do comércio brasileiro leva quase que naturalmente à idéia de que o Brasil não tem incentivos econômicos para negociar acordos preferenciais e que tais acordos devem ser avaliados pelo Brasil à luz de critérios políticos.

Isso seria particularmente verdade no caso dos acordos com países desenvolvidos, já que os ganhos do Brasil nas negociações preferenciais com esses países – potencialmente concentrados na agricultura – seriam pequenos. Isso porque os EUA e a União Européia não abrirão mão, nessas negociações, de seus principais mecanismos de proteção à produção doméstica, reservando a discussão desses temas para a esfera multilateral. Mais uma razão, portanto, para enfatizar a prioridade do multilateralismo e manter cautela redobrada nas negociações preferenciais com países desenvolvidos, onde as chances de um acordo equilibrado seriam, em função da característica aqui apontada, muito limitadas.

Por outro lado, essa visão ressalta que o comércio brasileiro com outros países em desenvolvimento vem crescendo expressivamente nos últimos anos, tendência que avalizaria, em termos comerciais, a postura favorável à aproximação Sul-Sul, inclusive por meio de acordos preferenciais (bilaterais ou regionais), que teriam a vantagem de não apresentar nenhum tipo de risco para a economia (e a soberania) brasileira.

O lugar central que ocupa, na estratégia governamental, a preocupação com a mitigação dos riscos e as ameaças derivadas dos acordos comerciais explica por que o resultado líquido da estratégia brasileira atual, quando avaliado em termos comerciais, é tão limitado. Isso gerou críticas vindas dos setores que têm interesse ofensivo nas negociações preferenciais com países desenvolvidos.

Como lembra M. R. Soares de Lima (2004), a cobrança de resultados concretos, de curto prazo, das iniciativas diplomáticas é uma decorrência natural do protagonismo que os temas econômicos adquiriram na política externa brasileira. De fato, a legitimidade interna da política externa é gerada pela percepção de que essa política tem implicações positivas para o desenvolvimento econômico. Enquanto o Brasil só tinha interesses defensivos, o resultado das negociações era avaliado unanimemente de forma favorável se permitisse ao País "prevenir danos" ou "mitigar riscos e ameaças externas".

Quando há setores de peso com interesse ofensivo, emerge uma nova concepção do que devam ser os resultados positivos das negociações: tais resultados não podem se restringir à minimização de riscos e ameaças, mas devem incluir o aproveitamento de oportunidades para os setores exportadores. É à luz desse conceito de "resultados positivos" que a estratégia comercial do governo Lula recebe críticas de setores exportadores do *agribusiness*.

Por trás desse tipo de crítica, encontra-se a percepção de que os resultados econômicos da política externa não podem mais se reduzir àqueles perseguidos pela estratégia do nacional-desenvolvimentismo (a prevenção de danos e ameaças externas), mas devem incluir a geração de oportunidades externas para a economia brasileira.

Um segundo tipo de crítica ataca os pressupostos políticos da estratégia de negociação comercial do Brasil. O uso da clivagem Norte-Sul como a "grade" de leitura privilegiada para analisar e posicionar-se nas negociações é um alvo privilegiado desse tipo de críticas. Nessa visão, essa grade não mais seria adequada para orientar a atuação internacional do Brasil em um mundo onde as diferenças de inserção internacional entre países em desenvolvimento se acentuam e esses países buscam mais e mais estabelecer ou manter relações preferenciais com os países desenvolvidos. Formular a estratégia de negociações comerciais à luz de uma visão do mundo onde a polarização Norte-Sul desempenha um papel explicativo central seria, nesse sentido, um *nonsense*, dadas as transformações por que passou a economia mundial nas últimas décadas.

Algumas indagações relacionadas a este questionamento são:

(i) a construção de coalizões Sul-Sul que não se limitem a temas e momentos específicos de negociação é viável e sustentável?

(ii) a visão brasileira de um mundo dividido entre Norte e Sul encontra eco na prática comercial (e não apenas na retórica) dos países nos quais aquela visão identifica como alvos prioritários dos esforços de aproximação e de montagem de alianças feitos pelo Brasil?

(iii) as relações Sul-Sul podem ser realmente fonte de um aumento do capital político do Brasil na cena internacional?

Uma crítica menos difundida tem como alvo o protecionismo prevalecente no tratamento dos temas não diretamente comerciais e a idéia que respalda tal posição, qual seja a de que a inclusão desses temas em acordos comerciais com países desenvolvidos produziria a redução do espaço para políticas industriais no Brasil. A experiência dos acordos comerciais de nova geração revela que algumas restrições podem efetivamente ser geradas por disciplinas introduzidas principalmente na área de investimentos. Isso recomendaria cautela na negociação desses temas, mas não necessariamente a exclusão dos temas da agenda negociadora. Até porque, no caso do Brasil, o espaço para a implementação de políticas industriais ativas é limitado essencialmente por fatores macroeconômicos (restrição fiscal) e por decisões domésticas de política, sendo difícil imaginar que a assinatura de acordos comerciais possa vir a gerar restrições mais fortes do que as derivadas das opções domésticas de política.

O debate sugere que tanto críticos quanto defensores da estratégia de negociações do Brasil têm argumentos razoavelmente sólidos a respaldar suas respectivas posições. Mostra ainda que existem espaços de convergência entre críticos e defensores da atual estratégia comercial. É o caso da percepção do multilateralismo como instância que deve ocupar o lugar central na estratégia de negociações brasileiras, que é uma posição quase consensual entre *policy makers* e analistas brasileiros.

A importância da aproximação com outros países do Sul e a assinatura de acordos comerciais com alguns deles também não constitui em si objeto de divergência. O que, sim, gera divergência no tratamento desse tema pelo governo atual é a subordinação de objetivos de política comercial aos de política externa e o uso inadequado de um instrumento (acordo comercial) para gerar resultados políticos.

Como resultado, os acordos seriam negociados sem maiores preocupações em aproveitar ou criar oportunidades de exportação – gerando poucos resultados econômicos – e não ofereceriam qualquer garantia palpável de que gerarão os resultados políticos esperados. Nessa lógica, a multiplicação de acordos Sul-Sul torna-se um objetivo (político) em si mesmo, levando a uma perda completa de foco e de prioridades na agenda de negociações, quando esta é analisada do ponto de vista dos interesses comerciais do País.

A precaução com as negociações preferenciais com os países do Norte e a percepção de que não se deve superestimar as probabilidades desse tipo de acordo gerar resultados positivos expressivos para a economia brasileira – e até mesmo para os setores do *agribusiness* – também são, em geral, idéias bem aceitas nas diferentes visões. Mas não se deduz do consenso em torno da necessidade de abordar essas negociações com realismo e da cautela de uma postura defensiva *à outrance*: de um lado, haveria ganhos potenciais importantes a obter nesses acordos, especialmente na área de acesso a mercados, e de outro também haveria possibilidades reais de mitigar riscos estruturais e regulatórios por meio de cláusulas específicas, reservas e exceções, como o fazem todos os signatários desse tipo de acordo.

Em suma, a real polarização entre críticos e defensores da estratégia comercial do Brasil diz respeito às opções fundamentais da política externa do atual governo e à transposição automática dessas opções para a estratégia comercial, gerando uma abordagem e uma definição de prioridades fortemente marcada pela polarização entre países em desenvolvimento e países desenvolvidos e pela busca da "autonomia" de decisão na área de política industrial.

A POLÍTICA EXTERNA COMERCIAL DO GOVERNO LULA: O CASO DO MERCOSUL[1]

Ricardo Markwald

"Uma desgraçada tradição latino-americana faz com que palavras e fatos não se encontrem. Quando se encontram, não se cumprimentam, porque não se reconhecem."
(EDUARDO GALEANO)[2]

No Brasil, a avaliação atual do Mercosul mostra nítido descompasso entre expectativas, percepções e fatos. As expectativas, razoavelmente otimistas às vésperas da posse do primeiro governo Lula, não têm sido corroboradas pelos fatos. Com efeito, a crise do Mercosul persiste, a despeito da maior convergência das políticas macroeconômicas na região e das supostas afinidades políticas entre os governos de seus principais sócios Não obstante, as percepções, exageradamente negativas, também não se justificam nem encontram respaldo nos fatos. O balanço, principalmente desde a ótica do setor privado brasileiro, é bastante mais favorável do que se apregoa. Ainda assim, é difícil imaginar a ocorrência de qualquer avanço mais significativo no Mercosul sem a superação do seu principal desafio: a percepção dos sócios de que o projeto de integração regional pouco contribui para a inserção internacional de seus respectivos países.

1. As expectativas

A tentativa de retratar as expectativas prevalecentes em fins de 2002 acerca dos prováveis rumos da política externa brasileira é um exercício questionável, posto que sujeito a idiossincrasias e vieses. Ainda assim, é possível oferecer uma descrição bastante fidedigna do papel que caberia ao Mercosul e ao projeto de integração regional no marco da política ex-

[1] Este trabalho foi originalmente publicado na *Revista Brasileira de Comércio Exterior*, n. 83, abr.- jun. 2005.

[2] Agradeço a Lia Valls Pereira por chamar minha atenção para a frase do escritor uruguaio Eduardo Galeano, em entrevista concedida à *Folha de S. Paulo*.

terna do governo Lula, com base em quatro condicionantes: (i) alguns elementos de estabilidade característicos da política externa brasileira e que a singularizam; (ii) a evolução programática observada na coalizão partidária vitoriosa em 2002, com reflexos na área de política externa; (iii) o novo contexto macroeconômico regional, em decorrência da *débâcle* da economia argentina e da ruptura do regime cambial de convertibilidade; e (iv) o questionamento, nesse país, do paradigma de inserção externa que tinha vigorado durante a década de 1990, recolocando a questão do lugar do Brasil na política externa argentina.

O primeiro condicionante destaca a estabilidade como um traço marcante da política externa brasileira, que registra poucas mudanças abruptas de rumo. De fato, historicamente, entre a ruptura e a continuidade, a opção preferencial da diplomacia brasileira tem sido sempre pela "renovação na continuidade". Conforme apontado por Soares de Lima (2005), há pelo menos três fatores que explicam esse aspecto singular da política externa do Brasil. Em primeiro lugar, a crença, que permeia todo o espectro político brasileiro, de que o país está destinado a desempenhar um papel relevante no cenário internacional em virtude de suas dimensões continentais, suas riquezas naturais e a liderança que exerce entre seus vizinhos. Essa aspiração, verdadeiro mito fundador da política externa do país, seria constitutiva da própria identidade nacional. Em segundo lugar, a política externa do Brasil foi sempre concebida como instrumento do projeto de desenvolvimento do País, com forte viés industrialista, fator que também teria contribuído para sua estabilidade, haja vista que esse objetivo não sofre qualquer contestação no seio da sociedade brasileira. Por último, a agência diplomática nacional, o Itamaraty, é insulada da política partidária, considera a política externa como uma questão de Estado, acima da política doméstica, e detém ampla legitimidade na sua condução.

Esses três fatores, profundamente entranhados na tradição da política externa brasileira, contribuíram para afastar, em fins de 2002, qualquer expectativa de descontinuidade na condução dos assuntos externos do país. Contudo, conforme também assinalado por Soares de Lima (2005), os legados históricos são insuficientes para determinar as estratégias concretas de inserção externa de um país. De fato, potências regionais ou países médios que aspiram a desempenhar um papel de destaque na cena mundial, como é o caso do Brasil, detêm alternativas diferenciadas para sua inserção internacional em função do lugar que reservam ao relacionamento com a potência global e ao papel atribuído aos vizinhos no espaço regional. Essas opções, envolvendo crucialmente a relação do Brasil com os EUA e a Argentina, dependeriam, sim, das orientações que o governo Lula viesse a imprimir à política externa brasileira.

Desde sua fundação, em início da década de 1980, até a campanha eleitoral em 2002, o PT percorreu um longo caminho, descrito por Almeida (2002a) como "uma evolução errática e relutante na aceitação dos princípios consagrados da política externa brasileira". Ainda em 1998, o PT era fortemente crítico da abertura econômica, mostrava desconfiança em relação ao capital estrangeiro, criticava a desnacionalização da indústria e da agricultura e rejeitava as negociações para a constituição da Alca. Em 2002, no entanto, com a divulgação da *Carta ao povo brasileiro*, o foco do discurso desloca-se para o objetivo de redução da vulnerabilidade externa do País e, conseqüentemente, o esforço exportador não é mais considerado contraditório com a criação de um amplo mercado interno de consumo de massas. De outro lado, a Alca deixa de ser uma questão ideológica e aceitam-se os pressupostos do livre-comércio. A crítica ao projeto de integração hemisférica centra-se agora nas medidas protecionistas e extra-alfandegárias impostas pelos EUA e no reconhecimento da existência de assimetrias profundas entre o Brasil e seu parceiro mais poderoso. O Programa do PT defende, ainda, a ampliação do relacionamento com os grandes países em desenvolvimento, como a China, a Índia e a África do Sul, além da Rússia. Por fim, o posicionamento em relação ao investimento estrangeiro torna-se também mais amigável.

No que tange ao âmbito regional, as manifestações do candidato do PT foram, sem sombra de dúvida, mais entusiastas que as de seu opositor. Inclusive a defesa de algumas teses controversas, como a adoção de uma política monetária comum no Mercosul e o apoio à construção de instituições jurídicas e políticas visando ao fortalecimento do projeto de integração, surpreendeu, sugerindo a possibilidade de um certo relaxamento do acentuado viés soberanista que sempre caracterizou a cultura política brasileira, traço "presente nas elites em geral e mesmo nos setores à esquerda do espectro político ideológico" (Soares de Lima, 2005).

Em síntese, o modelo de inserção externa que podia ser apreendido do discurso do candidato Lula apontava para a procura de equilíbrio na relação do Brasil com a potência global, a partir de alianças extra-regionais com grandes países em desenvolvimento e do aprofundamento dos vínculos com os países do seu entorno regional, com destaque para o relacionamento com a Argentina.

Em 2002, alguns analistas já criticavam a dimensão extra-regional desse modelo de inserção externa, na medida em que exprimiria uma visão de tipo excessivamente "voluntarista", apoiada mais na manifestação da vontade política do que nos reais e efetivos recursos de poder a disposição do Brasil. Para outros, descontados alguns excessos retóricos, tratava-se de uma alternativa de inserção externa do país não apenas viável, mas também desejável, pois contribuiria para atenuar a primazia dos EUA e propiciar a emergência de um cenário internacional multipolar.

Mas o que dizer da dimensão regional dessa proposta? Quais as expectativas, em 2002, em relação ao objetivo de aprofundamento da inserção regional do País? No âmbito do Mercosul e, principalmente, no caso da Argentina, havia certamente algum espaço para o otimismo. De fato, desde 1999 a coexistência entre um sistema de câmbio fixo na Argentina com um regime de flutuação cambial no Brasil era considerada "um dos principais fatores de assimetrias, desequilíbrios e conflitos entre os principais sócios do bloco, a partir do qual derivavam praticamente todos os problemas de competitividade relativa e de desvio de comércio e de investimentos" (BID-INTAL, 2002). Mesmo aqueles que desconfiavam da acuidade desse diagnóstico e avaliavam com apreensão a profundidade da crise econômica em que tinha mergulhado a Argentina acreditavam que o fim do regime de conversibilidade abria novas perspectivas para a normalização das relações entre os sócios. Acreditava-se, de fato, na mitigação dos conflitos comerciais e na possibilidade de concentrar esforços no aprofundamento do processo de integração. Note-se, nesse sentido, que em fins de 2002, a Argentina já tinha afastado os piores prognósticos (hiperinflação, desorganização persistente da economia, contágio) e iniciava seu processo de recuperação.

Por fim, cabe uma breve menção à quebra, na Argentina, do paradigma de inserção externa que tinha vigorado nesse país durante o Governo Menem e que não tinha sofrido qualquer mudança mais significativa durante a breve gestão do Governo De la Rúa. O paradigma, baseado na premissa de que a Argentina era um país periférico, vulnerável, dependente, empobrecido e com escasso valor estratégico para os interesses da potência hegemônica propugnava duas alianças que tenderiam a se equilibrar mutuamente: a primeira, considerada estratégica, era baseada na relação especial com os EUA, no alinhamento a seus interesses globais e na exclusão de qualquer hipótese de confrontação com esse país, excetuadas as situações em que estivessem em jogo interesses econômicos concretos da Argentina; a segunda, com o Brasil, era concebida basicamente como uma aliança econômica, mas incluía também aspectos defensivos com foco no "potencial aventureirismo de alguns setores militares chilenos" (Escude, 1998).

A obediência a esse paradigma, denominado "realismo periférico" ou "aquiescência pragmática", promoveu alguns desencontros no relacionamento com o Brasil, levando, por exemplo, a Argentina a encarar com relutância algumas iniciativas brasileiras, como a reunião de Cúpula de Presidentes de América do Sul (2000), por temor a contrariar os interesses dos EUA (Russel e Tokatlián, 2003). Contudo, em 2002, durante o governo Duhalde, o tratamento extremamente duro dado pelo FMI e pelo governo Bush à Argentina, e o apoio, ainda que retórico, recebido do Brasil por meio de manifestações do governo FHC, contribuíram para uma crescente aproximação política entre ambos os países. Posteriormente, a campanha eleitoral que levaria Nestor Kirchner à Presidência da Argentina confirmou essa guinada no posicionamento da Argentina, e o Brasil começou a ser identificado não apenas como um sócio econômico, mas também como um sócio político, sendo considerado o principal instrumento para a inserção internacional do País.

Em síntese, pode-se afirmar que, em início de 2003, as expectativas em relação aos rumos da política externa brasileira não contemplavam a possibilidade de graves descontinuidades e tinham como pressuposto a formulação de uma estratégia de inserção externa do País orientada à consolidação dos laços econômicos e políticos do Brasil com seu entorno regional e, na esfera extra-regional, com grandes países em desenvolvimento. De outro lado, essa estratégia parecia compatível com a recente evolução econômica e política observada na Argentina, o principal interlocutor do Brasil na região.

2. Os fatos

Para fins de avaliação da política comercial externa do governo Lula, distinguimos dois fatos: (i) a evolução dos fluxos de comércio intrabloco observada no período 2002-2004; e (ii) a evolução da agenda interna e externa do Mercosul, no mesmo período, tentando identificar, em cada caso, o posicionamento brasileiro nas questões em discussão.

2.1 O Brasil e o comércio intrazona

A avaliação da evolução dos fluxos intrazona apresentada no quadro abaixo é baseada no desempenho comercial dos sócios ao longo da última década (1995-2004). São destacados três períodos: o primeiro corresponde à media do biênio 1997-1998, quando o intercâmbio comercial intrabloco alcança um pico; o segundo mostra os fluxos intrazona registrados em 2002, quando o comércio intrabloco sofre drástica reversão e atinge seu ponto mínimo; e o terceiro retrata o comércio em 2004 e destaca a forte recuperação dos fluxos intrazona observada nos últimos dois anos.

Para fins da analise, é conveniente distinguir entre a ótica brasileira e a visão dos sócios, pois servem de fundamento para avaliações bastante diferentes da evolução recente do comércio no Mercosul.

Desde a perspectiva do Brasil, a comparação entre as exportações do período 1997-1998 e 2004 aponta para um resultado até certo ponto paradoxal: as vendas intrazona, após caírem dramaticamente em 2002, recuperam o nível recorde alcançado no biênio 1997-1998, mas, ainda assim, a participação do Mercosul na exportação brasileira cai 9 pontos percentuais, assinalando uma nítida perda de relevância do mercado regional como destino das exportações do País. A explicação, obviamente, reside no diferencial de crescimento entre as exportações brasileiras intrazona (-0,6%) e extrazona (85,3%) entre 1997-1998 e 2004. Destaque-se, contudo, que esse diferencial só é observado durante a fase de forte contração do comércio intra-regional, pois nos últimos dois anos as exportações brasileiras para o Mercosul se expandem a um ritmo muito superior (169%) ao registrado pelas vendas brasileiras ao resto do mundo (53%).

Mercosul: fluxos comerciais em períodos selecionados

	Média 1997-1998	2002	2004	Variação 2004 / Média 1997-1998
Exportação brasileira ao Mercosul (US$ bilhões)	8,96	3,31	8,91	- 0,6%
Exportação brasileira total (US$ bilhões)	52,07	60,36	96, 47	85,3%
Market-share do Mercosul na exportação do Brasil	17,2%	5,5%	9,2%	- 8,0%
Exportação brasileira ao Mercosul (US$ bilhões)	8,96	3,31	8,91	- 0,6%
Importação total dos sócios* (US$ bilhões)	37,32	12,46	27,53	- 26,2%
Market-share do Brasil na importação dos sócios	24%	26,6%	32,4%	8,4%
Importação brasileira do Mercosul (US$ bilhões)	9,47	5,61	6,39	- 32,5%
Importação brasileira total (US$ bilhões)	58,78	47,24	62,78	6,8%
Market-share do Mercosul na importação do Brasil	16,1%	11,9%	10,2%	- 5,9%
Exportação dos sócios ao Brasil (US$ bilhões)	9,47	5,61	6,39	- 32,5%
Exportação total dos sócios (US$ bilhões)	30,25	28,46	38,96	28,8%
Market-share do Brasil na exportação dos sócios	31,3%	19,7%	16,4%	-14,9%

Fontes: SECEX/MDIC; INDEC (Argentina); Banco Central do Uruguai e Banco Central do Paraguai.

* Dados CIF. Os demais dados são FOB.

Contrastando com essa evolução, o *market-share* do Brasil na importação dos sócios aumenta de forma persistente ao longo do período, passando de 24% no biênio 1997-1998 para 26,6% em 2002, até alcançar 32,4% em 2004. Ou seja, o Brasil desloca outros fornecedores e ganha espaço no mercado de importação de seus parceiros no Mercosul, principalmente na Argentina, onde sua participação na importação passa de 22,6% no biênio 1997-1998 para 34,5% em 2004. Em síntese, enquanto o Mercosul perde relevância como mercado de destino das exportações brasileiras, o Brasil aumenta significativamente seu peso como fornecedor dos sócios regionais considerados em conjunto.

Na perspectiva dos sócios, contudo, o quadro mostra algumas diferenças significativas. Em 2004, os fluxos de exportação com destino ao Brasil encontravam-se ainda em nível 32% inferior ao observado no pico de 1997-1998. Porém, no mesmo período, as vendas para o resto do mundo (exceto o Brasil) cresceram a um ritmo bastante significativo (57%), de tal maneira que a participação brasileira na exportação dos sócios sofre um recuo verdadeiramente impressionante, da ordem de 15%. Em conseqüência, o Brasil perde também relevância como destino das exportações agregadas de Argentina, Uruguai e Paraguai. O fenômeno, examinado do lado da exportação é, portanto, similar ao observado sob a perspectiva brasileira. Contudo, examinado à luz da evolução das importações brasileiras, o quadro é totalmente diverso: de fato, a participação agregada dos sócios regionais nas compras externas do Brasil se reduz em quase 6%, num contexto de discreta expansão de nossas importações. Em síntese, diferentemente ao observado no caso do Brasil, os sócios regionais estão sendo deslocados do mercado brasileiro por fornecedores extrazona.

A perda de relevância do mercado regional é fenômeno comum aos quatro sócios, mas os fatores que o explicam são bastante diferentes. No caso do Brasil, a menor significação do Mercosul é o resultado do impressionante salto registrado por suas exportações nos últimos dois anos e meio, conjugado ao crescimento pouco expressivo das importações totais dos sócios, cujo nível é ainda muito inferior ao registrado em meados da década de 1990. Pode-se afirmar que o fenômeno persistiria mesmo na hipótese de completa remoção das barreiras ao livre-comércio intrazona, o que pressuporia a superação do contencioso comercial com a Argentina, a liberalização do comércio açucareiro e o fim do regime automotivo comum. De fato, ainda assim é difícil imaginar que a participação do Mercosul nas exportações brasileiras retorne ao patamar de 17% observado no biênio 1997-1998. Para que isso ocorra, o *market-share* do Brasil na importação dos sócios deveria se elevar para perto de 60%, o que parece improvável. A rigor, portanto, a verdadeira restrição à expansão das exportações brasileiras com destino ao mercado regional encontra-se no tamanho do mercado importador de seus vizinhos. E essa restrição afigura-se duradoura, pois não cabe imaginar, no curto prazo, uma expansão acelerada das importações dos sócios, haja vista a elevada vulnerabilidade externa que caracteriza a situação desses países.

De outro lado, a perda de relevância do mercado brasileiro como destino das exportações de Argentina, Uruguai e Paraguai não pode ser creditada à existência de barreiras ou ao tamanho do mercado brasileiro. No caso da Argentina, por exemplo, as dificuldades de penetração no mercado brasileiro parecem resultar da seguinte combinação de fatores: (i) a escassa diversificação da oferta exportadora argentina; (ii) a redução das compras externas brasileiras em alguns setores, em virtude de processos de substituição de importações bastante expressivos; (iii) o deslocamento de importações provenientes da Argentina por fornecedores extra-regionais mais competitivos; e (iv) a falta de adaptação da oferta exportadora argentina à demanda brasileira em setores importadores dinâmicos (Ribeiro, 2004; Sica, 2004).

Em síntese, a evolução recente do comércio intrabloco não parece responder à equação de interesses que tem servido de fundamento ao projeto de integração regional até o presente. O Brasil não tem cumprido o papel de "motor" das vendas externas de Argentina, Uruguai e Paraguai, e o acesso ao mercado brasileiro pouco tem contribuído para a diversificação de suas exportações. Adicionalmente, a participação do Brasil na exportação dos sócios (16,4%) não é mais tão desequilibrada assim comparativamente ao *market-share* dos sócios na exportação brasileira (9,2%). De fato, a preocupação da Argentina com a Brasil-dependência não mais se justifica, exceto do lado das importações. De outro lado, desde a perspectiva brasileira, a distância entre a importância política e diplomática do Mercosul e seu significado econômico parece ter-se encurtado, em benefício do segundo termo dessa equação. Essas mudanças não parecem ter sido ainda adequadamente absorvidas pelo Brasil.

2.2 *O Brasil e as agendas do Mercosul*

A evolução do projeto de integração, quando examinada à luz dos atos administrativos rotineiros de sua estrutura jurídico-institucional (decisões do CMC, resoluções do GMC, diretivas da CCM) ou dos comunicados, de cunho mais político, divulgados ao final de cada reunião de cúpula, conduz, quase sempre, a balanços híbridos. Alguns assuntos de maior ou menor relevância são finalmente aprovados, outros registram avanços de alguma significação, enquanto há sempre uma extensa lista de temas, geralmente os de mais difícil digestão, que permanece indefinidamente no *backlog* da agenda de discussão. Mesmo nos poucos casos em que o balanço inicial mostra-se positivo, avaliações mais criteriosas levam a resultados bem menos favoráveis, especialmente quando os "avanços" envolvem a produção de normas que devem ser examinadas à luz de critérios de eficácia e efetividade, ou seja, de sua capacidade para "penetrar a realidade".

O balanço do biênio 2003-2004 não foge a essa regra. Do lado do "ativo", combinando os resultados das agendas interna e externa, podemos registrar: (i) a instalação do Tribunal Permanente de Revisão do Mercosul; (ii) a conclusão de duas novas rodadas de negociações em matérias de serviços; (iii) a aprovação do Protocolo de Contratações Públicas do Mercosul; (iv) a aprovação do Visto Mercosul; (v) a aprovação do Acordo para Facilitação de Atividades Empresarias no Mercosul; (vi) a incorporação do Peru como novo membro associado do Mercosul; (vii) a assinatura do Acordo de Livre-Comércio Mercosul-CAN; e (viii) os avanços, nem sempre muito expressivos, registrados nas negociações para o estabelecimento ou extensão de acordos comerciais com o México, a Índia, o Egito, o Marrocos, a SACU (South African Customs Union) e a Rússia.

Do lado do "passivo" podemos registrar: (i) a ausência de avanços na remoção de barreiras não tarifárias, definidas como procedimentos aduaneiros, tributários ou financeiros que limitam o acesso a mercados dos parceiros do Mercosul; (ii) o adiamento *sine die* da adoção de disciplinas comuns destinadas a restringir ou harmonizar os incentivos à produção ou ao investimento nos países membros; (iii) a reiterada extensão de prazos autorizando a vigência de regimes especiais aduaneiros de importação (*drawback* intra-Mercosul e operações de admissão temporária) e a inexistência de qualquer avanço na identificação de setores prioritários para o estabelecimento de regimes especiais comuns de importação; (iv) o tímido progresso nos temas como os de livre circulação de mercadorias (dupla tributação da TEC e certificação de origem) e de distribuição da renda aduaneira; (v) o congelamento da discussão sobre os temas relativos à consistência e dispersão da TEC, merecendo registro o aumento no número de exceções; (vi) a ausência de avanços nos temas de defesa comercial intrazona e de defesa da concorrência; e, por último, (vii) a frustração com a ausência de resultados nas duas principais negociações externas (Alca e UE).

O balanço entre "ativos" e "passivos" do Mercosul, no biênio 2003-2004, sugere que a safra não foi favorável. A avaliação é reforçada quando o "ativo" é submetido a alguns critérios simples de correção. De fato:

(i) as negociações na área de serviços foram realizadas em conformidade com o estabelecido no Protocolo de Montevidéu sobre Comércio de Serviços (1997), que determinou a realização de rodadas anuais de negociação a fim de completar no prazo máximo de 10 anos de sua entrada em vigência o Programa de Liberalização do Comércio de Serviços do Mercosul. Contudo, nem o Protocolo nem os compromissos foram incorporados ainda aos ordenamentos jurídicos nacionais, exceto no caso da Argentina, que ratificou o Protocolo.

(ii) O Protocolo de Contratações Públicas do Mercosul (2003) é o resultado final dos trabalhos do Grupo *Ad Hoc* criado em 1997. A entrada em vigor desse instrumento, contudo, depende ainda de ratificação por parte dos países membros.

(iii) O Visto Mercosul é o resultado de dois acordos: o Acordo sobre Residência para Nacionais e o Acordo sobre Regularização Interna de Cidadãos do Mercosul. Os acordos facilitam o movimento de pessoas físicas prestadoras de serviços e a contratação pelas empresas de cidadãos dos demais países membros. Ambos os acordos precisam ser ratificados pelos parlamentos nacionais. Contudo, a difícil situação dos mercados de trabalho nos países da região é considerada um obstáculo relevante para sua ratificação em prazo curto (BID-INTAL, 2004).

(iv) No Brasil, as avaliações empresariais dos acordos de livre-comércio subscritos com os países membros da CAN (incluído o Peru) são desfavoráveis, particularmente quando comparados aos esquemas de liberalização negociados em meados da década de 1990 com o Chile e a Bolívia. Com efeito, em 2006, decorridos dez anos da assinatura desses acordos, o processo de liberalização atingirá 97,5% dos itens tarifários da pauta chilena e 91,7% no caso da boliviana. De outro lado, no acordo assinado com os países andinos, o cronograma de liberalização tarifária é muito mais demorado, além de assimétrico. De fato, após 10 anos, a desgravação tarifária contemplará apenas 38% da pauta do Equador, 43% da pauta da Venezuela, 51% da pauta da Colômbia e 76% da pauta do Peru. No entanto, em apenas 5 anos 86% das exportações colombianas e mais de 90% das exportações da Venezuela, do Equador e do Peru terão livre acesso ao mercado do Brasil (CNI, 2003b). Por último, o acordo de preferências fixas subscrito com a Índia também não entusiasma, haja vista seu limitado escopo.

Em síntese, boa parte dos "avanços" em temas da agenda interna ainda não "penetra a realidade", enquanto muitos dos êxitos alcançados na agenda de negociações externas mostram-se incapazes de produzir resultados verdadeiramente substantivos a curto e médio prazos. Se a essa avaliação do desempenho do Mercosul, baseada na produção de normas internas e na formalização de acordos de liberalização comercial com terceiros mercados acrescentarmos os impasses registrados em assuntos fora da agenda, com destaque para o contencioso comercial com a Argentina, o saldo dos últimos dois anos mostra-se ainda mais desfavorável.

Seria injusto, porém, atribuir o resultado de um processo de decisão coletiva, baseado no consenso, a um único membro do bloco. Pode-se afirmar, justificadamente, que nada é feito no Mercosul à revelia do Brasil e que o País tem também total capacidade para bloquear o encaminhamento de iniciativas não afinadas com seus interesses prioritários. Ainda assim, é preciso reconhecer que o Brasil é incapaz de garantir, sem o apoio dos demais membros do bloco, um adequado e ágil tratamento dos temas que decide colocar na mesa de discussão. Nesse sentido, a avaliação da política comercial do governo Lula para o Mercosul seria, sem dúvida, bem mais favorável se considerarmos a razoável qualidade da proposta brasileira apresentada em meados de 2003, denominada "Objetivo 2004-2006", que contemplava a remoção dos principais obstáculos à conclusão da área de livre-comércio e ao aperfeiçoamento da união aduaneira. Também mostrava uma notável flexibilização do posicionamento brasileiro em temas-chave como a discussão das assimetrias (tratamento especial e diferenciado), o estabelecimento de fundos estruturais e o fortalecimento institucional do Mercosul.

A despeito dessa e de outras iniciativas reveladoras de boas intenções, como a constituição no BNDES de um Departamento para a Integração Sul-americana, a política externa brasileira mostra uma inegável vocação para a "renovação na continuidade" também no plano do *muddling through*. De fato:

(i) O Brasil é o principal gestor da agenda externa do Mercosul e, nesse sentido, o maior responsável pela multiplicidade de iniciativas paralelas em andamento. Em muitos casos, as negociações com terceiros países traduzem, prioritariamente, os interesses políticos da estratégia de inserção externa do País e são acompanhadas, sem maior entusiasmo, pelos demais membros do bloco. Contudo, à medida que as negociações progridem, especialmente aquelas de maior relevância para os sócios, aumenta a dificuldade para a construção de ofertas comuns. Os obstáculos criados pelos demais membros do bloco são previsíveis e respondem a fatores perfeitamente compreensíveis: em primeiro lugar, o interesse em manter o acesso preferencial ao mercado brasileiro; em segundo lugar, as divergências em relação aos produtos considerados "sensíveis" e, conseqüentemente, em relação à estrutura de proteção setorial mais adequada aos interesses de cada país. Essas divergências são naturais no contexto de uma união aduaneira e prevalecem tanto no Mercosul como na UE e na SACU. No passado, o acirramento das divergências levou, ocasionalmente, a negociações "em separado", resultando em crescente perfuração da TEC. Essa alternativa não mais existe, pois os países do Mercosul reafirmaram seu compromisso de negociar conjuntamente com terceiros mercados e fixaram uma data limite para a conclusão das iniciativas bilaterais ainda em andamento. O problema, contudo, não foi removido, apenas "internalizado", pois sua superação exige a formulação de um mecanismo de construção de ofertas negociadoras comuns de qualidade superior ao adotado até o presente, baseado na "pior" das quatro ofertas individuais. Nesse sentido, é difícil compreender a relutância brasileira em promover mecanismos institucionais, inclusive de caráter permanente, para melhorar o processo de elaboração das propostas negociadoras do bloco, potencializando o risco de ocorrência de impasses, conforme evidenciado na recente negociação com a UE.

(ii) Em assuntos da agenda interna do Mercosul, a política comercial do governo Lula não tem revelado disposição para avançar em temas nos quais a atitude brasileira tem sido tradicionalmente refratária. É o caso das disciplinas comuns e das políticas de coordenação macroeconômica, assuntos prioritários da "agenda argentina" e que dizem respeito a temas de integração profunda. De fato, a imposição de disciplinas em matéria de incentivos ao investimento e à produção, a instituição de um código de conduta para o investimento estrangeiro, a definição de mecanismos que preservem as condições de competitividade intrabloco em circunstâncias macroeconômicas excepcionais, a moeda única etc. são temas recorrentes da "agenda argentina". A qualidade das propostas argentinas é muitas vezes questionável, mas os temas são relevantes. Certamente mais relevantes do que algumas das iniciativas da agenda externa impulsionadas pelo Brasil (acordos comerciais com Marrocos, Egito, etc.). Muitas vezes dá a impressão de que a Argentina coloca alguns assuntos em discussão para "testar" a firmeza do compromisso estratégico do Brasil com o projeto de integração regional. Se esse for o caso, o Brasil não passa no teste, pois a resposta mais habitual é o *muddling through*.

(iii) Há temas nos quais o Brasil abandona posturas rígidas, defendidas com intransigência durante anos, e finalmente flexibiliza seu posicionamento. Essas mudanças resultam de um processo de lenta digestão de alguns assuntos no seio da burocracia estatal, onde a temática do Mercosul encontra inúmeros obstáculos para sua difusão. O tratamento especial e diferenciado em benefício das economias de menor desenvolvimento relativo, o reconhecimento das assimetrias e o fortalecimento institucional do Mercosul (criação da Secretária Técnica e instituição do Tribunal Permanente de Revisão) são exemplos paradigmáticos dessa flexibilização em temas-chave de interesse dos sócios. Contudo, as soluções adotadas são quase sempre insuficientes, provisórias ou de baixa qualidade e exprimem, em parte, a limitada disposição do Brasil para o adequado encaminhamento dos temas da integração profunda. No Primeiro Informe Semestral da Secretaria do Mercosul (2004) são apontadas diversas críticas nessa direção.[3]

Por último, é preciso destacar que a política comercial do governo Lula para o Mercosul tem colocado ênfase na importância do "diálogo político", seja em nível presidencial, seja por meio da constituição do Parlamento do Mercosul, proposta incluída na agenda de discussão do bloco por iniciativa do Brasil. Contudo, até o momento, essa nova vertente da política para a região não tem gerado resultados palpáveis.

3. As percepções

Em documento divulgado em 2004, a CNI – Confederação Nacional da Indústria constata que estaria em marcha "uma mudança na percepção do setor empresarial brasileiro quanto aos benefícios do Mercosul para o processo de integração internacional do País... [prevalecendo] um sentimento de irritação com o bloco, alimentado pelas repercussões do contencioso comercial intrabloco e pela visão de que a necessidade de negociar em conjunto a agenda externa tem sido responsável pelas dificuldades em fazer avançar os principais acordos em negociação pelo Brasil" (CNI, 2004c). Com freqüência essa mudança de percepção é seguida de críticas ao posicionamento tolerante adotado pelo Itamaraty na condução dos conflitos comerciais, em virtude de considerações políticas: "O fato é que o custo econômico do Mercosul político se está tornando excessivamente alto para uma boa parte da indústria brasileira" (Jank, 2004).

[3] O Informe questiona o tratamento dado às assimetrias em benefício dos países de menor desenvolvimento relativo, por meio de exceções TEC, pois a solução adotada gera custos para esses mesmos países na medida em que adia a vigência da união aduaneira e a construção do mercado único (p. 30-31). O Informe apresenta também diversos questionamentos ao TPR (p. 44-45). Por razões óbvias, o Informe da Secretaria não questiona as precárias condições para seu próprio funcionamento. Destaque-se, ainda, que o Informe foi retirado do *site* oficial do Mercosul.

Conforme mostrado acima, essas percepções vão de encontro ao excepcional desempenho registrado pelo Brasil no comércio intrazona ao longo do último biênio, cujas principais características, vale a pena insistir, foram: (i) a recuperação das exportações brasileiras para a região, que voltam em 2004 ao pico de vendas alcançado no biênio 1997-1998; (ii) a expansão das exportações intrabloco do último biênio a um ritmo superior ao observado nas vendas extrazona; (iii) a reversão de sinal no saldo da balança comercial do Brasil com a região; (iv) o expressivo aumento do *market-share* do Brasil no mercado dos sócios, com destaque para a participação brasileira no mercado argentino, superior, inclusive, à detida nas economias menores; e (v) a crescente diversificação da pauta exportadora brasileira nas exportações com destino ao Mercosul.

A esses fatos de cunho mais macroeconômico caberia acrescentar as conclusões a que chega o documento da CNI após examinar as três questões que estariam alimentando as percepções negativas do setor empresarial brasileiro em relação ao Mercosul: (i) o impacto do contencioso no comércio bilateral Brasil-Argentina; (ii) o significado comercial das perfurações argentinas na TEC; e (iii) as fontes das divergências entre a Argentina e o Brasil nas negociações da Alca e com a UE.

No que tange aos conflitos comerciais, o estudo constata que há uma certa especialização da pauta exportadora brasileira em produtos do contencioso. Contudo, as análises também mostram que o universo de produtos envolvidos no contencioso é pequeno e que o *market-share* desses produtos nas importações argentinas é o dobro da participação brasileira na pauta de importação total do país, sugerindo que há razões para a "sensibilidade" argentina.[4] O estudo conclui que não há evidências de que o desempenho das exportações dos produtos que são objeto do contencioso estaria sendo negativamente afetado pela imposição de barreiras. Do mesmo modo, o estudo conclui que não há indicação de que as perfurações estejam afetando a composição das exportações bilaterais brasileiras nem o *market-share* dos produtos brasileiros "perfurados" no mercado argentino (CNI, 2004c, p. 23). Por último, o estudo constata que o percentual de itens tarifários com posições divergentes entre Argentina e Brasil foi de 36% no caso da Alca e de 15% nas negociações com a UE.[5] A conclusão do estudo é que as divergências podem ser explicadas pelo desejo de evitar erosão de preferências no mercado do parceiro e por interesses diferentes dos países em relação à

---

[4] A análise de Sica (2004) aponta na mesma direção.

[5] O critério adotado para o registro de posições divergentes considera a indicação de cestas diferentes pelos países. O universo tarifário contemplado foi de 9.623 itens na oferta para a Alca e de 9.731 itens na oferta para a UE.

estrutura mais adequada de proteção em setores específicos, com destaque para o setor de bens de capital, os produtos eletroeletrônicos, os produtos do complexo químico, os produtos siderúrgicos, o setor têxtil e de vestuário e os produtos da agroindústria (CNI, 2004c, p. 24-27).

Em síntese, duas são as conclusões principais desse estudo: (i) as condições que propiciam conflitos e tensões bilaterais têm origem estrutural (assimetrias de competitividade), havendo escassa perspectiva de que a situação venha a se alterar em um sentido mais favorável nos próximos anos; e (ii) as percepções negativas do setor empresarial brasileiro não parecem resultar de impactos comerciais significativos, seja em termos agregados ou setoriais, mas da imprevisibilidade, da falta de respeito às regras e, também, da ausência de mecanismos negociadores que contribuam para a aproximação de posições divergentes nas negociações externas.

Não é possível discordar das conclusões da CNI. A incerteza e a falta de respeito às regras, além de danos pontuais a setores exportadores brasileiros específicos, em decorrência da arbitrária imposição de barreiras pela Argentina, são certamente fatores relevantes a explicar o descontentamento do setor empresarial brasileiro. Contudo, as críticas ao Mercosul parecem ter como alvo principal à política comercial externa brasileira de modo geral. De fato, a ausência de resultados nas duas principais negociações externas e a motivação política que orienta algumas das iniciativas comerciais impulsionadas pela diplomacia brasileira no período mais recente são os principais focos da insatisfação empresarial, principalmente do setor agroindustrial, o mais vocal. Nesse sentido, as percepções negativas em relação ao Mercosul parecem fortemente contaminadas por um descontentamento de caráter mais amplo. Todavia, o fenômeno não é nem um pouco original, replicando situações similares experimentadas na Argentina, mas tendo o Brasil como alvo.

4. Desafios e perspectivas

O principal desafio que o projeto de integração regional coloca à política externa brasileira precede à gestão do governo Lula. Foi definido por Gonçalves (2005), em depoimento de rara franqueza, nos seguintes termos: "O grande obstáculo, do lado brasileiro, para um efetivo investimento no projeto Mercosul é a ambigüidade com que, para além da retórica do discurso pró-integração, diversos setores da Sociedade e do Governo avaliam o Mercosul. Está longe de ser consensual a percepção de que o Mercosul é antes essência do que contingência para o País. Prevalece em muitos segmentos a visão de que o Mercosul é um interlocutor, uma opção entre outras, uma contingência política, e não um elemento hoje da própria identidade do Brasil". Há, de fato, tensão e ambigüidade, embora não necessariamente incompatibilidade, entre a visão do Mercosul como parte da identidade do País e a crença, identificada por Soares (2005) como constitutiva da identidade nacional, de que o Brasil está destinado a desempenhar um papel relevante no cenário internacional.

O principal fator a alimentar essa ambigüidade reside nas assimetrias de tamanho que prevalecem entre o Brasil e os demais membros do esquema de integração. De fato, o Mercosul, conforme constata Almeida (2003), "ocupa uma parte muito pequena – digamos de 10% a 15% – das várias interfaces externas da Nação Brasil: PIB, comércio exterior, demanda agregada... Não se pode pretender muito do Mercosul, tendo em vista as dimensões do Brasil e a amplitude de seus relacionamentos externos: não é do Mercosul que virão, por exemplo, capitais e tecnologia de que necessita o Brasil para aprofundar seu processo de desenvolvimento econômico e social e sua inserção soberana à economia internacional".

Dois fatores contribuem para o agravamento desse quadro. Em primeiro lugar, no Mercosul, tamanho e riqueza não estão correlacionados, pois o país de maior tamanho (Brasil) é o segundo país mais pobre, atrás do Uruguai e da Argentina (Giordano et alii, 2004). Isso representa, sem dúvida, um formidável obstáculo para que o Brasil assuma os "custos da liderança", especialmente se envolverem algum tipo de contribuição ao financiamento de políticas estruturais. Em segundo lugar, as disparidades entre os países, principalmente entre Brasil e Argentina, tem aumentado significativamente nos últimos anos, contribuindo para a perda de relevância do Mercosul, sob a ótica do Brasil. Essa realidade é nitidamente percebida pelos sócios, que atribuem aos setores brasileiros mais céticos a visão de que "o Mercosul e a Argentina teriam hoje um valor relativo para o desenvolvimento econômico do Brasil – inclusive para a estratégia de inserção internacional de suas empresas – menor do que o tinham no começo do processo; trata-se de um mercado em que as empresas brasileiras poderiam competir mesmo sem preferências..." (Peña, 2004).

Nesse contexto, não pode surpreender que a indagação sobre a validade do Mercosul tenha, no Brasil, uma resposta dúbia. De fato, mesmo na ausência de riscos e a despeito de o Mercosul constituir, provavelmente, a única opção disponível para um exercício de integração profunda, não há ainda no Brasil uma decisão estratégica firmemente consolidada em prol do projeto de integração regional.

Essa decisão, caso ocorra, deverá se materializar em mudanças no posicionamento brasileiro em três áreas: (i) o tratamento das assimetrias, principalmente em benefício dos países menores, baseado em políticas que promovam a expansão do comércio e dos investimentos e contemplem a provisão de assistência técnica; (ii) a solução do contencioso comercial com a

Argentina, pautada em regras, prazos e condicionalidades, em vez de acordos de preços ou de restrições voluntárias às exportações; e (iii) o fortalecimento institucional do esquema de integração, apoiado num sistema de produção de regras críveis e previsíveis e, não menos importante, na criação de instituições tecnicamente competentes e com capacidade de iniciativa. Avanços nessas áreas poderão contribuir efetivamente para "recuperar" a visão de um projeto comum e a percepção dos benefícios mútuos decorrentes do processo de integração.

Na ausência de mudanças nessa direção, é difícil imaginar que a política comercial do governo Lula consiga superar as ambigüidades que têm caracterizado até o presente a posição brasileira em face do Mercosul.

Bibliografia

ALMEIDA, P. R. de (2002a). *A política externa do novo governo do Presidente Lula: retrospecto histórico e avaliação programática.*

_____ (2003). Mercosul em crise: que fazer? *Tempo Exterior*, Baiona, IGADI, v. IV, n. 6, jan.-jun. 2003.

_____ (2004). *Um exercício comparativo de política externa; FHC e Lula em perspectiva.*

CNI – CONFEDERAÇÃO NACIONAL DA INDÚSTRIA (2003a). A retomada da agenda do Mercosul: propostas sobre a mesa. *Comércio Exterior em Perspectiva*, ano 12, n. 8, maio 2003.

_____ (2003b). A política brasileira para a América do Sul. *Comércio Exterior em Perspectiva*, ano 12, n. 13, out. 2003.

_____ (2003c). A política de comércio exterior em 2003. *Comércio Exterior em Perspectiva*, ano 13, n. 3, dez. 2003.

_____ (2004a). Mercosul: a flexibilidade é indispensável. *Comércio Exterior em Perspectiva*, ano 13, n. 4/5, jan.-fev. 2004.

_____ (2004b). O percurso do Mercosul em 2004. *Comércio Exterior em perspectiva*, ano 14, n. 4, jan. 2005.

_____ (2004c). *Contencioso e perfurações à TEC do Mercosul: origem, impactos e alternativas.* (mimeo), Brasília.

ESCUDÉ, C. (1998). La Argentina y sus alianzas estratégicas. *Archivos del Presente*, Buenos Aires.

GIORDANO, P.; MESQUITA, M. M.; QUEVEDO F. (2004). El tratamiento de las asimetrías en los acuerdos de integración regional. *Documento de Divulgación*, Buenos Aires, BID/INTAL-ITD, n. 26.

GONÇALVES, J. B. (2002). Mercosul após 2002: propostas a partir de um testemunho pessoal. In: HUGUENEY FILHO, Clodoaldo; CARDIM, Carlos H. (Org.). *Grupo de reflexão prospectiva sobre o Mercosul*, Brasília: IPRI/FUNAG.

JANK, M. (2004). O risco da "Mala sem alça". *O Estado de S. Paulo*, 5 out. 2004.

PEÑA, F. (2003). *Concertación de intereses, efectividad de las reglas del juego y calidad institucional en el MERCOSUR*. Documento de Trabajo n. 5, Red Mercosur e Fundação Konrad Adenauer.

_____ (2004). Mercosul e relações entre Argentina e Brasil: perspectivas para avaliação e propostas de ação. *RBCE- Revista Brasileira de Comércio Exterior*, Rio de Janeiro, ano XVIII, n. 81.

RIBEIRO, F. (2004). Exportações argentinas para o Brasil: queda de *market-share* e desempenho dos principais setores e produtos. *RBCE- Revista Brasileira de Comércio Exterior*, Rio de Janeiro, ano XVIII, n. 81.

RUSSEL, R.; TOKATLIÁN, J. G. (2003). *El lugar de Brasil en la política exterior argentina*. Buenos Aires: FCE.

SECRETARIA DO MERCOSUL (2004). Un foco para el proceso de integración regional. *Primeiro Informe Semestral*, Montevidéu, jul. 2004.

SICA, D. (2004). Mudança estrutural, investimento externo e intercâmbio comercial nas duas maiores economias do Mercosul. *RBCE – Revista Brasileira de Comércio Exterior*, Rio de Janeiro, ano XVIII, n. 81.

SOARES DE LIMA, M. Regina (2005). Aspiração internacional e política externa. *Revista Brasileira de Comércio Exterior*, Rio de Janeiro, n. 82, jan.-mar. 2005.

AS NEGOCIAÇÕES COMERCIAIS NO PRIMEIRO GOVERNO LULA[1]

João Paulo Cândia Veiga

O objetivo do presente trabalho é avaliar a política comercial do governo Lula em seu primeiro mandato (2003-2006). O recorte empregado está circunscrito ao que a literatura chama de análise de política externa, especificamente no campo da política de comércio internacional. Nesse caso, acompanham-se os movimentos do governo brasileiro no âmbito das negociações comerciais internacionais, ou seja, busca-se discutir o processo de tomada de decisão à luz dos constrangimentos e possibilidades colocadas às autoridades brasileiras nas diferentes mesas de negociação.

De maneira geral, pode-se dizer que o governo Lula tem sinalizado, nas negociações comerciais, mais continuidade do que ruptura em relação aos eixos centrais da política econômica externa do Brasil herdada dos governos pós-abertura comercial no início dos anos 1990 (Motta Veiga, 2005; Soares de Lima, 2005). Nesse aspecto a tradicional prioridade conferida às negociações multilaterais, e uma aposta inequívoca no sentido estratégico conferido ao Mercosul (e da integração regional na América do Sul), a despeito do aumento da fragilidade do bloco – dinâmica anterior ao governo Lula.

Um balanço dessas negociações merece três ordens de considerações. A primeira diz respeito à dimensão doméstica das negociações internacionais, especificamente no que se refere à sinergia entre governo e setor privado. É inegável o salto de qualidade com o qual o setor privado passou a se envolver com a agenda de negociações comerciais do Brasil (Oliveira, 2003). Experiências como a Coalizão Empresarial Brasileira na negociação da Alca (principalmente nos governos FHC), e a forma como a agroindústria se articulou com a diplomacia para o consenso em torno das demandas no tema dos subsídios agrícolas (no governo Lula) marcam um ponto de inflexão importante na história da política comercial brasileira. Ocorre que essas experiências produziram diferentes resultados.

O contorno mais definido dos grupos de interesse posicionados em relação à Alca, aliado à mudança na orientação de governo com a introdução de um viés Sul-Sul na política externa, acabaram por tornar a integração hemisférica o "patinho feio" na agenda de negociações do governo Lula.

---

[1] Este trabalho é uma versão revista e atualizada da versão publicada na *Revista Brasileira de Comércio Exterior*, n. 83, abr.- jun. 2005.

Ao mesmo tempo, a configuração de poder em torno da agroindústria encontrou no governo Lula maior disposição para enfrentar os subsídios agrícolas nos países desenvolvidos. A sinergia entre a agroindústria e o governo extrapolou a defesa de interesses localizados e os próprios limites da política comercial. A privilegiada posição relativa em que o Brasil se encontra no que se refere ao potencial de oferta de energia limpa – biocombustíveis (biodiesel e etanol) –, aponta para a possibilidade de o governo transpor um paradigma, isto é, o início de uma mudança de matriz energética cujo exemplo mundial tem origem em um país em desenvolvimento.

O resultado desse jogo sugere um alargamento do processo decisório no que se refere às estratégias de política comercial, e um transbordamento para a política externa na medida em que o próprio presidente da República, em diferentes fóruns vende ao mundo o grande potencial de utilização dos biocombustíveis e o papel protagônico que o Brasil pode desempenhar se, de fato, vier a liderar a criação do mercado mundial dessas *commodities*.

A segunda trata da contribuição do governo para o avanço das negociações multilaterais da OMC depois de Cancun, com a criação do G-20. A decisiva participação brasileira para o fechamento do *framework agreement* em 2004 aumentou o cacife do Brasil na construção de consensos. Entretanto, as dificuldades de fechamento da Rodada Doha, entre outros motivos, são resultado da maior complexidade de barganha, onde cada coalizão não tem um incentivo decisivo para fechar o acordo final.

A terceiro faz algumas observações a respeito do eixo Mercosul-UE. A obrigatoriedade de ofertar concessões em temas sensíveis, além do tema dos subsídios agrícolas, sabendo-se de antemão que seriam objeto de disciplina também na OMC, acabaram por engessar as posições. A utilização de recursos táticos discutíveis (fatiamento de agenda sem proposta geral, falta de transparência) e as dificuldades de construir ofertas comuns entre os países do Mercosul acabaram imobilizando o processo negociador.

As vantagens da simultaneidade não se confirmaram

Quatro idéias circularam no segundo governo FHC, expressão de certo otimismo entre as elites políticas e empresariais, acerca da margem de manobra disponível para o presidente empossado em 2003 no que se refere às negociações comerciais internacionais:

1. A simultaneidade das mesas de negociação aumentaria o cacife brasileiro junto aos países desenvolvidos, e os EUA e a UE estariam propensos a maiores concessões para garantir o Brasil na Alca e no bloco Mercosul-UE;

2. Ficaria para o próximo presidente colher os eventuais resultados positivos da negociação da Alca com a co-presidência dividida entre o Brasil e os EUA, e no acordo de livre-comércio Mercosul-UE;
3. Avançar-se-ia na luta contra os subsídios agrícolas nas negociações da Rodada Doha, que continuaria a balizar os limites e obrigações do Brasil nos planos regional e bilateral; e
4. Mais um movimento de "relançamento" do Mercosul, turbinado pelas eleições presidenciais na Argentina e no Brasil, seria o ponto de partida comum para as negociações do bloco com os parceiros hemisféricos e com o bloco europeu.

Terminado o primeiro mandato, a maior parte dessas expectativas não se confirmou. A idéia de que a simultaneidade, por si mesma, traria vantagens ao Brasil, acabou se mostrando ingênua. De fato, para que pudesse trazer efeitos benéficos às mesas de negociação, era preciso uma estratégia mais acabada acerca das ofertas Brasil-Mercosul, das possíveis concessões e dos objetivos a serem alcançados no processo de barganha entre EUA e UE. As possibilidades de barganha em uma mesa com os olhos voltados à outra estavam dadas pelo *timing* entre as duas negociações. Os cronogramas de ofertas do setor privado para a UE e para os EUA eram praticamente os mesmos.[2] Ademais, havia certa expectativa, partilhada por governos e pelo setor privado, de que as negociações interagiam, ou seja, as possibilidades de melhoria em relação a acesso a mercados em uma mesa calibravam os objetivos e concessões na outra.[3]

[2] No final de 2002, às vésperas da VII Reunião de Cúpula Ministerial da Alca, o setor empresarial brasileiro se movimentava para apresentar as primeiras propostas, com listas de produtos. O cronograma de entrega de propostas pelo setor privado era praticamente o mesmo para a Alca e para a UE. Naquele momento, a decisão do governo FHC foi deixar a tarefa de apresentar as ofertas para o novo governo eleito, as eventuais propostas fechadas pela Coalizão Empresarial foram apresentadas à equipe de transição do governo Lula, processo conduzido pelo então ministro das Relações Exteriores, Celso Lafer (Lívia Ferrari, *Gazeta Mercantil*, 30 out. 2002).

[3] As possibilidades de criação da Alca levar a UE a perder espaço no Mercosul foi sugerida pelo presidente FHC ao primeiro-ministro francês Lionel Jospin, em abril de 2001 (Reali Jr., *O Estado de S. Paulo*, 30 abr. 2001). Na perspectiva do setor privado, ao contrário, um avanço nas negociações Mercosul-UE poderia colocar as empresas americanas em desvantagem no comércio com o Brasil. Por exemplo, um acordo automotivo com a UE baseado em cotas reduziria os impostos para as montadoras com sede na Europa, o que diminuiria a competitividade dos automóveis americanos no Brasil-Mercosul (Geraldo Samor, The Wall Street Journal Americas, reproduzido por *O Estado de S. Paulo*, 15 abr. 2004).

No caso específico da Alca, a dificuldade em alcançar o conceito de "equilíbrio" nos temas em negociação, esteve presente nos governos FHC e Lula. O equilíbrio refere-se à troca entre a oferta do Brasil em áreas consideradas sensíveis e avanços na negociação da agricultura. Como os EUA sempre quiseram tratar o tema dos subsídios agrícolas na OMC, a negociação da Alca teria ficado desequilibrada, o que explica a posição defensiva brasileira. Ocorre que congelar a Alca significava tirar da agenda a negociação comercial com os EUA. Era precisamente esse o objetivo do governo Lula, que seguiu uma "estratégia de contenção" (Oliveira, 2003).[4]

Esse aspecto da política comercial do governo Lula foi alvo de críticas de setores empresariais que enxergavam nessa posição uma possibilidade perdida de melhorar o acesso dos produtos brasileiros ao mercado americano, e um sinal inequívoco de que a política comercial era guiada (também) por uma variável ideológica.

No caso da UE, a disputa em torno dos subsídios agrícolas no âmbito multilateral contaminou a negociação intrabloco e acabou jogando os dois lados em uma barganha posicional da qual não houve saída possível até o término do mandato negociador dos comissários europeus. No âmbito do Mercosul, Brasil e Argentina mostraram fragilidade para a formação de consenso de ofertas comuns em temas, por exemplo, como cotas para veículos automotores.[5]

Ao mesmo tempo, o Brasil mostrou capacidade de operar a negociação multilateral ao ajudar a destravar a rodada Doha em agosto de 2004 por meio da "construção de consensos" no âmbito do G-20. Dessa forma, "ao permitir a participação mais decisiva dos países em desenvolvimento no núcleo da negociação, o G-20 criou uma nova matriz, um novo paradigma para a tomada de decisões na OMC.[6] Na visão do ministro Celso Amorim,

---

[4] Resistir à Alca significava fazer as negociações seguirem o princípio do *single undertaking* (contra a tática do *early harvest* proposta pelos EUA), por meio de blocos já constituídos (em oposição ao *hub-and-spoke*), sob a cláusula de Nação Mais Favorecida Regional, com a diversificação de parcerias e fortalecimento da integração regional (Oliveira, 2003).

[5] Com a nova Comissão Européia, empossada em novembro de 2004, dois fenômenos dificultaram a negociação interblocos e a rodada Doha: a troca do Comissário para o comércio Pascal Lamy por Peter Mandelson marcou maior questionamento dos países mais protecionistas acerca das ofertas no que se refere aos subsídios agrícolas; e a entrada de dez novos países na UE (e mais três em 2007) tornou mais complexa a costura de consensos regionais.

[6] "Ninguém duvida de nosso compromisso com o sistema multilateral de comércio e todos apreciam a capacidade do Brasil de construir consensos", entrevista com o Embaixador Luiz Felipe de Seixas Corrêa, *Zero Hora*, 2 jan. 2005.

esse novo "paradigma" teria modificado o processo de tomada de decisão no interior da OMC, de uma negociação centrada no "presidente de uma comissão ou de um conselho e os [representantes] dos grandes países, para uma negociação com a participação efetiva dos principais interlocutores, algo que só ocorreu por causa do G-20".[7]

O Mercosul é parte do problema

No início de 2003, entre Brasil e Argentina não havia a "possibilidade de graves descontinuidades", os efeitos do *default* no país vizinho haviam se dissipado e nova possibilidade de assimetria macroeconômica na política cambial colocava os dois países juntos para um estratégia de inserção externa e de aprofundamento dos laços econômicos e políticos na região (Markwald, 2005). Paradoxalmente, a combinação de governos supostamente de "esquerda", teoricamente comprometidos com uma estratégia regional de "relançamento" do Mercosul, não resultou em um novo impulso ao bloco.

A retórica do "relançamento" vem sendo utilizada desde a desvalorização do real, em janeiro de 1999, quando ficaram evidentes os limites para a implementação da agenda de integração em razão das assimetrias macroeconômicas. Desde então, o Mercosul continua padecendo de suas fragilidades estruturais, quais sejam o dilema entre uma área de livre-comércio e uma política comercial comum para o bloco por meio da união aduaneira, as sempre presentes divergências nas políticas externas do Brasil e da Argentina, o eterno debate entre o intergovernamentalismo e institucionalidade, as assimetrias macroeconômicas e a ambigüidade do sócio maior em assumir os custos da integração.[8]

Nos primeiros dois anos do governo Lula (primeiro mandato), chamou atenção a agenda de conflitos comerciais abertos com a Argentina. Embora sempre presentes na agenda bilateral, ganharam no governo Kirchner uma dimensão mais dramática. Essa "sensibilidade" tinha relação com a forma como o governo argentino articulava os setores prejudicados e vocalizava seus interesses. Essa dinâmica aconteceu quase sem mediação institucional, sendo que o presidente Kirchner assumiu a "linha de frente" da negociação com o Brasil e potencializou as pressões dos grupos de interesse contrários ao livre-comércio. Esse jogo ambíguo certamente trouxe dividendos políticos inegáveis, mas passou para a opinião pública a idéia de que o Mercosul tinha se esgotado, transformado em um projeto irremediavelmente comprometido.

---

[7] Entrevista com o ministro Celso Amorim, *Carta Capital*, ano XI, n. 330, 28 fev. 2005.

[8] Ver Markwald (2005) e Onuki (2004).

Um aspecto pouco abordado para a avaliação do Mercosul diz respeito à (não) posição brasileira em relação ao *default* argentino, adotado no final de 2001. O governo Kirchner teria demonstrado forte resistência ao baixo perfil do governo Lula, a partir de 2003, no que se refere à relação com os organismos internacionais e a falta de apoio político ao país vizinho no embate com o FMI. De fato, em situação de confronto aberto com os credores da dívida, a movimentação do governo argentino contrastava com o conservadorismo da política econômica brasileira. De fato, o PT, as elites industriais e parte da opinião pública apontavam a política monetária do ministro Palocci, ancorada nos juros elevados, como responsável pelo baixo crescimento econômico. O governo brasileiro, por meio das autoridades lotadas nos cargos do FMI em Washington, não teria feito o que lhe cabia, em razão de sua liderança regional, para apoiar a moratória argentina e, dessa forma, enfrentar o governo americano.[9]

Sem dúvida, a grande novidade para o Mercosul no primeiro mandato do presidente Lula foi o ingresso da Venezuela como membro pleno do bloco, negociação finalizada em 2006.[10] Apesar das críticas à forma açodada como a negociação ocorreu, não há dúvida de que do ponto de vista macroeconômico o ingresso do quinto membro é positivo. São 250 milhões de habitantes, 12,7 milhões de quilômetros quadrados, um PIB próximo a US$ 1 trilhão, e um comércio global superior a US$ 300 bilhões. A Venezuela se comprometeu com as obrigações do Tratado de Assunção, com os Protocolos de Ouro Preto e Olivos, a adotar a TEC em quatro anos, e os governos brasileiro e argentino se obrigam a eliminar as barreiras tarifárias até 2010 (Batista Jr., 2006).[11]

Ademais, o ingresso da Venezuela no Mercosul carrega um significado de densidade política inequívoca que abre novas questões para a evolução do bloco, quais sejam:

(i) a liderança. É verdade que vale a máxima da diplomacia, onde a liderança é simplesmente exercida, e não discutida. No entanto,

[9] "Foi um grande erro diplomático do Brasil não ter sido solidário com a única posição possível para a Argentina. O governo brasileiro teve medo de que a crise nos contaminasse e manteve-se distante. Isso terá repercussões negativas, de longo prazo, no Mercosul" (Rubens Ricupero, *Carta Capital*, ano XI, n. 332, 9 maio 2005.

[10] A aprovação da entrada da Venezuela depende da ratificação pelos Congressos dos países membros.

[11] Disponível em: http://www.agenciabrasil.gov.br/noticias/2006/07/04/materia.2006-07-04.0771552727/view, acesso em 21/07/2007.

fica a dúvida acerca de como a Venezuela influencia o controle de agenda do Mercosul, e que alianças está disposta a fazer, com o Brasil ou contra ele. Não resta dúvida de que uma das razões para o ingresso do país no bloco tem relação com a vontade política do governo Kirchner em diluir a liderança brasileira no Mercosul.

(ii) a democracia. A cláusula democrática do Mercosul pode ser invocada à medida que houver uma conjuntura política regional mais favorável ao questionamento do regime político venezuelano, e aos movimentos do presidente Chaves – um autoritarismo "leve", em respeito aos limites impostos por "tempos democráticos" na América Latina (Corrales, 2006).

(iii) a institucionalidade. A questão de fundo é saber se a baixa institucionalidade do Mercosul e suas disciplinas regulatórias são suficientes para absorver o projeto integracionista venezuelano – seja qual for, ou se o Mercosul corre o risco de ser "nacionalizado", ou seja, projetos de integração diferenciados passariam a ser disputados por governos nacionais dentro da própria dinâmica do Mercosul.

As peças são as mesmas, mas há nova hierarquia

O início do governo Lula teve início em meio a um grande desafio na agenda de política econômica externa, qual seja o de enfrentar quatro mesas simultâneas de negociação com graus diferenciados de hierarquia e interdependência: (i) a relação pós-*default* com a Argentina (Mercosul); (ii) interbloco com a UE; (iii) com os EUA na Alca; e (iv) no âmbito multilateral (Doha) (Abreu, 2003; Batista Jr., 2003).

Deve-se ter em mente que o governo Lula tem início em condições adversas, em parte similares àquelas que condicionaram o governo FHC no início de seus dois mandatos, o primeiro após a crise mexicana ao final de 1994, que obrigou a uma elevação repentina dos juros e, depois, em 1999, após a desvalorização do real. Em 2003, uma crise de confiança mais difusa e generalizada submeteu o presidente Lula à forte pressão dos indicadores macroeconômicos, o que obrigou o núcleo duro do governo a promover políticas fiscal e monetária mais conservadoras.

Seja para "compensar" ou não o conservadorismo da política econômica doméstica, ao menos no plano da retórica, o governo Lula impõe uma mudança de ênfase sobre os *issues* da agenda econômica internacional, em sentido mais amplo do que o recorte de política comercial sugere. Pode-se dizer que o governo dá continuidade à política de FHC com um discurso mais politizado, com uma nova hierarquia baseada nas seguintes variáveis: 1. De forma mais incisiva, acentua-se a insuficiência da globalização como remédio "para os problemas do desenvolvimento"; 2. A necessidade de o crescimento econômico vir acompanhado de uma agenda para o "social";[12] um recorte Sul-Sul para a diplomacia presidencial com implicações para a política comercial (e vice-versa); e 4. A utilização de programas de governo, de forma explícita, como recurso de poder a influenciar a agenda dos países[13] desenvolvidos e das instituições internacionais. Essas variáveis reorganizaram o tabuleiro de prioridades do governo, tornaram mais difusas as diferenças entre política externa *tout court* e política comercial, e potencializaram as possibilidades de novos movimentos do presidente da República nos foros multilaterais (OMC, Davos, G-8).

A substância do G-20

A contribuição mais original do governo Lula em seu primeiro mandato merece uma consideração à parte. O G-20, grupo de países em desenvolvimento organizado no âmbito das negociações da rodada Doha, tornou-se uma referência obrigatória para aqueles países com interesses ofensivos no que se refere à agenda dos subsídios agrícolas.[14] Mesmo críticos destacados da política externa do governo Lula reconhecem ser essa uma "válida aliança (...) para a condução das difíceis e ainda indefinidas negociações [multilaterais]".[15]

---

[12] *Inserção global do Brasil: OMC, Mercosul, Alca, Zona de Livre-Comércio do Brasil com a União Européia*, palestra do ministro Celso Amorim, pronunciada pelo ministro interino, embaixador Samuel Pinheiro Guimarães, no XV Forum Nacional, 21 maio 2003, Brasília, Política Externa, v. 12, n. 02, 2003.

[13] O programa Fome Zero, a proposta do *software* livre, a continuidade da política de saúde pública no que se refere à Aids, com a ameaça de licenciamento compulsório (e seu rebatimento internacional para o Trips/OMC), o Biodiesel, e a proposta de mudança de matriz energética com a criação do mercado internacional do etanol são exemplos de ações, programas e políticas.

[14] Para o ministro Celso Amorim, além do G-20, as outras duas contribuições de destaque do governo Lula foram o programa Fome Zero, e a criação da Área de Livre-Comércio Sul Americana (Alcsa), *Carta Capital*, ano XI, n. 330, 23 fev. 2005. São 20 países membros do bloco, todos os do Mercosul, exceto o Uruguai. Segundo o informe oficial, o G-20 foi criado em 20.08.2003, no período final de preparação da V Conferência Ministerial da OMC, realizada em Cancun ao final daquele ano. Disponível em: www.g-20.mre.gov.br, acesso em: 14 abr. 2005.

[15] Uma movimentação mais abrangente do tema Sul-Sul seria outra "nota própria do governo Lula". No entanto, Lafer aponta certo desconforto com uma politização exagerada na afirmação dos interesses do país, posicionamento cuja conseqüência poderia ser a de "enrijecer o quadro internacional com uma nova polarização ideológica" (2004).

Como instrumento de barganha, o G-20 foi muito bem-sucedido porque ajudou, nas negociações da rodada Doha, na definição de suas diretrizes e princípios, ao atuar para o consenso em torno do documento síntese, em julho de 2004, dez meses depois do fracasso da reunião ministerial de Cancun. Como ressalta Motta Veiga (2006), o G-20 transformou-se em novo instrumento dos países em desenvolvimento sensíveis ao tema "agricultura" na OMC, recolocou o eixo Norte-Sul nas negociações multilaterais, sob a liderança brasileira, e expressa a manifestação de nova sinergia entre governo e o setor privado, o que deu maior consistência e solidez às demandas do País sobre o tema bem como reforçou a liderança brasileira junto a outros países em desenvolvimento.

Entre os desafios do G-20 encontram-se: 1) a necessidade de neutralizar os interesses comuns entre EUA e UE, risco sempre presente de se manifestar em ofertas concretas na rodada Doha; 2) construir "novos consensos" que agreguem demandas ofensivas dos países em desenvolvimento e retenha a coesão da coalizão; e 3) evitar a percepção, difundida por parte da imprensa internacional, de que o G-20 e suas lideranças são os responsáveis pelo eventual fracasso de Doha e que especificamente o Brasil segue um viés ideológico em sua agenda de política econômica externa (Motta Veiga, 2006).

Conclusão

Não há dúvida que por meio do G-20 o Brasil e outros países em desenvolvimento passaram a fazer parte de um seleto "clube" com poder e influência sobre as negociações multilaterais. Não é pouco para um país que não está entre os maiores exportadores, e seu comércio internacional não representa muito mais do que 1% do comércio global. A mudança de paradigma trazida pelo G-20, e a capacidade para a "formação de consensos" foram as contribuições mais relevantes do governo Lula no que diz respeito à política comercial. A sinergia entre o governo e o setor privado é um traço de continuidade em relação ao governo FHC, maximizado no período Lula, principalmente no que se refere à agenda agrícola nas negociações internacionais.

Ao mesmo tempo, ao considerar os resultados concretos alcançados pelo governo Lula, a partir das mesas de negociação herdadas de FHC em 2003, o saldo é negativo. A preferência pela negociação multilateral na OMC, a única em que efetivamente o Brasil tinha posição ofensiva, acabou ofuscando as possibilidades de uma negociação equilibrada com a UE. No caso da Alca, se o objetivo era abortar a negociação com os EUA, foi alcançado de forma bem-sucedida. Contudo, fica a impressão de uma "oportunidade perdida" do ponto de vista comercial, vocalizada pelos grupos de interesse com posição ofensiva, ao contrário das elites industriais que sempre manifestaram temor pela integração hemisférica. No caso do Mercosul, o governo Lula marca o ingresso da Venezuela no bloco, evento que até o momento trouxe mais dúvidas e desconforto do que oportunidades.

Bibliografia

BATISTA JR., P. N. (2003) Estratégias COMERCIAIS do Brasil: Aca, União Européia, OMC e negociações Sul-Sul. Apresentação do autor para o seminário *Brasil: desafios e oportunidades da integração*. São Paulo: BIS/FGV, nov.

_____ (2006) A América do Sul em movimento. Apresentação do autor na *Primeira Conferência Nacional de Política Externa e Política Internacional*. Rio de Janeiro: Fundação Alexandre de Gusmão e Instituto de Pesquisa de Relações Internacionais, Palácio do Itamaraty, jul.

CORRALES, Javier (2006) Hugo Boss. *Foreign policy*, jan.-fev. Disponível em: www.foreignpolicy.com. Acesso em: 21 jul. 2007.

LAFER, C. (2004) *A identidade internacional do Brasil e a política externa brasileira*. 2. ed. rev. e ampl. São Paulo: Perspectiva.

MARKWALD, R. (2005) Política externa comercial do governo Lula: o caso do Mercosul. *Revista Brasileira de Comércio Exterior*, Série BRIEF. Rio de Janeiro: Fundação Centro de Estudos do Comércio Exterior, Latin American Trade Network, Funcex/LATN, n. 83, abr.-jun.

MOTTA VEIGA, P. da (2005) A política comercial do governo Lula: continuidade e inflexão. *Revista Brasileira de Comércio Exterior*, Série BRIEF. Rio de Janeiro: Fundação Centro de Estudos do Comércio Exterior, Latin American Trade Network, Funcex/LATN, n. 83, abr.-jun.

_____ (2006) *Brazil and the G-20 group of developing countries*. Disponível em: www.wto.org/English/rese/bookspe/casestudiese/case7e.htm. Acesso em: 21 jul. 2007.

OLIVEIRA, Amâncio Jorge Nunes de (2003) O governo do PT e a Alca: política externa e pragmatismo. *Estudos Avançados*, São Paulo, v. 17, n. 48.

ONUKI, J. (2004) O Mercosul enfrenta Brasil e Argentina. *Valor Econômico*, 13-15 nov.

SOARES DE LIMA, M. R. (2005) Autonomia, não-indiferença e pragmatismo: vetores conceituais da política exterior. *Revista Brasileira de Comércio Exterior*, Série BRIEF. Rio de Janeiro: Fundação Centro de Estudos do Comércio Exterior, Latin American Trade Network, Funcex/LATN, n. 83, abr.-jun.

OS ACORDOS SUL-SUL FIRMADOS PELO MERCOSUL: UMA AVALIAÇÃO SOB A ÓTICA BRASILEIRA[1]

Lia Valls Pereira

O Brasil tem priorizado, nos últimos anos, a aproximação comercial e política com outros países em desenvolvimento. Diversas iniciativas foram adotadas e algumas delas geraram acordos comerciais. Trata-se do acordo Mercosul-CAN e dos acordos com a Índia e a União Aduaneira do Sul da África (SACU). O conteúdo e o alcance destes acordos geraram bastante discussão no Brasil e os dois estudos, cujas versões resumidas são apresentadas a seguir, visam a contribuir para esse debate. As versões completas dos trabalhos, ambos elaborados por Lia Valls Pereira para LATN – Latin America Trade Network, estão disponíveis no *site* www.latn.org.ar

O Acordo entre o Mercosul e a Comunidade Andina (CAN)

Na análise dos fluxos comerciais entre o Mercosul e a CAN destaca-se o caráter assimétrico do intercâmbio comercial. No caso do Brasil, 85% das exportações para os países da CAN são de produtos manufaturados. No entanto, dado o peso total dos países CAN na pauta do Brasil – cerca de 4% – as vendas de manufaturas para a região representaram apenas 7% do total das exportações de manufaturas brasileiras no ano de 2004. As importações oriundas dos países CAN realizadas pelo Brasil apresentam um peso pequeno na pauta do Brasil. A maior participação, que é da Venezuela, foi de 1% em média entre 1998 e 2004, seguida do Peru (0,5%), Colômbia (0,2%) e Equador (0,1%) e é constituída principalmente por produtos minerais, seguida de químicos.

O mapeamento geral dos ganhos de uma liberalização plena Mercosul-CAN, a partir de exercícios pautados em diferentes metodologias (estimativas de criação e desvio de comércio em modelos de equilíbrio parcial e geral) e em análises simples tabulares dos fluxos de comércio sugerem que, na hipótese de uma liberalização comercial, tenderia a se reforçar o padrão assimétrico do comércio. Há potencial, entretanto, para o aumento do comércio intra-

[1] Este trabalho foi originalmente publicado na *Revista Brasileira de Comércio Exterior*, n. 86, jan.-mar. 2006.

indústria em alguns setores (veículos, químicos, siderurgia, por exemplo). Os resultados agregados nos exercícios estáticos mostram, porém, que o aumento das exportações é maior do que das importações tanto para o Brasil como para a Argentina em todos os países da CAN.

De forma geral, as exportações brasileiras já fazem parte dos principais fluxos de importações de manufaturados dos países andinos. O maior desafio, num primeiro momento, é assegurar a diversificação da pauta exportadora dos países andinos para o Brasil.

As negociações para a realização de um acordo Mercosul-CAN foram iniciadas com a assinatura do Acordo-Quadro entre a Comunidade Andina e o Mercosul, em abril de 1998. O acordo previa duas etapas de negociações. A primeira seria a realização de um acordo transitório de Preferências Tarifárias Fixas, que deveria vigorar até dezembro de 1999. Em seguida, passaria a vigorar a área de livre-comércio.

Dificuldades para uma negociação conjunta levaram a que o Brasil e a Argentina negociassem separadamente os acordos de preferências fixas. Finalmente, foi assinado um acordo Mercosul-Peru, em junho de 2003, e um acordo com o restante dos países da CAN (Colômbia, Equador e Venezuela), em dezembro do mesmo ano. No entanto, os acordos só foram protocolizados na ALADI em outubro de 2004.

O acordo de Complementação Econômica 59, entre o Mercosul, Colômbia, Equador e Venezuela contém 31 Títulos. No primeiro capítulo, onde se descrevem os objetivos e alcance do acordo, destaca-se que serão consideradas as assimetrias entre os países, e que o objetivo inclui, além da área de livre-comércio, a criação da infra-estrutura física (corredores de integração), cooperação tecnológica e energética. Há capítulos sobre antidumping e subsídios, medidas sanitárias, serviços, investimentos, propriedade intelectual, transportes, infra-estrutura, práticas restritivas à livre concorrência, mas que ou remetem ao marco das regras da OMC ou são apenas expressões relativas à importância do tema, sem configurarem nenhum compromisso, como na área de serviços.

O reconhecimento da assimetria entre os países levou a prazos diferenciados nos cronogramas de liberalização, segundo três classes de produtos: cronograma geral, produtos do patrimônio histórico da ALADI e produtos sensíveis. Existem ao todo 67 cronogramas distintos, sendo que a negociação com o Brasil envolve 26. No caso da negociação com a Colômbia e a Venezuela, por exemplo, no cronograma geral foram negociados separadamente produtos em que o Brasil concedia: plena liberalização em 4 anos em troca de 6 anos da Colômbia e Venezuela, e em 8 anos do Brasil contra 12 dos países andinos; e produtos com desgravação imediata. Em adição, alguns produtos não terão o comércio totalmente liberalizado – a oferta é de margens de preferências fixas.

O diferente ritmo de abertura se traduziu em condições de assimetria no acesso a mercados. Segundo estudo da CNI (2004), no caso do Brasil, 42,9% das importações oriundas da Colômbia, 80,9% das importações da Venezuela, 93,9% das importações do Equador e 96,1% das importações do Peru obtêm livre acesso imediato ou em um ano ao mercado brasileiro. Já o percentual das exportações brasileiras que terão o mesmo tratamento na Colômbia é de 24,2%, Venezuela (14,1%), Equador (17,4%) e Peru (2,4%). Com prazos de 11 a 15 anos, o percentual das exportações brasileiras é de 21,6% (Colômbia), 55,8% (Venezuela), Equador (61,2%) e Peru (23,3%).

Há duas perspectivas, não excludentes, na avaliação de acordos preferenciais. A primeira considera apenas os possíveis ganhos estáticos do acordo em termos de fluxos de comércio. Nesse caso, sob a ótica dos setores de um país, o objetivo é maximizar os seus ganhos em termos de acesso a mercados – é a visão mercantilista. Sob esse prisma, a negociação não teria sido positiva para o Brasil. Mesmo que sejam realizados ganhos conforme predizem os modelos de equilíbrio parcial, estes seriam realizados num espaço de tempo mais longo. A mesma observação vale para as estimações dos modelos de equilíbrio geral.

A segunda avalia o acordo do ponto de vista dinâmico, incluindo-se aqui objetivos das políticas nacionais e percepções dos setores da sociedade. Nesse caso, inclui-se o objetivo do uso dos acordos comerciais como instrumento da consolidação do espaço sul-americano. É o tema do tratamento diferenciado nos acordos comerciais, um método eficaz, nesta perspectiva?

A primeira questão remete ao uso do tratamento especial e diferenciado entre países com diferentes graus de desenvolvimento no âmbito das negociações multilaterais sobre acesso a mercados, que parte do reconhecimento de que os custos de ajustamento de um processo de liberalização diferem entre os países. Em adição, acessos preferenciais a mercados das economias maiores podem ser fatores que estimulem as exportações de setores com potencial competitivo das economias menores. Sob esse prisma, o Brasil, como a maior economia entre os países do acordo Mercosul-CAN, concederia prazos mais longos para o programa de liberalização comercial. A principal crítica, nesse caso, seria a multiplicidade de cronogramas que tornam os acordos instrumentos pouco transparentes e seriam veículos de "não facilitação do comércio".

Essa observação pode ser contestada pela afirmação de que os atuais acordos "são realizados dessa forma". O acordo entre os Estados Unidos e os países da América Central engloba negociações bilaterais de oferta pelos países centro-americanos, com cronogramas de oferta imediata e de prazos de 5, 10, 12, 15 e 20 anos e mais ofertas especiais. Em adição, alguns produtos, em especial agrícolas, estão fora do regime de livre-comércio. O argumento do tratamento diferenciado também foi usado, embora esteja presente a crítica de que o acordo esteve orientado pela preocupação de preservar os interesses de alguns setores estadunidenses, como o setor de açúcar. No caso do acordo Mercosul-CAN, a opção pela inclusão de um elevado percentual de preferências fixas nas negociações do setor automotivo, por exemplo, sugere também que questões não associadas ao "tratamento especial e diferenciado" estiveram presentes. Logo, o que é sugerido pelo estudo é que o tratamento especial e diferenciado por meio de multiplicidade de cronogramas pode estar sendo utilizado, em parte, para a formação de acordos de comércio administrado e não para a formação de uma área livre de comércio que os países considerem benéfica para o crescimento de sua renda.

A segunda questão é o papel do tratamento diferenciado na atenuação de assimetrias que favoreçam uma trajetória dinâmica da integração que permita a consolidação do espaço sul-americano, segundo os objetivos descritos no acordo.

É preciso qualificar o que se entende por "assimetrias" no debate da integração sul-americana. Não se trata apenas de garantir acesso a mercados para as exportações das economias menores sul-americanas via acesso preferencial ao mercado brasileiro. Um cenário de pleno acesso dos produtos exportados por esses países no mercado dos países desenvolvidos provavelmente teria um impacto positivo maior sobre a renda dessas economias do que apenas a garantia do acesso ao mercado brasileiro. Esse resultado decorreria da diferença da demanda brasileira (renda) em relação à dos países desenvolvidos. Além disso, como foi analisado, a estrutura da pauta de exportações dos países andinos para o Brasil é similar à do resto do mundo.

O debate passa pela concepção presente não só no Brasil mas também nos seus parceiros, de oportunidades relativas ao incremento de fluxos de comércio de maior valor adicionado (manufaturas, em especial). Sob essa perspectiva é possível conceber que tratamentos diferenciados de acesso a mercados sejam instrumentos que garantam uma trajetória dinâmica de integração que atenda os objetivos de transformação das estruturas produtivas dos países?

A questão não é apenas de fornecer acessos preferenciais, mas que a estrutura de acessos preferenciais seja um fator propiciador de criação/consolidação de cadeias produtivas regionais e de comércio intra-indústria. A eleição desses dois objetivos está associada à idéia de que a especialização e a diferenciação de produtos é um fator positivo para competitividade internacional e, logo, consolida os interesses dos setores produtivos e dos governos quanto ao processo de integração. No entanto, esses dois objetivos, numa perspectiva dinâmica, não são assegurados por preferências tarifárias e dependem, principalmente, de estratégias regionais de investimentos. A contribuição da liberalização tarifária é assinalar por meio das mudanças de preços relativos, o potencial de exploração das vantagens competitivas. Em adição, a exposição a maior concorrência e acesso a novos mercados enseja estratégias de internacionalização regional das empresas.

No início da década de 1990, quando foi iniciado o processo de integração do Mercosul, Argentina e Brasil registravam baixo percentual de trocas comerciais e baixos índices de comércio intra-indústria. O aumento do comércio intra-indústria entre 1992 e 1998, em especial, não pode ser atribuído à estrutura de acessos preferenciais tarifários. Ao contrário, a experiência dos primeiros anos do Mercosul sugere que um cronograma abrangente de liberalização comercial pode ter sido um dos fatores que estimulou o aumento do comércio intra-indústria.

A análise das pautas comerciais e do acordo Mercosul-CAN sugere as seguintes questões, relacionadas a esse debate:

- A multiplicidade de cronogramas bilaterais entre os países significa que nem os países da Comunidade Andina e do Mercosul interpretaram o acordo como um instrumento de consolidação de seus respectivos acordos de integração e, logo, do espaço regional Mercosul-CAN.
- É reconhecido que prazos diferenciados de desgravação tarifária são instrumentos que auxiliam a atenuar os custos de ajustamento de liberalização entre países com diferentes níveis de desenvolvimento e de estruturas competitivas. No entanto, a multiplicidade de cronogramas tarifários negociados a um nível detalhado de classificação de produtos é um "fator de não facilitação do comércio". Em adição, a análise de alguns capítulos da negociação (capítulo 87 – veículos, partes e peças) sugere que o acordo reflete também os interesses de setores das economias maiores. O acordo de livre-comércio passa a se constituir num "acordo de comércio administrado".
- O "comércio administrado" via preferências comerciais não assegura os objetivos do acordo, que é a atenuação de assimetrias entre os países da região. Independentemente do debate sobre a conveniência de políticas estratégicas governamentais, não há nenhuma diretriz de política industrial ou agrícola que seja citada no acordo como motivadora da estrutura das negociações.

- O papel de negociações de liberalizações tarifárias regionais não é instrumento suficiente, na literatura econômica e na experiência internacional, de redução de assimetrias entre países com diferentes níveis de desenvolvimento.
- A liberalização tarifária, em acordos regionais, permite identificação de exploração de vantagens competitivas e estimula os setores produtivos de cada país a explorarem suas vantagens nos mercados regionais. Sob esse prisma, quanto mais claros forem os efeitos sobre a estrutura de preços relativos, poderão ser incrementados os investimentos regionais que consolidam cadeias produtivas regionais e o comércio intra-indústria.
- A correção de "assimetrias" entre os países não depende exclusivamente da diferenciação de prazos de desgravação tarifária.
- No caso dos países do Mercosul e da Comunidade Andina, existe uma agenda associada ao projeto de integração física e energética da América do Sul (IIRSA – Iniciativa para a Integração Regional Sul-Americana), que seria um fator positivo sobre o aumento dos fluxos comerciais e de investimentos, independentemente de acordos formais de integração.
- Criação de fundos regionais de desenvolvimento, ampliação de mecanismos de financiamento, liberalização do comércio de serviços e de compras governamentais, programas de cooperação técnica nas áreas de capacitação empresarial e tecnológica são exemplos de correção das "falhas de mercado" que inibem o potencial do crescimento do comércio entre os países do Mercosul e da Comunidade Andina.

Em suma, a análise do acordo Mercosul-CAN, a partir da perspectiva do Brasil, permite identificar duas vertentes. A primeira identificada com os setores industriais do Brasil que priorizam os interesses mercantilistas. A segunda associa-se à agenda do governo brasileiro para a consolidação do espaço sul-americano por meio de acordos comerciais.

O papel da liberalização tarifária é restrito nesse contexto. Entendem-se as críticas dos setores industriais brasileiros à complexidade dos cronogramas, mas reconhece-se a necessidade de tratamentos diferenciados de desgravação tarifária para as economias menores e/ou a introdução de outros mecanismos de apoio que reduzam os custos de ajustamento em relação ao processo de liberalização. Ao mesmo tempo, foram destacadas as limitações de cronogramas diferenciados negociados bilateralmente de desgravação tarifária para a atenuação das assimetrias entre os países da região. Em última instância, para a formação de espaços regionais integrados, a liberalização comercial deve seguir um cronograma simples de reduções automáticas de tarifas que exclua das negociações a preservação dos interesses protecionistas setoriais em cada país. O fortalecimento de um vínculo comercial e econômico mais robusto entre os países do Mercosul e da Comunidade Andina pressupõe a identificação de oportunidades dos setores produtivos e atuação dos governos no sentido de criação de um ambiente econômico e institucional propício para as atividades de intercâmbio comercial, que envolvem condições de financiamento, comércio de serviços, e integração da infra-estrutura, entre outras. A liberalização comercial intra-regional é um instrumento que permite tornar mais transparente o quadro de vantagens comparativas intra-regionais. Políticas para a atenuação de diferenciais de competitividade, se este for um objetivo, não são adequadamente instrumentalizadas por meio do recurso a cronogramas complexos de desgravação tarifária.

Os Acordos Comerciais do Mercosul com a Índia e a SACU

O Brasil, como membro do Mercosul, assinou um acordo de preferências tarifárias fixas tarifárias com a Índia e outro com os países que compõem a SACU, em dezembro de 2004. Ambos os acordos são, em princípio, uma etapa transitória para a negociação de uma área de livre-comércio. O objetivo principal do texto é analisar o acordo assinado do ponto de vista das relações comerciais do Brasil.

A assinatura desses acordos preferenciais de comércio suscita, entretanto, questões que compõem o quadro referencial de uma análise sobre a agenda de acordos comerciais do Brasil e do comércio Sul-Sul.

As negociações no âmbito do GATT (Acordo Geral de Tarifas e Comércio), em especial no período de 1950 a 1970, são identificadas como instrumentos importantes para o incremento do comércio intra-indústria dos países desenvolvidos. A liberalização tarifária dos produtos industriais foi favorável à obtenção de economias de escala e diferenciação de produtos. O intercâmbio comercial favorecido pelas baixas tarifas também contribuiu para a internacionalização das empresas desses países.

O comércio entre países em desenvolvimento sempre teve pouca densidade. Os países eram principalmente exportadores de produtos agrícolas e minerais e importadores de produtos industriais. Logo, a oferta de exportações não era complementar à demanda de importações entre os países. No entanto, esse cenário muda, a partir dos anos 1990. Primeiro alguns países em desenvolvimento ampliam e consolidam as suas estruturas produtivas industriais. Segundo, esses países implementam reformas de liberalização comercial. Terceiro, os modelos de substituição de importações são substituídos por políticas que privilegiam a "inserção competitiva" no mercado internacional.

O cenário dos anos 1990 coincide com a proliferação dos acordos regionais de países geograficamente próximos, num primeiro momento. As motivações para os acordos e o grau de integração pretendido são variáveis. Num segundo momento, entretanto, aumentam acordos entre países que não são "parceiros naturais geográficos". Esse movimento se dá entre países desenvolvidos e em desenvolvimento, como os acordos da União Européia com a África do Sul e o México e dos Estados Unidos com Cingapura e Austrália.

O aumento do comércio Sul-Sul é um fato – 46% das exportações dos países em desenvolvimento são explicadas por esse intercâmbio. No entanto, como ressalta estudo da UNCTAD (2004), esse percentual está basicamente associado ao comércio intra-regional com os "parceiros naturais". No comércio inter-regional, apenas 27% das exportações agrícolas e 12% das exportações de manufaturas respondem pelas exportações dos países em desenvolvimento, no comércio Sul-Sul.

Ressalta-se que os acordos com a Índia e os países da SACU, em especial a África do Sul, estão inseridos num contexto mais amplo do ponto de vista da política externa brasileira. Em julho de 2003, Brasil, Índia e África do Sul assinaram a Declaração de Brasília, que instituiu a Comissão Trilateral do Fórum para o Diálogo IBAS (Índia, Brasil e África do Sul). A cooperação entre esses três países é explicada, em parte, por algumas características comuns.

Todos os países são grandes economias em suas regiões. Possuem importantes reservas de recursos naturais, são regidos por regimes democráticos e estão entre as 30 principais economias do mundo. No ano de 2003, na classificação dos países por PIB em termos correntes, a Índia ocupou o 12.º lugar, o Brasil o 15.º e a África do Sul o 29.º. Índia e Brasil possuem a segundo e o quinto maior contingente populacional do mundo e, se somarmos a África do Sul, a população desses países soma 1,286 bilhão, o que é quase igual à população da China: 1,288 bilhões, em 2003. No entanto, todos os países apresentam indicadores sociais e de distribuição de renda, em diferentes graus, característicos de países subdesenvolvidos.

O Fórum IBAS abrange diversos aspectos. A Declaração de Brasília e as duas reuniões do Fórum IBAS, em março de 2004 e 2005, produziram documentos que possuem dois eixos básicos. O primeiro é a formação de uma aliança estratégica que permita a formulação de proposições comuns no debate internacional, a partir dos interesses dos países em desenvolvimento.

O segundo eixo é o fortalecimento de vínculos econômicos entre os países. A agenda é ampla. Abrange temas de serviços de transportes, cooperação tecnológica, intercâmbio cultural, acordos setoriais em áreas como telecomunicações, programas conjuntos na área de medicamentos, entre outros. O fortalecimento de vínculos comerciais por meio de acordos é parte dessa agenda. Na reunião de março de 2004, a declaração da Comissão

Trilateral expressa a meta de elevar os fluxos comerciais entre os 3 países de US$ 4,6 bilhões para US$ 10 bilhões em 2007.

O Diálogo IBAS pode ser interpretado como uma proposta de "organização" entre grandes economias em desenvolvimento com o intuito de exercerem um papel protagônico no diálogo Sul-Sul e, conseqüentemente, no diálogo Norte-Sul. O intercâmbio comercial e o fortalecimento de vínculos econômicos entre os países é um fator importante nesse quadro.

Principais características dos fluxos de comércio do Brasil com a Índia e a África do Sul

África do Sul, Brasil e Índia compartilham algumas características comuns no comércio mundial. A participação dos países nas exportações mundiais é pequena – África do Sul (0,5%), Brasil (1%) e Índia (0,8%), segundo dados da OMC (Organização Mundial do Comércio) para o ano de 2003.

O grau de abertura da Índia e do Brasil é similar. A razão entre a corrente de comércio de mercadorias mais serviços sobre o PIB foi de 30,8% para a Índia e de 30% para o Brasil, no ano de 2003. A África do Sul apresenta um maior grau de abertura – um valor de 58,1%.

O maior grau de abertura da África do Sul seria justificado, em parte, pelo tamanho de sua economia. No entanto, em comparação com a Índia e o Brasil, o país também apresenta um nível de proteção menor medido pelas tarifas de importações A tarifa média aplicada pela África do Sul em 2002 foi de 5,8%, enquanto a do Brasil foi de 13,8% e a da Índia de 29%.

A comparação das tarifas consolidadas (são tarifas "registradas" na OMC, que os países não podem elevar unilateralmente) mostra que todos os três países teriam um viés protecionista em relação aos produtos agrícolas. O grau de proteção é similar entre o Brasil e a África do Sul (35,5% e 39,8%) e é extremamente alto na Índia (114,5%). No caso de produtos industriais, Brasil e Índia têm tarifas consolidadas da ordem de 30% e a África do Sul, de 15,8%. As tarifas efetivamente aplicadas no ano de 2002 mostram, entretanto, que a Índia e a África do Sul mantêm o viés protecionista a favor de produtos agrícolas, e o Brasil a favor de produtos industriais. No caso de produtos industriais as tarifas aplicadas foram de 27,7% (Índia), 14,1% (Brasil) e 5,3% (África do Sul). Para produtos agrícolas foram de 36,9% (Índia), 11,7% (Brasil) e 9,1% (África do Sul).

A pauta do comércio mundial dos três países é similar, segundo os dados da OMC para o ano de 2003. O comércio de manufaturas apresenta os maiores percentuais de participação na pauta de exportações e importações em todos os países. Na pauta de exportações as manufaturas explicam 67,4% das exportações totais da África dos Sul, 76,1% da Índia e 50,9% do Brasil.

Na pauta de importações os percentuais são de 69,6% (África do Sul), 49,7% (Índia) e 69,2% (Brasil).

Os dados de destino das exportações mostram o baixo nível de intercâmbio entre os países. A participação das exportações é inferior a 1% no comércio bilateral dos países, com exceção da África do Sul, que exporta 1,2% para a Índia (anos 2000/2004). Na pauta de importações da Índia, percentuais acima de 1% são registrados nas compras da Índia em relação à África do Sul (2,2%) e ao Mercosul (1,2%, sendo a participação do Brasil de 0,5% e da Argentina de 0,7%). Na pauta da África do Sul, a Índia responde por 1,2% das importações do país e o Mercosul por 2,9% (Brasil com 2%). O maior percentual de importações brasileiras é relativo à Índia: 0,9%.

Os dados mostram ainda que o peso do comércio Sul-Sul é quase similar ao dos países industrializados, em especial na pauta de exportações. Não obstante, esse comércio é explicado principalmente pelos parceiros do mesmo continente. No Brasil, 21,3% das exportações se dirigem a países da América Latina e Caribe; na Índia, 25,2% vai para países asiáticos em desenvolvimento; e, na África do Sul, o percentual é de 10,6% em relação aos países africanos. Na análise das importações, esse resultado não se aplica para a África do Sul (3,2% das importações se originam de países em desenvolvimento africanos). No caso brasileiro, a diferença entre países latino-americanos e asiáticos é de 6% em favor dos primeiros. Somente a Índia tem como origem das importações um viés claro em direção aos países asiáticos (20,4%).

Brasil, Índia e África do Sul seriam vetores potenciais do aumento do comércio Sul-Sul, considerando-se, num primeiro momento, as pautas gerais de comércio dos países e a importância das economias. No entanto, o comércio entre os países é pequeno. Fatores associados a questões de facilidade de transporte influenciam esse resultado. As rotas de transportes são majoritariamente Norte-Norte e no caso do comércio Índia-Brasil, por exemplo, não há tráfego marítimo direto. A análise das pautas de comércio dos países, entretanto, contribui para um melhor esclarecimento dessa questão.

O acordo Mercosul-Índia

O acordo Mercosul-Índia de preferências fixas é essencialmente sobre acesso a mercado. No texto do acordo, temas relativos a questões de subsídios e antidumping, normas técnicas, normas fitossanitárias, valoração aduaneira são remetidas ao acordo GATT 1994. É incluído um capítulo que reserva o direto dos signatários de manterem as suas empresas comerciais de propriedade do Estado. É instituído um Comitê de Administração Conjunta pra acompanhar e monitorar o acordo.

O acordo contém ainda 5 anexos. Os dois primeiros apresentam as ofertas do Mercosul e da Índia quanto às preferências fixas. O terceiro trata das regras de origem que são definidas em termos da exigência de valor adicionado de 60% no território. É prevista uma revisão das regras após 3 anos de vigência do acordo. A aplicação de salvaguardas segue as regras da OMC e essas medidas poderão ser aplicadas em nome do Mercosul e/ou por um país membro isoladamente, o mesmo valendo quando a Índia aplicar a salvaguarda. É vedada a aplicação de medidas de salvaguardas no primeiro ano do acordo para produtos que receberam preferências (anexo quatro). O anexo cinco trata do Mecanismo de Solução de Controvérsias. Caberá ao Comitê de Administração Conjunta acompanhar as negociações e supervisionar o trabalho do grupo de especialistas que irá emitir parecer sobre a solução de controvérsia, em casos nos quais os membros signatários não cheguem a um consenso.

A lista inicial de pedidos da Índia para os países do Mercosul continha 1.600 produtos pela classificação da Nomenclatura Comum do Mercosul (NCM) e dela constavam apenas 70 produtos agrícolas. A lista do Mercosul era composta de 1.096 produtos, dos quais 305 agrícolas. No acordo final de dezembro de 2004, as ofertas indianas foram de 450 produtos (8 dígitos do SH) e as do Mercosul de 452 produtos (8 dígitos do SH). As margens de preferências negociadas foram de 100, 20 e 10%. As ofertas do Mercosul se concentram na margem de preferência de 10% – 87,2% dos produtos. Na oferta da Índia, 74,7% recebem preferência de 20% (Tabela 1). Essa diferença reflete o maior grau de proteção tarifária da Índia.

Tabela 1
Sumário das Ofertas do Acordo Mercosul e Índia
(análise a 8 dígitos)

Margem de Preferências	Mercosul oferece para a Índia n. de Produtos
100	13
20	45
10	394
Total	452
Margem de Preferências	**Índia oferece para o Mercosul n. de Produtos**
100	21
20	336
10	93
Total	450

Fonte: Textos do Acordo.

Em termos de valor, as preferências concedidas pelo Brasil também se concentram na margem de 10% – 79% do total do valor dos produtos. A participação das importações oriundas da Índia nas importações totais desses produtos pelo Brasil é de 1,3%. A tarifa média ponderada brasileira pelas importações indianas dos produtos com preferências é de apenas 2,4%.

A distribuição da oferta indiana em termos de valor difere da distribuição por produtos. Em valor, 87,7% das preferências estão na margem de 10%. Nessa faixa, a participação dos produtos brasileiros na importação indiana é de 20,2%, e a tarifa média simples (30,7%) e a ponderada (15,4%) são maiores do que nas outras faixas.

Quais são os principais aspectos da oferta da Índia para o Brasil?

- A oferta de preferências está concentrada em um único capítulo (15: gorduras e óleos vegetais), que é o principal capítulo de exportação do Brasil para o país. Em adição, a oferta cobre cerca de 80% do valor total das exportações brasileiras para a Índia desse capítulo.
- As importações do capítulo 15 oriundas do Brasil que receberam preferência representam 24,3% das importações mundiais da Índia desses produtos. Logo, em principio, há potencial para o aumento das exportações brasileiras. No entanto, a margem de preferência concedida ao Brasil foi de 10%. Seria preciso investigar se essa margem seria suficiente para deslocar os outros exportadores.
- Os capítulos de máquinas e aparelhos mecânicos (45,9%) e máquinas e aparelhos elétricos (18,3%) agregam produtos que receberam preferência e apresentam os maiores percentuais quando se analisa a pauta de importações mundiais da Índia (considerando apenas os produtos que constam do acordo). Logo, seriam produtos associados aos maiores valores de importações na lista de oferta da Índia. No entanto, apenas 9 produtos receberam margem de preferência de 100%. Em adição, o Brasil precisa fazer um grande "esforço" para melhorar as suas exportações desses produtos para a Índia. No total das importações mundiais da Índia desses produtos, a participação dos produtos brasileiros é de 0,3% (máquinas mecânicas) e 0,06% (máquinas elétricas).

Do lado da oferta brasileira, a distribuição das importações que receberam preferência mostra, como no caso da Índia, uma elevada concentração. Na pauta de importações brasileiras oriundas da Índia com preferências, 70,9% dos produtos estão no capítulo 29 (produtos químicos orgânicos), seguidos de produtos farmacêuticos (6,8%). Os produtos que receberam preferência no capítulo 29 explicam 67% das importações totais oriunda da Índia desse capítulo e 19,3%, no caso de farmacêuticos.

No valor importado acumulado de 2001/2003, o principal capítulo de importação na pauta bilateral foi o de combustíveis minerais, que recebeu 3,6% das preferências. No entanto, a tarifa média desses produtos é de apenas 1,2%.

Na pauta mundial de produtos com preferências, além dos produtos químicos (participação de 15,5%), destacam-se os produtos dos capítulos 84 (29,3%) e 85 (19,9%). Os produtos que receberam preferência são relativamente importantes nos capítulos de importações oriundos da Índia – 35,4% (cap. 84) e 11,7% (cap. 85) – coluna 8. No entanto, a participação desses produtos nas importações totais por capítulos é insignificante – 0,2% (capítulo 84) e 0,09% (capítulo 85).

A comparação da oferta da Índia com os principais capítulos de exportações brasileiras mostra que alguns itens importantes não entraram no acordo, destacando-se produtos do capítulo 87 (veículos), aeronaves (cap. 88), ferro fundido (cap. 72) e sementes oleaginosas (cap. 12). Excetuando produtos de origem agrícola que já fazem parte das exportações brasileiras para a Índia (óleo de soja e álcool etílico desnaturado), foram oferecidos apenas 13 produtos agrícolas com margens de preferência de 10%.

A comparação da oferta do Brasil com os principais capítulos de exportações mundiais da Índia mostra também que a oferta de produtos agrícolas foi pequena: apenas 12 produtos. Produtos que constam dos principais capítulos de exportações da Índia dos setores de têxteis e vestuário, obras de ferro fundido e veículos não constam da oferta.

O grau de cobertura do acordo é pequeno. O acordo abrange basicamente produtos minerais e manufaturados, e os produtos negociados tendem a ser os que já constituem os principais produtos de importações nas pautas bilaterais dos países.

Essa ainda é a primeira etapa do acordo para a formação da área de livre-comércio. No entanto, o número relativamente pequeno de produtos sugere que a negociação para um acordo pleno deverá encontrar dificuldades. Ressaltam-se, em especial, dúvidas quanto à possibilidade de fechar um acordo que exclua listas bilaterais de negociações, na ausência de uma prévia consolidação do espaço da união aduaneira do Mercosul. A quase total exclusão de produtos siderúrgicos, a exclusão total de produtos têxteis e de vestuário e do capítulo de veículos e suas partes sugerem não só um "quadro de sensibilidade" entre as pautas dos países do Mercosul e da Índia, mas possíveis dificuldades de conciliar a posição dos países do Mercosul. Em adição, a questão da liberalização dos produtos agrícolas no comércio bilateral Índia-Mercosul será provavelmente um tema central, se for considerado o viés protecionista da Índia nesse campo.

O Acordo Mercosul-SACU

O acordo segue as mesmas linhas gerais do acordo com a Índia.[2] A menção de que o acordo é uma etapa para a criação da área de livre-comércio entre

[2] Há dois anexos sobre as margens de preferências ofertadas, um sobre regras de origem, outro sobre solução de controvérsias e outro sobre salvaguardas.

o Mercosul e SACU faz parte do texto do acordo. Em adição, entre os princípios norteadores da negociação, é citado o tratamento especial e diferenciado para os países de menor desenvolvimento de ambas as uniões aduaneiras.

A oferta do Mercosul é composta de 958 produtos (8 dígitos da Nomenclatura Comum do Mercosul), sendo que 78,5% dos produtos receberam margem de preferência de 100%. A oferta dos países do SACU foi de 951 produtos (8 dígitos do SH de 2002), sendo que 45,3% receberam margem de preferência de 100% (Tabela 2).

Em termos de valor, os dados disponíveis obrigam a agregação a 6 dígitos do SH e são analisadas as pautas do Brasil e da África do Sul. Nesse caso, 93,5% das importações oriundas da África do Sul (acumulado 2002/2004) receberam margem de preferência de 100%. A oferta da África do Sul está concentrada nos dois extremos da distribuição –36,4% com tarifas zero e 33,4% com margem de preferência entre 13 e 10%. Sob esse prisma, o Brasil concedeu bilateralmente um grau de acesso a seu mercado maior do que o assegurado pela África do Sul às exportações brasileiras. Ressalta-se, porém, que a média das tarifas de importações do Brasil na faixa de 100% é relativamente baixa – 5,7%, a tarifa simples e 0,3%, a média ponderada pelas importações da África do Sul. Em ambas as ofertas, as médias tarifárias mais altas estão na faixa da menor margem de preferência.

Tabela 2
Sumário das Ofertas do Acordo Mercosul e SACU
(análise a 8 dígitos)

Margem de Preferências	Mercosul oferece para SACU n. de Produtos
100	752
25	34
20	78
10	94
Total	*958*
Margem de Preferências	**SACU oferece para o Mercosul n. de Produtos**
100	431
50	161
25	103
10	256
Total	*951*

Fonte: Textos do Acordo

A análise da oferta da África do Sul para o Brasil, por capítulos, revela que os 20 principais capítulos de importações brasileiras beneficiados por preferências e ordenados segundo a distribuição das preferências somam 97,9% do total negociado na oferta da África do Sul. Cinco capítulos – máquinas e aparelhos elétricos, plásticos e suas obras, produtos cerâmicos e máquinas mecânicas – explicam 64,7% do valor das preferências. Nota-se que 37 produtos do capítulo 85, 73 produtos do capítulo 39 e 76 produtos do capítulo 84 recebem margem de preferência de 100%. No capítulo 5, entretanto, que apresenta a maior media tarifária – produtos cerâmicos, 20,9% –, a oferta para os 11 produtos do capítulo está concentrada na margem de preferência de 10%. Em adição, os produtos negociados dos capítulos 85, 39 e 69 já constituem a maioria das importações oriundas do Brasil – 71,1%, 71,6% e 93,5%, respectivamente.

Outros capítulos com médias tarifárias acima de 10% são móveis (cap. 94), ferramentas (cap. 82) e metais comuns (cap. 83). Em relação aos dois primeiros capítulos, as ofertas se concentram na faixa de 10%.

É importante destacar que alguns dos principais capítulos exportados pelo Brasil para a África do Sul ficaram fora do acordo, como veículos (cap. 87), ferro fundido (cap. 72), fumo (cap. 24), papel (cap. 48) e aeronaves (cap. 88). Em alguns casos, como veículos e fumo, as médias tarifárias dos capítulos são altas (13 e 31,8%, respectivamente).

A oferta do Brasil para a África do Sul está concentrada em dois capítulos: combustíveis minerais, que explicam 73,9% das preferências, e produtos químicos orgânicos, com 13,7%. A tarifa média dos produtos negociados de combustíveis já é zero, logo a concessão é de uma margem de 100%. No caso de produtos químicos, que correspondem a 492 produtos dos 958 negociados, 460 produtos foram beneficiados com margens de 100%, sendo a media tarifária de 3,7%. Em adição, seis entre os quinze principais capítulos de importações oriundas da África do Sul não receberam ofertas. Em comum com os capítulos da oferta da África do Sul, registre-se a exclusão do capítulo de veículos automóveis.

Considerações finais

Os acordos Mercosul-SACU e Mercosul-Índia são etapas para possíveis acordos de livre-comércio. Em ambos os casos, a abrangência dos acordos é pequena e tende a privilegiar alguns produtos que já fazem parte das pautas bilaterais dos países. Ao mesmo tempo, é notória a ausência de produtos que estão entre os principais produtos de exportação dos países, como é o caso de veículos e automóveis, alguns produtos siderúrgicos, têxteis e vestuário e aeronaves. Em adição, produtos agrícolas obtiveram um número reduzido de ofertas.

A análise dos fluxos de comércio entre o Brasil e a Índia mostra um intercâmbio pouco diversificado com baixo grau de complementaridade entre as pautas. Identificam-se, porém, setores que poderão ser explorados no intuito de aumentarem os fluxos do comércio intra-indústria, como máquinas e equipamentos, veículos, produtos químicos orgânicos, combustíveis minerais e farmacêuticos. No entanto, a experiência recente sugere que a possibilidade de um aumento expressivo do comércio está em parte associado ao crescimento dos fluxos bilaterais de investimentos diretos. Um exemplo é o caso dos investimentos indianos no Brasil no setor farmacêutico. Outras associações possíveis estão nas exportações de etanol brasileiro associado à produção de automóveis.

A pauta do comércio Brasil-África do Sul é marcada por um grau de assimetria maior que a pauta com a Índia. As exportações da África do Sul estão concentradas em minerais, químicos e metais básicos e as do Brasil em produtos de relativo maior valor adicionado, como máquinas, veículos e produtos químicos. No setor de veículos há potencial para o comércio intra-indústria, por exemplo. No entanto, aqui é introduzida uma questão comum nas relações Sul-Sul. No caso da África do Sul, alguns setores expressam receio de que um acordo amplo com o Brasil retire da África do Sul as suas vantagens de acesso a mercados de produtos manufaturados de maior valor adicionado para os parceiros africanos. Novamente, são as perspectivas de possíveis parcerias entre as empresas dos dois países que podem atenuar, em parte, essa questão.

O crescimento do comércio entre os países desenvolvidos nas décadas de 1950 a 1970 não se explica apenas pelas negociações favoráveis ao comércio intra-indústria. A internacionalização das empresas desses países teve também papel fundamental. No caso de países em desenvolvimento, esse ainda é um tema que esbarra, em parte, nas limitações de recursos domésticos. No entanto, como primeiro passo a expansão do comércio por meio de setores que possam permitir um maior grau de especialização e obtenção de economias de escalas é fundamental. Nesse caso, porém, é preciso que os países acatem a idéia de "especialização", uma questão não trivial quando estão envolvidos países, como o Brasil, Índia e África do Sul, que visam a consolidar suas posições no comércio mundial como exportadores de produtos manufaturados de maior valor adicionado.

Os acordos Mercosul-Índia e Mercosul-SACU partem de iniciativas políticas inseridas no contexto do diálogo Sul-Sul. Os países possuem vínculos comerciais e de investimentos com pouca densidade. Existem barreiras de custos de transporte, mas estas podem ser diminuídas, caso haja o incremento do comércio.

Comentários finais

O trabalho conclui com a questão apresentada na introdução. É possível aumentar o comércio inter-regional dos países em desenvolvimento por meio de acordos comerciais preferenciais, dado que alguns desses países possuem estruturas produtivas que apontam para o possível incremento de um comércio intra-setorial, como o dominante entre países desenvolvidos?

A avaliação preliminar apresentada nesse trabalho das relações Brasi-Índia-África do Sul sugerem que o escopo para que esse crescimento ocorra a partir dos acordos já assinados é relativamente pequeno. Em adição, parte substantiva desse comércio é realizada por meio de empresas multinacionais, sendo necessário uma melhor compreensão da lógica dos seus investimentos nesses países na definição de uma possível estratégia de especialização intra-industrial.

Ressalte-se que a consideração acima não se traduz na sugestão de que os países do Mercosul não devam ampliar os acordos com a Índia e os países da SACU. Uma questão não abordada no trabalho é que esses países também possuem uma agenda de acordos preferenciais. Além da proposta de uma área de livre-comércio entre a Índia e a África do Sul, ambos os países estão engajados em negociações com parceiros regionais. Em adição, a África do Sul tem um acordo marco com os Estados Unidos para negociação de preferenciais comerciais. A política de comércio exterior da Índia passou a incorporar a importância de acordos comerciais na sua agenda, a partir de meados da década de 1990, e há negociações para um possível acordo com a China. Além da questão de acordos como estratégias de conquista de mercados, uma liberalização mais ampla pode favorecer a identificação de novas oportunidades.

A AGENDA DE NEGOCIAÇÕES COMERCIAIS E OS INTERESSES BRASILEIROS

ANATOMIA DO *BOOM* EXPORTADOR E IMPLICAÇÕES PARA A AGENDA DE NEGOCIAÇÕES COMERCIAIS DO BRASIL[*][1]

Sandra Polónia Rios

Roberto M. Iglesias

1. Introdução

O debate sobre as prioridades da agenda brasileira de negociações comerciais internacionais intensificou-se no período recente com a proliferação de iniciativas voltadas para a aproximação com países em desenvolvimento, enquanto as negociações regionais envolvendo países desenvolvidos (Alca e União Européia) enfrentam impasses de difícil superação. Os acordos com países em desenvolvimento têm sido apresentados como alternativa às dificuldades enfrentadas pelo Brasil para avançar nos entendimentos comerciais com os Estados Unidos e a Europa. Entre as diversas iniciativas recentes, nenhuma produziu acordos de dimensões importantes até o momento.

Desde a criação do Mercosul, o Brasil não tem conseguido implementar acordos comerciais de envergadura relevante. Além dos acordos de livre-comércio firmados em conjunto pelo Mercosul com o Chile e a Bolívia em 1996 e com os países da Comunidade Andina em 2003, após longo período de negociação, os demais acordos negociados (México, Índia e África do Sul) são muito restritos em termos da cobertura de produtos e dos níveis de preferências outorgados e recebidos.

O País movimenta-se com dificuldade no mundo dos acordos regionais. Com os países desenvolvidos, os interesses demandantes brasileiros concentram-se nos temas que compõem o núcleo duro do protecionismo nesses mercados (acesso a mercados e regras para produtos agrícolas e disciplinas mais rigorosas para imposição de direitos antidumping). Ao

* Os autores agradecem a Edson Velloso o trabalho de coleta e organização das estatísticas que serviram de base às análises desenvolvidas neste estudo.

[1] Uma versão anterior deste trabalho foi publicada na *Revista Brasileira de Comércio Exterio*, n. 85 (out.-dez. 2005). A versão integral do trabalho encontra-se disponível em www.cindesbrasil.org.

mesmo tempo o governo brasileiro resiste em negociar regras e disciplinas em áreas como proteção de investimentos, propriedade intelectual e serviços, que vêm sendo incorporados pelos países industrializados na maioria dos acordos regionais recentes.

Já nas iniciativas com os países em desenvolvimento, tem-se observado uma limitada demonstração de interesses dos parceiros comerciais brasileiros em avançar para entendimentos que representem uma liberalização comercial mais abrangente. De modo geral, esses países vêem o Brasil como competidor relevante com os produtores domésticos. Como resultado, são firmados acordos que abrangem apenas produtos que já têm tarifas de importação reduzidas e que não apresentam sensibilidades de parte a parte. Assim, a capacidade de geração de comércio desses acordos é bastante restrita.

Apesar das dificuldades do Brasil em avançar em acordos comerciais que garantam melhores condições de acesso a mercados para os seus produtos, após terem experimentado um desempenho medíocre nos anos 1990, as exportações brasileiras finalmente passaram a mostrar crescimento expressivo nos últimos dois anos. Embora a melhoria do desempenho exportador possa ser creditada em boa medida a fatores exógenos à economia brasileira, como o crescimento da economia mundial e a recuperação dos preços de commodities importantes na pauta exportadora brasileira, duas tendências se fazem notar nesse novo *boom* do comércio exterior brasileiro: os notáveis ganhos de competitividade dos produtos agroindustriais e a maior diversificação geográfica das vendas externas brasileiras.

Essa evolução contribuiu para constituir interesses demandantes na agenda brasileira para negociações comerciais, até então eminentemente defensiva. Além disso, a maior diversificação dos destinos das vendas externas vem incentivando a aproximação com países em desenvolvimento e com novos mercados. Entre as motivações para as mudanças promovidas nas estratégias brasileiras de inserção comercial internacional está a visão de que o comércio com os países desenvolvidos já está maduro e de que é necessário voltar as atenções para as relações com países em desenvolvimento para diversificar o comércio exterior brasileiro, reduzindo a dependência em relação ao mundo desenvolvido.

As novas características do desempenho das exportações brasileiras, aliadas às evidentes dificuldades de avançar em acordos comerciais que signifiquem melhorias significativas nas condições de acesso aos mercados externos, estimulam o debate sobre a conveniência de rever as prioridades da agenda comercial brasileira. Esse debate requer o aprofundamento da análise das características do novo ciclo exportador e a avaliação dos elementos que deveriam compor uma nova agenda comercial mais eficiente do ponto de vista dos interesses exportadores brasileiros.

Este trabalho procura identificar prioridades para a agenda comercial brasileira, relacionando o desempenho recente das exportações brasileiras com elementos de negociações comerciais em acesso a mercados de bens. O segundo item descreve a evolução recente na agenda comercial brasileira, chamando a atenção para as dificuldades enfrentadas pelo Brasil para obter resultados efetivos nos acordos comerciais negociados recentemente. O terceiro item procura detalhar as características do *boom* exportador experimentado pelo país no período 2002-2004, identificando a distribuição geográfica e a composição das vendas externas brasileiras. O tamanho e o dinamismo dos mercados importadores e as novidades na pauta de exportações contribuem para definir as prioridades para a agenda de negociações comerciais.

O quarto item identifica os produtos com oportunidades de crescimento das exportações para cada um dos países selecionados e apresenta um resumo das barreiras enfrentadas pelos exportadores brasileiros nas exportações desses produtos. A quinta seção analisa os interesses brasileiros em uma eventual negociação comercial com cada um dos países. Por fim, a última seção resume as principais conclusões do trabalho e apresenta um esboço das prioridades para o desenho da agenda comercial brasileira, comentando as suas implicações para os demais membros do Mercosul.

2. As mudanças recentes na política comercial brasileira

Na década de 1990, a estratégia ótima que se desenhava para o Brasil, em termos de sua agenda comercial externa, era a de uma expansão do tipo concêntrica. O passo seguinte, após a formação do Mercosul, seria avançar em uma série de acordos que terminariam por consolidar a Área de Livre Comércio da América do Sul, enquanto na OMC o eventual lançamento de nova rodada multilateral poderia facilitar a liberalização do comércio de produtos agrícolas e agroindustriais. Somente após esse estágio é que se desenvolveriam acordos tipo Alca ou Mercosul – União Européia.

Essa estratégia não foi bem-sucedida por diversas razões. Em primeiro lugar, não levou em consideração que os interesses concretos e específicos dos outros membros do Mercosul e dos demais países sul-americanos poderiam gerar uma dinâmica diferente da idealizada pelo Brasil para as diversas iniciativas sub-regionais. A integração econômica sul-americana mostrou-se mais difícil do que se previa. Adicionalmente, os acordos regionais Norte-Sul ganharam novo ímpeto em fins da década passada e início da atual, ao mesmo tempo em que as negociações no âmbito da OMC não mostravam sinais de progresso.

Nos primeiros anos desta década as atenções estiveram voltadas para as negociações da Alca e do acordo entre Mercosul e União Européia. O lançamento de uma nova rodada de negociações na OMC em novembro de 2001 gerou a expectativa de que seria possível ao país jogar simultaneamente nos três tabuleiros, maximizando os ganhos em acordos com países desenvolvidos.

Também nesse período a deterioração do ambiente econômico nos sócios do Mercosul aumentou a tensão nas relações intrabloco. Cresceu o contencioso comercial entre os países membros, e as decisões sobre os temas pendentes do processo de integração foram sendo sucessivamente adiadas. Em face das dificuldades de trabalhar os temas da consolidação e do aprofundamento do Mercosul, as negociações externas ganharam relevância na agenda do bloco nessa fase.

Ao final do segundo governo Cardoso, as prioridades da política comercial brasileira concentravam-se na preservação da coesão do Mercosul como instrumento de política comercial externa e na defesa de demandas maximalistas por acesso a mercados nas frentes de negociações regionais, em particular com os países desenvolvidos. Em relação a estas últimas, a agenda brasileira incluía não apenas a eliminação de tarifas para produtos brasileiros, mas também a negociação de disciplinas que reduzissem o grau de arbitrariedade na imposição de medidas antidumping, a eliminação de subsídios às exportações e a redução dos subsídios à produção doméstica para produtos agrícolas.

O governo Lula introduz mudanças paulatinas no desenho da política comercial brasileira para adaptá-la aos novos objetivos e prioridades da política externa e às condicionantes da política interna. Em primeiro lugar, aumentam as resistências em negociar acordos regionais com os países desenvolvidos, em particular com os Estados Unidos. A reformulação do processo de negociações da Alca é proposta pelo Brasil com o objetivo de reduzir o grau de ambição do projeto. Com a União Européia, apesar dos esforços para concluir um acordo ainda em 2004, não foi possível superar os principais impasses que em boa medida estão relacionados às divergências de interesses entre os dois blocos. A OMC passa a ser encarada como o fórum mais adequado para negociar questões comerciais com os países desenvolvidos.

Em segundo, intensificam-se as reticências para negociar os temas não estritamente comerciais. Com a maior preocupação em preservar graus de liberdade para a implementação de políticas industriais autônomas, o governo passa a evitar a negociação de disciplinas de interesse dos países desenvolvidos, como proteção para investimentos estrangeiros, acesso a licitações públicas ou novas regras para o comércio de serviços. Como contrapartida, o Brasil também passou a aceitar que regras do seu interesse demandante, como disciplinas para as medidas antidumping e para subsídios à agricultura sejam tratadas apenas no fórum multilateral.

A terceira marca relevante da atual política comercial é o ativismo nas negociações bilaterais com os países do Sul. Sob o argumento de que o dinamismo no comércio internacional encontra-se nos países em desenvolvimento e que as possibilidades de crescimento dos fluxos comerciais com os países do Norte já estão esgotadas, novas frentes negociadoras têm sido lançadas. Os acordos comerciais com os países em desenvolvimento são apresentados como alternativa às dificuldades enfrentadas nas agendas comerciais com os países desenvolvidos.

Entretanto, os acordos comerciais no *front* Sul-Sul, como os negociados entre Mercosul e Comunidade Andina, Índia e África do Sul, também têm mostrado evidentes dificuldades. O acordo entre Mercosul e Comunidade Andina é bastante desequilibrado em termos dos ganhos de acesso a mercados para os dois blocos: enquanto o Mercosul oferece a abertura completa em cinco anos para aproximadamente 90% do valor de comércio, os andinos somente começarão a abrir seus mercados para a maioria dos produtos exportados pelo Brasil a partir do sexto ano de vigência do acordo. Já os entendimentos com a Índia e a África do Sul produziram acordos de preferências tarifárias muito limitados tanto em termos de número de produtos abrangidos quanto de percentuais de margens de preferências outorgadas e recebidas.

O condicionamento da política comercial aos objetivos de maior protagonismo da política externa brasileira tem levado o Brasil a abrir mão de posições demandantes nas negociações com países em desenvolvimento, de modo a possibilitar a conclusão dos acordos e demonstrar a capacidade brasileira de avançar nessa direção.

2.1 *Os acordos em negociação com os países desenvolvidos*

As negociações da Alca e entre Mercosul e União Européia enfrentam evidentes dificuldades para avançar e vêm perdendo prioridade em face das negociações multilaterais em 2005.

Na Alca, as novas posturas do governo Lula foram materializadas na proposta apresentada pelo Brasil em meados de 2003 de revisão da estrutura do projeto, transformando-o em uma negociação em três trilhos: o trilho chamado 4+1 (Mercosul + cada um dos parceiros da Alca), a Alca e a OMC. Todas as questões substantivas das negociações foram classificadas nos trilhos 4+1 (essencialmente acesso a mercados para bens e serviços) ou no trilho OMC (para o qual seriam remetidos os temas envolvendo questões sistêmicas, como regras para serviços, propriedade intelectual, investimentos e, também, subsídios agrícolas). Um dos efeitos dessa iniciativa seria o esvaziamento da Alca, que representaria apenas um arcabouço geral.

Embora essa proposta não tenha sido aceita pelos demais parceiros da Alca, deu partida a um processo de entendimentos bilaterais com os Estados Unidos que culminaram na reestruturação da Alca aprovada na Declaração Ministerial de Miami em novembro de 2003. De acordo com essa reestruturação, a Alca passaria a ser um acordo de geometria variável, com os países assumindo diferentes graus de compromisso em relação aos vários temas em negociação. Essa reforma não foi suficiente para fazer avançar o processo, e as negociações estão paralisadas desde abril de 2004.

Houve novos movimentos entre negociadores norte-americanos e brasileiros no começo de 2005 buscando definir as bases para a retomada das negociações. Essas tentativas não mostraram resultados até agora. Não há expectativa de que os entendimentos possam promover a retomada do processo negociador no curto prazo.

No início deste ano foram retomados os entendimentos entre o Mercosul e o Canadá para a negociação de um acordo de livre-comércio no formato "4+1". A estratégia do governo brasileiro parece ser avançar nos acordos sub-regionais como forma de se contrapor à proliferação de acordos bilaterais que vêm sendo negociados pelos Estados Unidos na região. Caso a Alca venha a avançar, a compatibilidade dos acordos será avaliada posteriormente.

Já as negociações com a União Européia, que foram interrompidas em outubro de 2004 sem acordo, receberam tratamento mais benevolente do governo brasileiro do que a Alca. Demonstrando interesse em concluir as negociações até outubro de 2004, antes das mudanças na condução da Comissão Européia, o governo brasileiro esforçou-se para superar entraves e para atender, ainda que timidamente, algumas das demandas do lado europeu em áreas consideradas sensíveis para o Brasil. Por outro lado, aceitou remeter para o âmbito da OMC o tratamento das questões relacionadas a subsídios agrícolas e a negociar quotas para o acesso a mercados de produtos agrícolas (alternativa rejeitada nas negociações com os Estados Unidos na Alca).

Apesar dos esforços, diante da modéstia da oferta européia para produtos agrícolas e agroindustriais, os entendimentos com a UE chegaram a impasses na fase final. Ainda que tenham chegado a um estágio muito mais avançado do que as negociações da Alca, não há perspectivas de avanços concretos ao longo de 2005 nesse *front*.

Tendo em vista a concentração das atenções em fazer progredir os trabalhos da Rodada de Doha, é provável que as negociações da Alca e entre o Mercosul e a União Européia entrem em compasso de espera até que se tenha maior clareza sobre o que é possível esperar dos entendimentos no âmbito multilateral.

2.2 *As negociações com os países em desenvolvimento*

O Brasil não tem conseguido negociar acordos comerciais abrangentes com países em desenvolvimento. Depois dos acordos de livre-comércio firmados pelo Mercosul com o Chile e a Bolívia em 1996, as renegociações dos acordos mantidos pelos países do bloco no âmbito da ALADI com os países da Comunidade Andina (CAN) e o México mostraram-se muito mais difíceis do que se poderia supor.

Os entendimentos com os países andinos arrastaram-se por seis anos e levaram à assinatura, em dezembro de 2003, de um acordo complexo, de difícil operacionalização, com listas de compromissos bilaterais entre os membros dos dois blocos e que gera escassos ganhos em termos de melhoria das condições de acesso dos produtos brasileiros ao mercado andino. Apesar de ter sido assinado em 2003, o acordo com a CAN somente entrou em vigência no início de 2005. O Peru negociou em separado dos demais países da CAN um acordo com o Mercosul, que, na realidade, ainda não entrou em vigor.

Os acordos Mercosul-CAN e Mercosul-Peru promovem maior acesso de produtos andinos ao mercado brasileiro em comparação aos ganhos de acesso concedidos aos produtos brasileiros ao mercado andino.[2] Com 67 cronogramas distintos de eliminação de tarifas e regras de origem diferenciadas para os parceiros menos desenvolvidos, a operacionalização do acordo será de grande complexidade tanto para os empresários quanto para as autoridades aduaneiras.

Os demais acordos negociados nos últimos dois anos são acordos de preferências fixas e bastante limitados em termos das margens de preferências trocadas e do número de produtos cobertos. O acordo Brasil-México (ACE 53), que foi assinado em julho de 2002, mas entrou em vigor em maio de 2003, cobre 796 posições tarifárias com margens de preferências recíprocas variando entre 20 e 100%.

Além do ACE 53, os dois países firmaram também o Acordo Automotivo Brasil-México (ACE 55), que estabelece que os automóveis e comerciais leves terão comércio livre nos dois países, a partir do quinto ano da vigência do acordo. Já as máquinas agrícolas e rodoviárias poderão ser comercializadas livremente a partir do quarto ano.

---

[2] Para uma descrição e análise mais detalhada dos acordos, ver CNI, março de 2004.

Os acordos com o México são os únicos assinados nos últimos anos pelo Brasil para os quais já é possível realizar uma avaliação de desempenho, uma vez que já foram colocados em vigência há mais de um ano. Os produtos exportados pelo Brasil ao amparo das preferências concedidas pelo México nos acordos bilaterais – ACE 53 (geral) e ACE 55 (setor automotivo) – representaram 64% das vendas totais brasileiras para o México em 2004. Chama a atenção o fato de que os produtos do setor automotivo que compõem o ACE 55 são responsáveis por mais da metade das exportações brasileiras. Os produtos do ACE 53 representaram apenas 11% do total exportado naquele ano.

Em fevereiro de 2005, o Mercosul firmou dois acordos de preferências fixas com a Índia e a União Aduaneira da África do Sul (SACU). Estas duas iniciativas refletem um processo de aproximação do Brasil com a Índia e a África do Sul que tem como guarda-chuva o Fórum Trilateral IBSA, voltado para a cooperação econômica, de segurança e saúde, e para a coordenação de posições nas negociações agrícolas da OMC (atualmente no âmbito do G-20).

Os dois acordos são muito limitados, tanto em termos de número de produtos quanto em termos de preferências efetivas trocadas. Na realidade, as maiores margens de preferências foram concedidas para produtos que atualmente já contam com tarifas aplicadas muito baixas.

No acordo com a União Aduaneira da África Austral foram ofertados pelo Mercosul 958 produtos. Para 752 deles, foram outorgadas margens de preferências de 100%. Entretanto, a média tarifária desses produtos é de apenas 1,73%. Já a SACU ofereceu concessões em 951 produtos, sendo que para 419 as margens de preferência foram de 100%, mas a tarifa média cobrada sobre eles é de 0,25%. Para os produtos com tarifas mais elevadas foram oferecidas margens de preferências entre 10 e 50%.

O acordo entre o Mercosul e a Índia é ainda mais modesto. Apenas 450 produtos foram ofertados por cada lado, sendo que o Mercosul concedeu 100% de margem de preferência para 13 produtos que já estão com tarifa zero, enquanto a Índia incluiu 21 produtos com margem de preferência integral. A tarifa média indiana para esses produtos é de 3,13%. Os demais produtos foram negociados com preferências de 10 ou 20%.

Conclui-se, portanto, que esses acordos não deverão gerar novo e significativo acesso aos mercados da África do Sul e da Índia, tendo reduzido impacto sobre os fluxos de comércio. Na realidade, nenhum dos acordos firmados nos últimos anos é significativo em termos de acesso preferencial. O notável desempenho recente das exportações brasileiras não foi favorecido pela agenda de negociações comerciais, mas sim outros fatores, como a desvalorização cambial, as dinâmicas das economias mundial e doméstica, os esforços para a desoneração das exportações e as iniciativas de promoção comercial.

3. Natureza do *boom* exportador recente

3.1 Introdução

Quais são as principais características do novo *boom* exportador brasileiro em termos de composição da pauta de produtos e dos parceiros comerciais? É possível identificar novas tendências na distribuição das exportações por mercados ou por produtos? A composição da pauta de produtos e as características dos parceiros comerciais são questões centrais na definição de uma estratégia de negociações comerciais internacionais

Neste item, serão analisadas algumas características do desempenho exportador recente, enfatizando as mudanças ou as novas tendências do destino das exportações e da composição da pauta por tipo de produto. Primeiramente, se analisará o total exportado, observando o desempenho global, a distribuição das exportações por grandes blocos/regiões e a composição por fator agregado. Em segundo lugar, se analisará a distribuição geográfica das principais categorias de produtos: básicos, semimanufaturados e manufaturados, para identificar os principais mercados ou regiões de destino de cada tipo de produto. Em terceiro lugar, se discutirá o papel dos principais países-destino na expansão recente das exportações e algumas características desses mercados.

3.2 O desempenho das exportações totais

As exportações totais não reagiram rapidamente à desvalorização cambial de janeiro de 1999.[3] O valor anual médio do total exportado, no período 1999-2001, foi de US$ 52,3 bilhões, 5% superior à média anual de 1996-1998 (Tabela 3.1). O volume exportado se expandiu após a alteração do câmbio, mas a queda dos preços internacionais dos principais produtos exportados pelo Brasil impediu um aumento maior do valor exportado.[4] Esse fraco desempenho inicial gerou uma sensação de pessimismo sobre o futuro das exportações agregadas brasileiras.

Mas a reação chegou no triênio 2002-2004. Nesse período, o valor anual médio exportado foi de US$ 75 bilhões. Nos 12 meses acumulados até fevereiro de 2005, a economia brasileira vendeu mais de US$ 100 bilhões ao exterior. Os principais fatores dessa reação foram: a nova desvalorização da taxa de câmbio real em 2002 e a queda da absorção doméstica (principalmente do investimento). O volume exportado cresceu mais de 42% entre meados de

---

[3] Naquele ano, o Brasil exportou US$ 48 bilhões de dólares, valor inferior à média anual de US$ 50 bilhões do triênio 1996-1998.

[4] O volume exportado pela economia brasileira cresceu 28% entre o primeiro semestre de 1999 e o mesmo período de 2001. O volume exportado de produtos manufaturados sofreu as conseqüências das dificuldades da Argentina e dos EUA, dois importantes mercados desses produtos.

2002 e fins de 2004. Nesse período, a expansão das quantidades exportadas foi ajudada pela significativa melhora dos preços de exportação.

Tabela 3.1
Evolução das Exportações – Total e por Fator Agregado
1987-2004
Médias trienais

US$ milhões FOB

Período	87-89	90-92	93-95	96-98	99-01	02-04
Básicos	8.634	8.530	10.054	13.104	13.221	22.188
Semimanufaturados	4.504	5.091	7.426	8.396	8.238	11.111
Manufaturados	17.616	18.946	24.802	28.248	30.816	41.846
Total	30.754	32.567	42.282	49.748	52.275	75.145

Fonte: Elaboração própria com base nos dados da Secretaria de Comércio Exterior.

O valor anual médio dos produtos manufaturados foi de US$ 42 bilhões, 36% superior ao valor exportado no período imediatamente anterior, como resultado da expansão quase exclusiva das quantidades.[5]

3.2.1 A distribuição geográfica das exportações totais

A participação de um país ou de um bloco econômico nas exportações brasileiras é sensível à taxa de câmbio real bilateral, ao tipo de produto que o Brasil exporta para esse mercado, às mudanças no nível de atividade do mercado importador e aos acordos comerciais estabelecidos. Os fatores que impulsionaram o *boom* exportador recente foram: a forte desvalorização relativa da moeda brasileira *vis-à-vis* a maioria das moedas dos parceiros comerciais e a queda da demanda doméstica. Em principio, esses dois fatores não tenderiam a alterar a distribuição por país-destino das exportações.

A Tabela 3.2 apresenta a evolução da distribuição das exportações totais entre os principais blocos econômicos e regiões geográficas. Analisando a evolução da participação dos continentes no período 1987-2004, não é possível identificar mudanças exclusivamente associadas à desvalorização ou ao *boom* exportador recente. O aumento da participação da África é o único fenômeno mais recente. A desvalorização parece ter acentuado algumas das tendências já presentes desde meados dos anos 1990, mas não mudou o fato que as Américas, a Europa e a Ásia continuam concentrando mais de 90% das exportações brasileiras.

[5] Os valores exportados dos produtos manufaturados tiveram uma expansão mais regular e uniforme em todo o período, com taxas sempre positivas e não desprezíveis.

A maioria das mudanças na distribuição das exportações por países ou blocos econômicos de destino, no período em análise, ocorreram na década de 1990, portanto também não podem ser associadas exclusivamente ao *boom* exportador recente. Essas mudanças foram: (i) o crescimento da participação do Mercosul,[6] do conjunto dos demais países das Américas, dos demais países da Europa e da China; e (ii) o declínio da participação da União Européia e do Japão.[7]

Tabela 3.2

Participação dos principais blocos/regiões no Total das Exportações 1987-2004

Médias trienais

Percentuais (%)

Período	87-89	90-92	93-95	96-98	99-01	02-04
Américas	**41,7**	**40,6**	**45,6**	**47,2**	**49,8**	**46,2**
EUA	26,8	21,6	20,2	19	24,2	23,2
Mercosul	4,8	7,9	13,7	16,9	13,3	7,9
Demais países	10,1	11,1	11,7	11,3	12,3	15,1
Europa	**34,9**	**35**	**30,9**	**32,2**	**31,6**	**29,8**
União Européia	32,1	32,6	28,5	29	28,1	25,7
Demais países	2,8	2,4	2,4	3,2	3,5	4,1
Ásia	**15,3**	**16,9**	**16,8**	**14,2**	**11,9**	**15,5**
Japão	7,0	7,4	6,3	5,6	4,1	3,2
China	1,9	1,1	2,2	2,1	2,3	5,5
Demais países	6,4	8,4	8,3	6,5	5,5	6,8
África	**3,4**	**3,2**	**3,2**	**3,2**	**3,0**	**4,2**
África do Sul	0,5	0,5	0,5	0,6	0,6	1,0
Demais países	2,9	2,7	2,7	2,6	2,4	3,2
Oceania	**0,9**	**0,7**	**0,7**	**0,5**	**0,5**	**0,5**
Oriente Médio	**4**	**3,5**	**2,8**	**2,9**	**3,1**	**3,9**

Fonte: Elaboração própria com base nos dados da Secretaria de Comércio Exterior.

Nos demais países das Américas, da mesma maneira que no caso chinês, a aceleração da tendência de ganho de participação foi resultado de uma

[6] A expansão brasileira no Mercosul foi revertida, nos últimos anos, como resultado das dificuldades econômicas da Argentina. Simultaneamente ao avanço no Mercosul, o Brasil diversificou suas exportações na América Latina. Esta tendência se reforçou após a desvalorização.

[7] A queda da participação da União Européia e do Japão, que se acentuou em 2002-2004, está relacionada, entre outras coisas, ao baixo crescimento dessas economias durante a maior parte do período sob análise.

combinação de dois fatores: a desvalorização do real *vis-à-vis* as moedas desses países e a expansão econômica da região a partir de meados de 2002.

O aumento da participação da África do Sul e do conjunto formado pelos demais países da África[8] é uma tendência recente. Nesse caso, além da melhora de competitividade resultante da desvalorização, o maior crescimento da região e os esforços de promoção comercial do governo brasileiro podem ter ajudado a aumentar a participação africana no total exportado.

Com a valorização do real na década de 1990, o mercado americano perdeu peso nas vendas brasileiras. A desvalorização do real em relação ao dólar permitiu uma recuperação parcial da participação da economia americana nas exportações brasileiras, passando de aproximadamente 20%, entre 1990 e 1998, para cerca de 24% depois de 1999.

3.2.2 A estrutura das exportações por tipo de produto

A Tabela 3.3 mostra a distribuição das exportações por fator agregado para o mundo e para os principais blocos econômicos e regiões geográficas. A estrutura das exportações não apresentou alteração significativa no período 1987-2004. Pode-se observar que a participação dos produtos manufaturados oscilou entre 56 e 59%, e a dos produtos básicos representou entre 24 e 30% do total. O crescimento da participação dos produtos básicos em 2002-2004 foi resultado do aumento dos preços internacionais desses produtos. Como conseqüência desses aumentos, há um crescimento de participação dos produtos básicos em praticamente todos os mercados.

Analisando o comportamento das exportações por blocos e regiões, pode-se observar que a maioria manteve a mesma estrutura por fator agregado nas compras de produtos brasileiros. Os mercados nos quais o Brasil tinha uma grande participação de produtos manufaturados –Estados Unidos, Mercosul, o restante da América Latina, África e Oceania – mantiveram a concentração das compras nesses produtos. Desse conjunto de países, apenas o restante da América Latina e Oceania alteraram parcialmente suas compras de produtos brasileiros em 2002-2004, aumentando a participação das compras de produtos básicos. Já os mercados da Europa e Japão mantiveram suas características de mercados de produtos básicos e semimanufaturados.

A China, os demais países da Ásia e o Oriente Médio, que foram mercados de produtos manufaturados no início do período de análise, perderam essa condição ainda antes da desvalorização. Nos últimos anos se transformaram em mercados com alta participação de produtos básicos e, em menor medida, de produtos semimanufaturados.

---

[8] Os demais países da África aumentaram sua participação em 2002-2004, mas isso implicou simplesmente um retorno aos níveis existentes no fim da década de 1980.

Tabela 3.3
Evolução das exportações por bloco e região e por fator agregado 1987-2004
Médias trienais

Participação do tipo de produto no total exportado para o mundo e para o bloco/região

Percentuais (%)

Período	87-89	90-92	93-95	96-98	99-01	02-04
Mundo						
Básicos	28	26	24	26	25	30
Semimanufaturados	15	16	18	17	16	15
Manufaturados	57	58	59	57	59	56
EUA						
Básicos	12	12	10	11	8	8
Semimanufaturados	12	14	17	21	17	16
Manufaturados	76	74	73	68	75	76
Mercosul						
Básicos	12	9	7	7	6	6
Semimanufaturados	6	3	4	3	3	4
Manufaturados	81	88	90	90	91	90
Demais países da América						
Básicos	8	7	6	7	9	14
Semimanufaturados	9	5	5	8	5	6
Manufaturados	83	87	89	85	85	80
União Europeia						
Básicos	48	44	47	49	46	49
Semimanufaturados	13	15	14	14	15	13
Manufaturados	38	41	39	36	39	38
Demais países da Europa						
Básicos	52	46	26	25	30	49
Semimanufaturados	25	25	37	34	41	27
Manufaturados	23	29	37	40	28	24
Japão						
Básicos	40	40	40	44	47	50
Semimanufaturados	34	35	37	34	32	31
Manufaturados	25	25	24	23	21	19
China						
Básicos	16	26	16	51	63	57
Semimanufaturados	22	43	49	30	15	22
Manufaturados	62	30	34	18	21	21
Demais países da Ásia						
Básicos	22	21	20	32	36	41
Semimanufaturados	27	28	40	34	35	30
Manufaturados	51	51	40	34	29	29
África						
Básicos	20	15	11	14	17	21
Semimanufaturados	7	17	27	23	14	14
Manufaturados	73	68	62	63	68	65
Oceania						
Básicos	6	11	12	14	8	14
Semimanufaturados	15	11	6	5	6	8
Manufaturados	79	79	83	81	85	78
Oriente Medio						
Básicos	29	29	42	41	51	51
Semimanufaturados	8	11	16	29	22	17
Manufaturados	62	60	42	31	27	32

Fonte: Elaboração própria com base nos dados da Secretaria de Comércio Exterior.

3.3 *A distribuição geográfica das exportações por fator agregado*

O *boom* exportador recente parece não ter mudado a distribuição por continente das vendas de cada categoria de produto. No início da década de 1990, a Europa e a Ásia absorviam em torno de 75% das compras de produtos básicos. Após a desvalorização, os dois mercados continuam a absorver a mesma proporção, mas com maior participação da Ásia.

No começo dos anos 1990, mais de 90% dos produtos semimanufaturados eram distribuídos entre as Américas, a Europa e a Ásia. Depois de 1996, a participação das Américas aumentou e a da Europa encolheu, mas os três continentes continuaram absorvendo 90% das exportações desses produtos.

As exportações de produtos manufaturados se destinam ao mercado das Américas, e essa proporção foi aumentando pela maior absorção do Mercosul, primeiro, e depois pelas compras dos EUA e do restante das Américas. Os demais continentes vêm diminuindo sua participação como compradores de manufaturados brasileiros.

Analisando a distribuição geográfica das exportações por fator agregado, podem-se observar as seguintes tendências:

(i) Nos produtos básicos, a emergência da China e dos demais países da Ásia como fortes mercados de destino, junto com o crescimento dos países de Oriente Médio e dos demais países das Américas e da Europa. A perda de participação da União Européia e do Japão e, em menor medida, dos EUA, iniciada na década de 1990, continua.

(ii) Nos semimanufaturados, a China e os Estados Unidos aumentaram sua participação nas compras destes produtos em relação a meados da década de 1990. A União Européia e o Japão continuaram perdendo participação.

(iii) Nos manufaturados, as Américas se consolidaram como principal mercado de destino. O Mercosul perdeu participação em relação a meados dos anos 1990, mas os mercados norte-americano e latino-americano substituíram-no. No caso da Ásia, a queda do Japão foi compensada pelo aumento de participação da China – que atingiu 2% das vendas brasileiras de manufaturados. Finalmente, chama a atenção o aumento da participação da África, que passou de 3,5%, em meados da década de 1990, para 4,9% em 2002-2004.

3.4 *Evolução das exportações para os principais parceiros comerciais*

3.4.1 Quadro geral

A análise agregada por blocos/regiões ou por grandes tipos de produto é insuficiente para avançar na elaboração de uma estratégia de negociações internacionais. É preciso fazer uma análise mais detalhada por países-destino e por produtos. Duas questões são relevantes nesse diagnóstico: quais foram os países-destino que apresentaram as maiores taxas de crescimento das exportações? Quais são os mercados importadores de produtos brasileiros que contam com maior potencial?

O crescimento das exportações brasileiras para um determinado país é resultado da competitividade relativa *vis-à-vis* o parceiro comercial, do tipo de produto exportado e do ritmo de crescimento da demanda doméstica desse país. Mas a persistência desse crescimento no futuro está condicionada pelo tamanho das importações totais e pela taxa de participação do país nesse mercado. Assim, o crescimento em mercados pequenos ou com alta participação no presente tem limites que são função da pequena dimensão desses mercados ou do fato de que a velocidade da expansão do *market-share* de um fornecedor tende a diminuir com o tamanho de sua participação no mercado.

Estas considerações são centrais para o desenho de uma estratégia negociadora ou para a definição das prioridades em termos de países e mercados. Investir na abertura de mercados grandes ou dinâmicos deve ser prioridade na definição de uma agenda de negociações comerciais.

A Tabela 3.4 oferece subsídios para a definição de prioridades de uma agenda de negociação comercial, pois apresenta os valores exportados para os principais países-destino em 1997-1998, período imediatamente anterior à desvalorização, e em 2003-2004. A tabela também apresenta informação sobre a contribuição de cada país-destino ao crescimento do total exportado entre os dois períodos, assim como o tamanho do mercado importador desses países e a participação brasileira nesses mercados.

Esse conjunto de informações permite analisar o dinamismo das exportações aos diferentes países-destinos e o potencial desses mercados. Dado que as exportações totais cresceram 63% entre ambos os períodos, os países-destinos foram divididos em três categorias: aqueles em que as exportações apresentaram taxas superiores a 100%, aqueles com taxas entre 63 e 100% e aqueles com taxas inferiores a 63%. Dado o tamanho das importações totais dos parceiros comerciais, os mercados importadores dos países foram classificados em três categorias: mais de US$ 100 bilhões, entre US$ 20 e US$ 100 bilhões e menos de US$ 20 bilhões.

A participação atual dos produtos brasileiros nos diferentes mercados externos não parece ser um fator que possa restringir a futura expansão das vendas brasileiras nesses mercados. Com exceção dos mercados da Argentina, do Chile, e, em menor medida, da Venezuela e da Colômbia, o Brasil apresenta taxas de participação pequenas para a maioria dos países-destino analisados. Em relação a esse ponto, deve-se mencionar que, entre 1999-2000 e 2002-2003, o Brasil aumentou sua participação em todos os mercados de importação aqui analisados, com exceção do Irã.

Alguns parceiros comerciais foram fundamentais no crescimento das exportações entre 1997-1998 e 2003-2004. Dois grupos de países contribuíram com 50% do crescimento das vendas entre ambos os períodos. O grupo formado por Estados Unidos e Canadá[9] contribuiu com 28,7% do crescimento entre ambos os períodos; enquanto o grupo de mercados dinâmicos formado por Coréia, México e China teve uma contribuição de 21,9% na expansão das exportações totais.[10] As vendas para a União Européia tiveram um crescimento abaixo da média (42%), mas o peso das vendas para o bloco no total exportado permitiu que sua contribuição ao crescimento fosse de 19%. Os cinco principais países, ordenados por sua contribuição ao crescimento das exportações entre 1997-1998 e 2003-2004, foram: Estados Unidos (27,1%), União Européia (18,7%), China (12,2%), México (7,4%) e Chile (3,4%). No mesmo período, Argentina e Japão tiveram uma contribuição negativa ao crescimento das exportações totais do Brasil.

Apesar das exportações conjuntas para a Índia, África do Sul, Rússia e Tailândia terem crescido 160%, sua contribuição ao crescimento das exportações foi menor que 7%, pois a participação inicial desse conjunto de países era pequena. O forte crescimento das exportações brasileiras nesses mercados no período não pode obscurecer o fato que se trata de mercados importadores médios (com importações anuais entre US$ 20 bilhões e US$ 60 bilhões) e que, no conjunto, suas compras externas totalizaram menos de US$ 180 bilhões em 2002-2003.

Um grupo de países cujas compras do Brasil tiveram crescimento conjunto acima de 63% foi o formado por Argélia, Costa Rica, Irã, Chile e Colômbia. As exportações brasileiras cresceram significativamente nos três primeiros (acima de 100%); e em conjunto esses mercados contribuíram para 8% do crescimento das exportações no período. Mas são mercados pequenos, de menos de US$ 20 bilhões de importações por ano. Em alguns casos, como no Chile e na Colômbia, a participação dos produtos brasileiros no total importado pelos mercados é relativamente alta.

---

[9] Esse grupo não teve o maior dinamismo, pois a taxa conjunta foi de somente 93%, mas sua alta participação no total exportado em 1997-1998 (19,3%) ajuda a explicar seu desempenho.

[10] As exportações para esse grupo de países tiveram um comportamento muito dinâmico – em conjunto cresceram 284% –, mas a pequena participação (5%) em 1997-1998 diminuiu sua contribuição à expansão do total exportado no período.

Tabela 3.4 – Evolução das exportações, segundo principais parceiros comerciais, tamanhos do mercado e participação brasileira no mercado importador

Países	Valor Exportado 1997/98	Valor Exportado 2003/04	Taxa de crescimento das export. (03-04/97-98)	Contribuição do país-destino ao crescimento do total exportado no período 03-04/97	Participação nas export. totais do Brasil 1997/98	Participação nas export. totais do Brasil 2003/04	Tamanho do mercado importador (2002/03)*	Participação brasileira no mercado importador (2002/03)*
	Valores em US$ Milhões		(%)	(%)	(%)	(%)	Valores em US$ Milhões	(%)
Países com crescimento acima de 100% e com mercados acima de US$ 100 bilhões	**2.514**	**9.656**	**284,2**	**21,82**	**4,9**	**11,4**	**456.254**	
Coréia do Sul	602	1.326	120,3	2,21	1,2	1,6	123.463	0,8
México	915	3.344	265,5	7,42	1,8	3,9	119.949	2,1
China	997	4.986	400,4	12,19	1,9	5,9	212.842	1,7
Países com crescimento acima de 100% e com mercados acima de US$ 20 bilhões	**1.380**	**3.598**	**160,8**	**6,78**	**2,7**	**4,2**	**178.253**	
Índia	156	602	287,1	1,37	0,3	0,7	41.278	1,5
África do Sul	275	885	221,2	1,86	0,5	1,0	24.081	2,5
Rússia	704	1.579	124,3	2,67	1,4	1,9	60.270	2,3
Tailândia	245	532	117,3	0,88	0,5	0,6	52.624	0,7
Países com crescimento entre 63 e 100% e com mercados acima de US$ 100 bilhões	**10.072**	**19.453**	**93,1**	**28,66**	**19,4**	**23**	**1.256.666**	
Estados Unidos	9.508	18.365	93,2	27,06	18,3	21,7	1.058.640	1,5
Canadá	564	1.088	93,0	1,60	1,1	1,3	198.026	0,4
Países com crescimento entre 63 e 100% e com mercados acima de US$ 20 bilhões	**395**	**749**	**89,5**	**1,08**	**0,76**	**0,9**	**33.106**	
Arábia Saudita	395	749	89,5	1,08	0,8	0,9	33.106	1,9

Países	Valor Exportado 1997/98	Valor Exportado 2003/04	Taxa de crescimento das export. (03-04/97-98)	Contribuição do país-destino ao crescimento do total exportado no período 03-04/97	Participação nas export. totais do Brasil 1997/98	Participação nas export. totais do Brasil 2003/04	Tamanho do mercado importador (2002/03)*	Participação brasileira no mercado importador (2002/03)*
Países com crescimento acima de 63% e com mercados abaixo de US$ 20 bilhões	2.078	4.642	123,3	7,83	3,9	5,5	60.430	
Argélia	37	251	580,5	0,65	0,1	0,3	11.994	1,0
Costa Rica	77	284	267,6	0,63	0,1	0,3	6.113	2,9
Irã	367	1.001	172,6	1,94	0,7	1,2	19.288	3,5
Chile	1.109	2.213	99,5	3,37	2,1	2,6	12.711	13,1
Colômbia	488	893	83,1	1,24	0,9	1,1	10.324	6,6
Países com crescimento abaixo de 63% e com mercados acima de US$ 100 bilhões	17.264	23.288	34,9	18,41	33,2	27,5	979.215	
UE	14.629	20.749	41,8	18,70	28,1	24,5	718.257	2,4
Japão	2.635	2.539	-3,6	-0,29	5,1	3,0	260.958	0,8
Países com crescimento abaixo de 63% e com mercados menores de US$ 20 bilhões	7.683	7.290	-5,1	-1,20	14,8	8,5	30.370	
Marrocos	189	288	52,3	0,30	0,4	0,3	10.932	2,1
Venezuela	737	1.035	40,4	0,91	1,4	1,2	9.817	7,1
Argentina	6.757	5.967	-11,7	-2,41	13,0	7,0	9.621	35,8
Total exportado pelo conjunto de países selecionados	41.386	68.676	65,9	83,38	79,4	81		
Total brasileiro	52.053	84.780	62,9	100,00	100	100		

*Elaboração própria com base nas estatísticas do PC-TAS/UNCTAD.

Fonte: Elaboração Funcex com base nos dados da Secretaria de Comércio Exterior.

A Tabela 3.5 apresenta uma taxonomia dos parceiros comerciais do Brasil, em função das taxas de crescimento de suas compras de produtos brasileiros, no período 1997-1998 e 2003-2004, e do tamanho do mercado importador desses países. Os países localizados na primeira coluna são os mais atrativos do ponto de vista de uma negociação comercial, pois seus mercados de importação são superiores a US$ 100 bilhões, de acordo com informações de 2002-2003. Os países localizados no quadrante superior esquerdo combinam o atrativo do tamanho de mercado com o dinamismo das compras de produtos brasileiros. No outro extremo da Tabela, países como Marrocos, Venezuela e Argentina seriam menos atrativos do ponto de vista dos parâmetros utilizados para essa classificação, pois combinariam mercados de importação menores que US$ 20 bilhões/ano e que apresentaram escasso dinamismo no período recente.

Tabela 3.5
Principais parceiros comerciais do Brasil, organizados por tamanho de suas importações (2002-2003) e pelo crescimento das compras de produtos brasileiros entre 1997-1998 e 2003-2004

Taxas de crescimento das exportações entre 2003-2004/1997-1998	Tamanho dos mercados de importação		
	Mais de US$ 100 bilhões/ano	Entre US$ 20 e US$ 100 bilhões/ano	Menos de US$ 20 bilhões/ano
Mais de 100%	Coréia do Sul, México, China	Índia, África do Sul, Rússia, Tailândia	Argélia, Costa Rica, Irã
Entre 63 e 100%	EUA, Canadá	Arábia Saudita	Chile, Colômbia
Menos de 63%	UE, Japão		Marrocos, Venezuela, Argentina

Fonte: Elaboração própria com base nos dados da Tabela 3.8.

3.4.2 *Algumas características do desempenho das exportações dirigidas aos principais parceiros comerciais*

Para analisar as características da expansão das vendas foram estabelecidas três categorias de produtos:[11] as inovações, as evoluções e os demais produtos. Inovações são aqueles produtos que só foram exportados no último período e que permitem inferir como está sendo modificada a pauta de vendas brasileiras a esse país. As evoluções são os produtos que já eram exportados

[11] Produto exportado para um país são todos aqueles itens a 6 dígitos do Sistema Harmonizado.

no período inicial, mas que cresceram muito entre ambos os períodos (o crescimento desses produtos é duas vezes superior ao total do mercado). As evoluções permitem ver o peso nas exportações a um determinado país dos produtos mais dinâmicos e as características destes.

Em 2003-2004, o Brasil exportou 287 produtos novos, que representaram somente 6% do total de produtos exportados, mas uma proporção muito pequena do valor exportado (em torno de 0,1%). A contribuição maior ao crescimento das exportações totais foi dada pelas evoluções, que explicaram 70% da expansão das vendas externas totais entre os dois períodos.

Para sinalizar algumas das características da expansão das exportações para cada um dos parceiros analisados, serão utilizadas três variáveis: (i) a contribuição das inovações ao crescimento entre 1997-1998 e 2003-2004; (ii) a contribuição das evoluções ao crescimento entre os mesmos períodos; e (iii) a participação dos manufaturados nas inovações e evoluções em 2003-2004. A primeira variável permite ver se as exportações estão se diversificando; a segunda permite ver a intensidade ou peso dos produtos dinâmicos na expansão; e, por último, a participação de manufaturados nas inovações e evoluções permite ver a mudança da pauta na direção de produtos com maior grau de elaboração.

Como seria de esperar, na maioria dos casos, as inovações e evoluções contribuíram em mais de 80% do crescimento entre ambos os períodos.[12] Em mercados nos quais o Brasil tinha uma participação pequena ou exportava pouco em 1997-1998 – como a Coréia do Sul, a Índia, a Argélia e a Rússia –, as inovações apresentaram uma maior participação no crescimento entre períodos. São mercados onde o Brasil está crescendo e ampliando fortemente a pauta exportadora. Em mercados mais consolidados – como os Estados Unidos, a União Européia e o México, por exemplo –, as inovações tiveram um papel menor na expansão das exportações.

Um caso paradoxal é o da China. As inovações e evoluções tiveram uma contribuição menor ao crescimento do que os demais produtos, mesmo sendo um mercado relativamente novo para o país. A explicação é que todos os produtos da pauta cresceram fortemente, deixando poucos produtos acima da média (evoluções). Da mesma maneira, mesmo que as inovações tenham representado 59% dos produtos exportados em 2003-2004, o forte crescimento dos demais produtos tradicionalmente exportados determinou uma baixa representação das inovações no crescimento.

---

[12] Em alguns casos – como no Canadá, no Japão, na Colômbia, no Marrocos, na Venezuela e na Argentina –, as inovações e evoluções explicam mais que 100% do crescimento, porque os demais produtos tiveram contribuição negativa.

Tabela 3.6 – Papel das inovações e das evoluções na expansão das exportações 1997-1998/2003-2004 Países Selecionados

Países	Contribuição das inovações no crescimento (2003-04/97-98)	Contribuição das evoluções ao crescimento (2003-04/97-98)	Participação dos produtos manufaturados nas inovações e nas evoluções (2003-2004)	Participação dos manufaturados no total exportado ao país (2003-2004)
	(%)	(%)	(%)	(%)
Países com crescimento acima de 100% e com mercados acima de 100 US$ bilhões				
Coréia do Sul	62,1	14,8	36,4	23,6
México	12,5	69,8	97,2	89,3
China	19,3	15,0	53,9	21,6
Países com crescimento acima de 100% e com mercados acima de US$ 20 bilhões				
Índia	55,5	28,6	35,8	32,1
África do Sul	34,4	55,3	66,5	74,4
Rússia	45,5	51,7	13,2	11,4
Tailândia	41,7	16,9	50,4	20,3
Países com crescimento entre 63 e 100% e com mercados acima de US$ 100 bilhões				
Estados Unidos	3,9	77,5	85,4	75,2
Canadá	35	71,7	66,3	58,1
Países com crescimento entre 63 e 100% e com mercados acima de US$ 20 bilhões				
Arábia Saudita	32,2	46,6	36,7	18,8
Países com crescimento acima de 63% e com mercados abaixo de US$ 20 bilhões				
Argélia	57,7	1,4	50,9	39
Costa Rica	22,6	57,9	92,9	91,6
Irã	14,3	68,6	21,7	13,5
Chile	32,3	64,8	57,3	76,1
Colômbia	38,7	73,2	92,3	91,2
Países com crescimento abaixo de 63% e com mercados acima de US$ 100 bilhões				
UE	17,4	96,8	56,1	38,6
Japão	102,4	517,5	25,9	17,5
Países com crescimento abaixo de 63% e com mercados menores de US$ 20 bilhões				
Marrocos	71,7	36,9	31	35,1
Venezuela	35	177,1	90,9	90,2
Argentina	10,4	204	89,6	90,7
Total brasileiro	0,3	70,1	63,3	54,7

Notas: (1) Inovações = o produto existe apenas no segundo período.
(2) Evoluções = o crescimento do produto é duas vezes supeiror ao total do mercado.

Fonte: Elaborado pela FUNCEX a partir de dados da SECEX/MDIC e WITS/Comtrade.

A participação dos produtos manufaturados nas inovações e evoluções foi importante nos mercados que tradicionalmente absorvem produtos manufaturados brasileiros, como México, África do Sul, Estados Unidos, Canadá, Costa Rica, Chile e Colômbia.

O fato interessante foi o importante papel dos manufaturados nas inovações e evoluções de países que não são primordialmente mercados de manufaturados, como o da China (participação de manufaturados nas inovações e evoluções de 54%); Tailândia (participação de 50,4%) e a UE (56,1%). Isso permitiu aumentar a participação de manufaturados em 2003-2004 e é um indicador da possibilidade de maior peso dos manufaturados na composição da pauta no futuro.[13]

4. Potencial exportador e as barreiras comerciais

A avaliação da agenda de negociações comerciais do Brasil aqui realizada foi orientada pelos benefícios a serem obtidos em termos de expansão das exportações brasileiras de bens. Está concentrada, portanto, nos temas de acesso a mercados de produtos e não contempla as preocupações com a proteção do mercado doméstico.

O desenho de uma agenda negociadora requer a definição de prioridades em termos de países, produtos e barreiras a serem eliminadas. A seleção de países partiu da análise realizada na seção anterior sobre o grau de dinamismo e o tamanho dos mercados compradores. Este item identificará os produtos em que o Brasil tem potencial exportador e que constam da pauta de importações dos países selecionados. Em seguida, levantará as barreiras impostas por esses países aos produtos identificados.

4.1 Metodologia para a identificação de produtos

A identificação de produtos que têm potencial exportador parte do pressuposto básico de que as oportunidades de exportação estão concentradas nos produtos em que o Brasil é competitivo em relação ao resto do mundo. Para identificar esses produtos foi utilizado o Índice de Vantagem Comparativa Revelada (IVCR). Esse índice busca mensurar os produtos em que um país apresenta vantagens comparativas com base nos fluxos de comércio passados, pressupondo que a eficiência produtiva relativa de cada país pode ser identificada a partir de seu desempenho no comércio internacional.

[13] Esta tendência de crescimento dos manufaturados na pauta é muito mais tênue nos casos da Rússia, do Irã e do Japão.

O IVCR do Brasil para um produto i é definido como a razão entre a participação das vendas do produto i no total das vendas brasileiras e a participação do mesmo produto no total das exportações mundiais. No caso de o IVCR ser maior do que a unidade, diz-se que o país tem vantagem comparativa revelada no produto em questão. Ou seja:

$$IVCR_i^{BR} = \frac{X_i^{BR} \Big/ \sum_J X_J^{BR}}{X_I^{undo} \Big/ \sum_J X_J^{Mundo}}$$

Quanto maior o IVCR, maior será a vantagem comparativa do país em um determinado produto.

É preciso reconhecer, entretanto, que a completa validade desse pressuposto requer que os fluxos de comércio não sejam afetados por fatores alheios à competitividade produtiva dos países, tais como subsídios, tratamento tarifário discriminatório entre os países, restrições quantitativas e outros instrumentos que distorcem o comércio. Assim, o emprego desse indicador deve ser visto com cautela, pois todas essas distorções estão presentes no comércio internacional, modificando de maneira artificial os fluxos comerciais. Como o indicador compara a participação relativa de um produto na pauta total de exportações de um país com a participação desse mesmo produto no total do comércio mundial, um produto altamente competitivo mas sujeito a elevadas tarifas de importação nos principais mercados internacionais pode não aparecer entre aqueles exportados ou com elevada vantagem comparativa apenas porque suas vendas foram prejudicadas pelas barreiras ao comércio. Mas esse é um problema que afeta todos os indicadores de comércio. Além disso, à medida que se observa uma diversificação dos mercados de destino das exportações brasileiras, esse problema tende a ser atenuado pela presença de países com estruturas de proteção diferenciadas por tipo de produto.

O exercício baseia-se nas estatísticas de comércio exterior coletadas pela UNCTAD e disponibilizadas no banco de dados PC-TAS – Trade Analysis System on Personal Computer: Harmonized System 1999-2003.[14]

[14] Como forma de minimizar as variações atípicas de volume de comércio optou-se por trabalhar com os valores médios trienais – 2001-2003. Os países que não informaram suas estatísticas de comércio em pelo menos dois anos do triênio em questão foram excluídos da amostra, reduzindo-a para 138 países. A União Européia foi considerada como um todo, excluindo-se o comércio intracomu-

As estatísticas são classificadas de acordo com o Sistema Harmonizado (SH). A definição de produto seguiu essa classificação, em seu nível mais desagregado (seis dígitos), o que resultou em um universo de 5.131 produtos.

O Brasil exportou 3.636 produtos a seis dígitos no triênio 2002-2003, dos quais 804 apresentam vantagens comparativas reveladas. Esses produtos representam apenas 26% do total de produtos exportados pelo país, mas significam, em termos de valor, 83% das vendas externas. Tendo em vista a dificuldade operacional de analisar um número tão grande de produtos no comércio com 12 países, foram selecionados aqueles com maiores indicadores de vantagens comparativas que representassem 75% do total exportado pelo Brasil nesse período: chegou-se assim a um conjunto de 124 produtos, que foram alvo de análise dos fluxos de comércio bilaterais.

Com o objetivo de selecionar os produtos com possibilidade de gerar valores mais significativos de exportações para cada mercado selecionado, procurou-se identificar na pauta de importações de cada um desses países aquelas mercadorias que representam, no conjunto, cerca de 75% de suas compras totais. Da comparação entre os produtos em que o Brasil é competitivo com os que fazem parte da pauta de importações dos mercados alvo, encontra-se uma lista de produtos que concentrariam as maiores oportunidades para a expansão do comércio.

É possível argumentar que produtos altamente protegidos em um determinado mercado não aparecem na pauta de importações desse país e que a escolha apenas de produtos que são comprados no exterior desconsidera as oportunidades para esses produtos. Como este estudo não pretende esgotar a análise da agenda comercial por país, mas apenas dar uma indicação das oportunidades existentes, esse argumento não foi levado em consideração. Além disso, produtos que não constam da pauta de importações de um determinado país por conta de tarifas ou barreiras não-tarifárias proibitivas tendem a compor a lista de sensíveis em qualquer acordo comercial, e a ser tratados como exceção às concessões que resultarão do acordo.

A Tabela 4.1 apresenta um quadro-resumo com os produtos selecionados como oportunidades para as exportações brasileiras. A Argentina foi

nitário. Desse modo, as exportações ou importações do bloco referem-se apenas às transações entre os países membros e os não-membros.

excluída da análise deste item, uma vez que como membro do Mercosul não faz sentido o tipo de abordagem adotado. A coluna A lista o número de produtos selecionados a partir do cruzamento dos produtos em que o Brasil tem vantagens comparativas e que representam 75% do valor total das exportações brasileiras com os bens que são importados por cada um dos países selecionados e que representam 75% do total das importações de cada um deles. Entre os produtos resultantes desse cruzamento foram identificados aqueles que já são e os que ainda não são exportados pelo Brasil para cada um dos países.

A avaliação do interesse e do grau de prioridade da negociação de um acordo comercial com cada um dos países selecionados é influenciada pelo nível de proteção que o país confere aos produtores domésticos dos produtos em que o Brasil é competitivo (tarifas e barreiras não-tarifárias) e pela existência ou não de preferências comerciais concedidas aos principais concorrentes com os produtos brasileiros nesses mercados. Assim, se os produtos selecionados para um determinado mercado dinâmico enfrentam tarifas relativamente elevadas, e, além disso, os principais fornecedores para esse mercado são beneficiados por margens de preferências negociadas em acordos regionais, então esse seria um país prioritário em termos da agenda negociadora brasileira. Se, por outro lado, o mercado é dinâmico, mas já pratica tarifas relativamente baixas e as preferências tarifárias para outros países não são relevantes, não faria sentido conferir prioridade a um acordo com este país.

Para o levantamento das barreiras ao comércio e das preferências já concedidas por esses países a outros fornecedores concorrentes com o Brasil, foram aplicados novos critérios de seleção sobre os produtos resultantes listados na coluna A. Foram escolhidos cerca de 30 produtos por país. Foram eliminados os produtos para os quais o Brasil já detém dominância do mercado de destino e aqueles cujo tamanho do mercado local é muito reduzido (abaixo de US$ 10 milhões). A coluna B apresenta o número de produtos resultantes para cada país a partir desse segundo filtro. A última coluna divide os produtos resultantes em (B) entre os que já são e os que ainda não são exportados pelo Brasil. Obtém-se, assim, um conjunto limitado de produtos que representam de fato oportunidades, pelo fato de que são produtos em que o Brasil possui vantagens comparativas, mas em cujos mercados o país ainda tem participação relativamente pequena ou para os quais ainda não exporta. Para esses produtos foram, então, levantadas informações sobre tarifas, barreiras não-tarifárias, principais concorrentes e preferências comerciais já negociadas.

Tabela 4.1
Quadro Resumo do n. de Produtos Selecionados

Países selecionados	Nº de produtos					
	75% Imp. País e 75% Exp. Brasil com VCR (A)	Expo rtados pelo Brasil Informado pelo PCTAS		Prod. Selec. para verificar barreiras (B)	Exportado pelo Brasil Com ajuste SECEX	
		Sim	Não		Sim	Não
1 África do Sul	58	50	8	30	29	1
2 Arábia Saudita	55	38	17	30	25	5
3 Argélia	42	19	23	30	22	8
4 Canadá	66	45	21	30	23	7
5 Chile	54	51	3	20	19	1
6 China	47	42	5	32	28	4
7 Colômbia	57	49	8	27	22	5
8 Coréia	57	45	12	30	24	6
9 Costa Rica	48	39	9	15	14	1
10 EUA	84	82	2	33	31	2
11 Índia	31	22	9	31	22	9
12 Irã	52	23	29	30	26	4
13 Japão	48	42	6	32	29	3
14 Marrocos	51	30	21	29	26	3
15 México	29	26	3	29	26	3
16 Rússia	57	28	29	32	15	17
17 Tailândia	48	28	20	33	24	9
18 UE (25)	73	72	1	36	35	1
19 Venezuela	55	49	6	23	21	2

Nota: Para os EUA e UE foi desconsiderado o corte de 75% dos produtos com vantagens comparativas.

4.2 *Características dos produtos selecionados, mercados e barreiras comerciais*

Embora a pauta de exportações brasileiras seja muito concentrada – 124 produtos representam 75% do valor exportado –, observa-se que o país tem vantagens comparativas em um conjunto relativamente diversificado de bens. Entre os produtos com maiores índices de vantagens comparativas, a grande maioria é intensiva em recursos naturais e/ou escala como as carnes de aves e suínos, preparações alimentícias de bovinos, soja e seus derivados, café e seus derivados, açúcar e etanol, suco de laranja, fumo, minérios de ferro e alumínio, couro, madeira, celulose e produtos siderúrgicos. Mas há, também, produtos intensivos em tecnologia, como máquinas e equipamentos agrícolas, partes e peças para automóveis e tratores e aviões.

Embora com índices mais reduzidos, aparecem na lista dos produtos com vantagens comparativas e relevância na pauta de exportações itens como couro e calçados de couro e borracha, a cadeia do algodão (fios, tecidos e roupas), pneus, alguns produtos químicos, várias autopeças, papel e móveis.

O Brasil já exporta a maioria dos produtos com vantagens comparativas para os países selecionados, o que significa que, em alguma medida, o potencial exportador está sendo aproveitado. Entretanto, há diferenças significativas no grau de aproveitamento das vantagens comparativas nos diversos mercados: países como Argélia, Canadá, Índia, Rússia e Tailândia ainda apresentam muitas oportunidades não exploradas, ou seja, estes países compram de outros fornecedores produtos em que o Brasil tem vantagens comparativas, mas que não exporta para estes mercados. Por outro lado, tanto para os Estados Unidos quanto para a União Européia praticamente a totalidade dos produtos competitivos já é exportada.

A Tabela 4.2 apresenta um quadro-resumo com as principais informações sobre as características de mercados para os produtos selecionados nos países que estão em análise.

4.2.1 Tamanho dos mercados

Considerando-se o valor médio para o período 2001-2003 das importações que os países realizaram dos produtos selecionados, observa-se uma grande disparidade em termos de tamanho de mercados e, portanto, de oportunidades efetivas para os produtos brasileiros entre os países analisados. É possível identificar arbitrariamente quatro conjuntos de países, considerando o tamanho dos mercados para as oportunidades de exportações brasileiras, seguindo a metodologia descrita anteriormente.

1. *Estados Unidos e União Européia*: apenas para os 33 produtos identificados como maiores oportunidades para os Estados Unidos, o valor total das compras norte-americanas na média do triênio foi de US$ 103,6 bilhões. O valor das compras européias para os produtos selecionados para aquele mercado representa cerca de metade do valor identificado para os Estados Unidos. Apesar disso, a União Européia aparece como o segundo maior mercado para os produtos de interesse do Brasil e representa quase o dobro, em termos de valor, do terceiro colocado, que é o Canadá.
2. *Canadá, China, Japão e México*: o valor das importações dos produtos que representam oportunidades relevantes para o Brasil nestes mercados está entre US$ 10 bilhões e US$ 30 bilhões.
3. *África do Sul, Arábia Saudita, Coréia, Índia, Rússia e Tailândia*: estes são países em desenvolvimento com mercados relevantes, entre US$ 3 bilhões e US$ 10 bilhões para os produtos competitivos do Brasil.
4. *Argélia, Chile, Colômbia, Costa Rica, Irã, Marrocos e Venezuela*: são países em desenvolvimento, com oportunidades mais limitadas em termos de escala para produtos competitivos brasileiros.

4.2.2 Participação brasileira nesses mercados

Mesmo para produtos em que o Brasil é competitivo (tem vantagens comparativas), a participação brasileira na maioria dos mercados ainda é modesta: nos Estados Unidos e na União Européia, o *market-share* médio é de apenas 3,0 e 2,4%, respectivamente. Em apenas dois mercados o Brasil tem *market-share* superior a 10% para produtos competitivos: Chile e Venezuela, sendo que no caso do Chile boa parte dos produtos já conta com preferências tarifárias.

Na África do Sul, na China e na Colômbia os produtos competitivos brasileiros têm participação entre 5 e 7%. Chama a atenção a baixíssima penetração dos produtos brasileiros em mercados relevantes como o Canadá e a Rússia.

É interessante observar que há um razoável grau de renovação na pauta de exportações brasileiras para esses mercados. Considerando os produtos que foram incorporados às vendas externas no período recente e aqueles cujas exportações cresceram duas vezes mais do que a média geral, verifica-se que, para países como África do Sul, Canadá, China, Colômbia, Coréia, Estados Unidos, Irã, Japão e Marrocos, quase a metade dos produtos exportados é composta de "inovações" ou "evoluções".

Tabela 4.2
Países e Produtos Selecionados – Quadro Resumo de Tamanho de Mercados e Barreiras

Países Selecionados	Número de Produtos Selecionados[1]	Tamanho do Merc. p/ produtos selecionados US$ mil média (2001-2003)	Participação média do Brasil no mercado para produtos selecionados (%)[2]	Inovações e Evoluções[3]	Tarifa média *ad valorem* Produtos selecionados %	Tarifa máxima produtos selecionados[4] %	Número de produtos sujeitos a outras tarifas ou taxas[5]	Número de produtos sujeitos a BNTs	Número de acordos de preferenc.[6]
África do Sul	30	3.275.101	6	14	14	42,5	5	2	3
Arábia Saudita	30	5.029.333	1,1	7	8	20	0	2	0
Argélia	30	2.071.677	1,6	9	12,7	30	30	30	0
Canadá	30	26.305.796	1	15	3,3	18,5	1	9	8
Chile	20	882.362	14,6	8	5,7	6	0	11	11
China	32	17.110.160	5,2	16	8,2	47,2	0	24	0
Colômbia	27	1.525.839	6,4	13	13,5	35	0	24	10
Coréia	30	7.422.165	3,2	14	38,1	497	0	3	0
Costa Rica	15	469.471	4,4	8	3,9	20	0	11	3
EUA	33	103.612.053	3	13	5,4	48	3	18	10
Índia	31	3.046.659	3	9	28,8	105	0	11	1
Irã	30	2.297.018	1,3	14	10,5	30	0	0	0
Japão	32	15.745.619	2,2	14	4,4	50	6	1	0
Marrocos	29	1.222.562	3	14	31,3	140	0	12	0
México	29	10.577.174	2,9	9	12,9	23	0	19	11
Rússia	32	7.352.799	0,5	8	5,8	20	15	23	0
Tailândia	33	5.259.186	2,3	10	16	80	0	14	1
UE (25)	36	49.913.113	2,4	8	5,2	22	3	9	29
Venezuela	23	841.415	14,2	11	13,4	20	0	12	10

Notas:

1. Número de produtos selecionados com vantagens comparativas para levantamento de barreiras.
2. Média das participações brasileiras para os produtos selecionados em cada mercado.
3. Inovações são produtos que foram incorporados à pauta de exportações brasileiras entre 1998 e 2004 e evoluções são produtos cujas exportações cresceram duas vezes mais do que média das exportações brasilerias.
4. Tarifa máxima das linhas tarifárias a 8 dígitos dos produtos selecionados.
5. Número de produtos sujeitos a tarifas específicas, compostas ou a imposição de outras taxas incidentes sobre o valor importado.
6. Não estão consideradas as preferências concedidas pelos SGPs dos países desenvolvidos.

4.2.3 As barreiras comerciais aos produtos selecionados

Alguns produtos em que o Brasil é competitivo enfrentam elevadas tarifas *ad valorem*, além de tarifas específicas, outras taxas e barreiras não-tarifárias. Estes produtos seriam alvos prioritários na agenda de interesses ofensivos para o país em suas negociações comerciais.

Apenas para efeito de comparação, foram calculadas as tarifas médias para os produtos prioritários brasileiros por país. É necessário ter cuidado com a utilização dessas médias, uma vez que podem ser distorcidas pela ocorrência de tarifas muito elevadas para poucos produtos, sendo as demais reduzidas. É o caso da Coréia, que em média mostrou-se como o país com maior grau de proteção aos produtos em que o Brasil tem vantagens comparativas. Para três desses produtos, a Coréia impõe tarifas muito elevadas (497,8%, 438,3% e 85,4%) e, para os demais, as tarifas que chegam no máximo a 8%. Como resultado, a tarifa média imposta pela Coréia aos produtos em que o Brasil é competitivo é a mais alta: 38,1%.

Na realidade, o país que apresenta maior grau de proteção distribuído pela maioria dos produtos selecionados é a Índia, cuja tarifa máxima chega a 105%, com percentuais que variam entre 15 e 45% para a maior parte dos demais. A tarifa média cobrada pela Índia para esses produtos é de 28,8%. Outro país que pratica tarifas elevadas para os produtos de interesse do Brasil é o Marrocos.

As tarifas *ad valorem* médias cobradas pelos países desenvolvidos, como Estados Unidos, União Européia, Japão e Canadá, sobre os produtos selecionados são relativamente reduzidas – entre 5,4 e 3,3%. Entretanto, as tarifas máximas podem ser relativamente elevadas, como é o caso do Japão, com 50%, e dos Estados Unidos, com 48%. O mais importante, todavia, é que para alguns produtos de maior interesse brasileiro esses países impõem, além das tarifas *ad valorem*, tarifas específicas, quotas, que elevam o nível de proteção efetiva a patamares muito mais significativos.

É importante notar que em países como a China, que tem média tarifa relativamente pequena (8,2%), a questão fundamental parecem ser as barreiras não-tarifárias, que muitas vezes não são tratadas nos acordos preferenciais com escopo limitado, como os que o Brasil tem negociado com países em desenvolvimento. Esse também parece ser o caso da Rússia. Já a Arábia Saudita, que tem média tarifária de 8% e tarifa máxima de 20%, não impõe barreiras não-tarifárias relevantes aos produtos selecionados.

Além das tarifas e barreiras não-tarifárias, outro fator que distorce o comércio e pode ser um motivo de atração para a negociação de acordos setoriais é o número de acordos de preferências que um país-alvo já pratica.

Países com elevado grau de proteção para produtos de interesse brasileiro e que já concedem preferências para outros fornecedores deveriam ser incorporados na agenda de prioridades brasileiras, com o objetivo de reduzir o impacto de desvio de comércio gerado por esses acordos.

Infelizmente, o registro das preferências concedidas em acordos regionais não é uniforme. As informações apresentadas na tabela 2 foram levantadas a partir do sistema TRAINS/WITS da Unctad, mas foi possível observar que alguns acordos preferenciais não estão devidamente registrados. De todo modo, observa-se que há países que se engajaram intensamente em acordos de preferências comerciais, enquanto outros se mantêm à margem dessa tendência. Em geral, os países asiáticos são mais refratários a esses movimentos, enquanto os americanos e europeus são mais ativos nesse processo. Esse tema será tratado de forma mais detalhada no próximo item.

4.3 As inovações e a estratégia comercial

Uma das conseqüências de um *boom* das exportações é a diversificação da pauta exportadora global e da pauta para cada um dos mercados de destino. Neste trabalho, um indicador de diversificação utilizado é a proporção de novos produtos na pauta brasileira. Consideraram-se como novos produtos ou inovações na pauta de 2003-2004 todos aqueles produtos exportados no biênio que não estavam presentes nas exportações em 1997-1998. Mudanças significativas na composição da pauta exportadora podem afetar a agenda comercial ou as oportunidades de negociação comercial.

As inovações não constituem um traço distintivo da pauta exportadora global no biênio 2003-2004, pois não houve diversificação significativa na composição da pauta exportadora global. O valor exportado do conjunto identificado como inovações na pauta global foi 0,1% do valor exportado no biênio, representando somente 287 posições a 6 dígitos das 4.612 exportadas pelo Brasil, ou 6,2% do total de posições.

Apesar disso, o *boom* exportador brasileiro significou o surgimento de novos produtos em diversos mercados de destino, mesmo que a maior parte desses produtos não fossem inovações na pauta global – ou "inovações globais" –, porque já eram exportados a algum outro mercado em 1997-1998.

Da análise dos mercados individuais, parecem surgir três grupos de países em relação aos produtos novos ou inovações. Um primeiro grupo de países se caracterizou por uma alta participação das inovações no valor das exportações brasileiras no biênio 2003-2004, normalmente mais de 20%. Adicionalmente, os novos produtos para esses mercados representaram também uma proporção alta do número de produtos ou posições exportados (normalmente >50%). Finalmente, os produtos considerados inovações na pauta global representaram uma percentagem menor que 1% do número de produtos exportados. Ou seja, 99% ou mais das inovações para esses mercados foram de produtos que o Brasil já exportava em 1997-1998 para algum outro mercado. A Tabela 4.3.1 apresenta as proporções dos mercados que reúnem tais características.

Tabela 4.3.1
Proporção das Inovações nas exportações brasileiras – no valor exportado e no total de produtos exportados (2003-2004)

	Proporção no valor exportado para o país (%)	Proporção no total de produtos exportados para o país (%)	Proporção das inovações globais no total de produtos exportados para o país (%)
Argélia	49,3	78,6	0,31
Índia	41,1	60,6	0,64
Coréia do Sul	33,9	65,2	0,89
Rússia	25,2	63,9	0,52
África do Sul	23,7	50	0,44
Marrocos	24,6	47,3	0,24
Tailândia	22,5	54,4	0,49

Um segundo grupo de países apresentados na Tabela 4.3.2 se caracterizou por ter um peso intermediário das inovações no valor exportado – entre 9 e 20%. Nos mercados da América nessa situação, as inovações foram uma proporção menor no total de produtos exportados, pois são mercados mais tradicionais para as exportações brasileiras, tais como Chile, México, Colômbia e Canadá. É nos mercados tradicionais, com os quais existem laços de proximidade cultural e econômica, que os exportadores costumam introduzir novos produtos. Justamente por isso, nos mercados tradicionais da América, com exceção de Costa Rica, as inovações globais representaram proporções próximas a 1%.

Os países desse grupo fora da América, como China, Arábia Saudita e Irã, são mercados de grande dinamismo recente. Por isso, as inovações tiveram uma participação maior no total de produtos exportados – semelhante aos países do primeiro grupo –, mas por serem mercados mais afastados geográfica e culturalmente, as inovações globais não são importantes, com exceção da China.

Tabela 4.3.2
Proporção das Inovações nas exportações brasileiras – no valor exportado e no total de produtos exportados (2003-2004)

	Proporção no valor exportado para o país (%)	Proporção no total de produtos exportados para o país (%)	Proporção das inovações globais no total de produtos exportados para o país (%)
Colômbia	17,6	36	0,99
Canadá	16,9	48,2	0,69
Chile	16,1	25,6	1,45
Costa Rica	16,5	45,4	0,31
China	15,4	59,2	1,09
Arábia Saudita	15,2	56	0,34
Venezuela	10,1	30,5	1,05
Irã	9,1	79,4	0,40
México	9,1	38,4	1

Um terceiro grupo de países apresentado na Tabela 4.3.3 se caracterizou por um perrcentual pequeno das inovações no valor exportado para o país (em torno de 5% ou menos). Como são mercados tradicionais para as exportações brasileiras, a composição dos produtos exportados foi dominada pelos produtos tradicionais (as inovações representaram menos de 40%). Finalmente, esses mercados por serem bem conhecidos pelos exportadores, são escolhidos para introduzir as "inovações globais". Assim, as inovações globais tiveram as maiores proporções dos mercados analisados: 3,5%, no caso da UE; e 2,7% no caso dos Estados Unidos.

Tabela 4.3.3
Proporção das Inovações nas exportações brasileiras – no valor exportado e no total de produtos exportados (2003-2004)

	Proporção no valor exportado para o país (%)	Proporção no total de produtos exportados para o país (%)	Proporção das inovações globais no total de produtos exportados para o país (%)
UE	5,1	25,4	3,54
Japão	3,9	38,6	0,9
Estados Unidos	1,9	27,4	2,67

Em resumo, as inovações não representaram uma alteração significativa para a pauta global de produtos do Brasil nem para os mercados mais tradicionais do Brasil, como Estados Unidos, Japão e União Européia. Nos mercados também tradicionais da América, como Canadá, Costa Rica, países andinos e México, as inovações significaram uma proporção um pouco maior, mas ainda abaixo de um quinto do valor exportado pelo Brasil a esses países. Nessa mesma situação encontram-se mercados relativamente novos, como China, Arábia Saudita e Irã. Como resultado disso, o único grupo onde as inovações podem ter gerado alterações importantes da agenda comercial é o primeiro grupo aqui destacado – inovações representando uma alta proporção no valor exportado e no número de produtos exportados. Nesse primeiro grupo, encontram-se países como: Índia, Coréia do Sul, Rússia, África do Sul e Tailândia.

5. Alguns elementos para a definição de prioridades na agenda de negociações comerciais

O Brasil tem se envolvido em diversas iniciativas de negociações de novos acordos comerciais com países de tamanhos e características variáveis, sem que os objetivos econômicos de cada iniciativa estejam bem identificados. Algumas dessas negociações têm produzido acordos modestos em termos de cobertura de produtos e margens de preferência negociadas, como já observado anteriormente. Outras iniciativas permanecem estagnadas após o anúncio de seu lançamento. Há ainda as negociações com os países desenvolvidos, que enfrentam dificuldades de avançar por conflitos nas agendas negociadoras.

Embora haja oportunidades para os produtos brasileiros em todos os países selecionados, é inevitável definir prioridades para a agenda brasileira de negociações comerciais. A falta de foco na agenda negociadora dificulta a definição de estratégias adequadas e reduz a capacidade do país de preparar-se adequadamente para cada negociação.

Critérios econômicos, como tamanho do mercado, grau de dinamismo, importância das barreiras enfrentadas pelos produtos competitivos brasileiros e número de acordos regionais, devem ser considerados na escolha das prioridades para a agenda comercial. Por esses critérios, países como Argélia, Chile, Colômbia, Costa Rica, Irã, Marrocos e Venezuela estariam excluídos da lista de prioridades, pois são mercados relativamente pequenos para os produtos de interesse do Brasil; com os sul-americanos, o Brasil já negociou áreas de livre-comércio; Marrocos é um mercado pouco dinâmico e Argélia e Irã não têm barreiras muito significativas para os produtos de interesse do Brasil, além de não terem ainda se envolvido em acordos comerciais.

São 12 os países que deveriam merecer atenção especial na agenda brasileira de negociações comerciais. Esses países podem ser classificados em três grupos: os maiores mercados para produtos em que o Brasil é competitivo (Estados Unidos e União Européia), mercados relevantes (Canadá, Japão, China e México) e economias em desenvolvimento com oportunidades importantes (África do Sul, Arábia Saudita, Coréia do Sul, Índia, Rússia e Tailândia).

Entre os países desenvolvidos, os Estados Unidos deveriam merecer atenção especial na agenda comercial brasileira. O mercado norte-americano é o maior em termos de valor de importações totais para os produtos em que o Brasil é competitivo e, ademais, absorve uma gama variada de produtos. Apesar de terem uma economia aberta – a maioria dos produtos em que o Brasil é competitivo enfrenta tarifas baixas –, os norte-americanos impõem barreiras razoavelmente elevadas para alguns produtos de grande interesse para o Brasil. Essas barreiras assumem a forma de tarifas *ad valorem*, barreiras não-tarifárias e medidas antidumping. Portanto, em uma negociação comercial com os EUA, a remoção de tarifas, de barreiras não-tarifárias e a redução do uso de antidumping com fins protecionistas são temas essenciais. Na medida em que os Estados Unidos vêm tendo uma postura agressiva na negociação de acordos bilaterais, aumenta o custo para o Brasil de ficar fora desse processo.

O interesse brasileiro em acordos comerciais com a União Européia e o Japão depende crucialmente da disposição desses países em fazer movimentos de abertura nos produtos do setor agroindustrial. Embora também possam ser obtidos ganhos de acesso a mercados em alguns produtos industriais, esses países concentram sua proteção no setor agrícola. Esse também parece ser o caso da Coréia, que tem tarifas muito reduzidas para os produtos industriais de interesse do Brasil, mas aplica barreiras tarifárias e não-tarifárias proibitivas para os produtos de origem agrícola. O Canadá é outro país desenvolvido que tem um mercado atraente para os produtos brasileiros e proteção concentrada em poucas linhas tarifárias.

O México destaca-se como um país que detém um mercado bastante relevante (acima de US$ 10 bilhões para produtos em que o Brasil é competitivo) e que ainda pratica um nível de proteção relativamente elevado. Além disso, o México tem sido muito ativo na negociação de acordos comerciais, o que aumenta a probabilidade de desvios de comércio contra os interesses brasileiros. Os acordos negociados entre os dois países até agora são modestos em termos de cobertura de produtos. Tendo em vista a experiência de negociações bilaterais, parece que o melhor caminho a seguir para o Brasil é a busca de um acordo de livre-comércio com o México.

África do Sul e Índia também são candidatos a foco brasileiro para a negociação de acordos de livre-comércio. Embora o Brasil já tenha negociado acordos de preferências comerciais com esses dois países, as concessões trocadas não são significativas e, em geral, concentram-se em produtos que já estavam sujeitos a proteção reduzida. Esses dois mercados não são desprezíveis, mas ainda são bastante protegidos.

O Brasil deveria ainda explorar possibilidades de negociações comerciais com a Tailândia e a Rússia. Esses países também oferecem oportunidades interessantes para os produtos brasileiros. A Tailândia pratica tarifas *ad valorem* bastante elevadas para muitos dos produtos selecionados, e um acordo comercial que resulte em concessões relevantes para essas linhas tarifárias poderá gerar ganhos significativos. Já com a Rússia, qualquer negociação deve envolver o tratamento de barreiras não-tarifárias, além de concessões de preferências tarifárias. A Arábia Saudita não é prioridade, porque não pratica um nível de proteção muito elevado, embora um acordo com esse país possa beneficiar exportações de produtos manufaturados que são inovações no mercado saudita e enfrentam tarifas relativamente altas.

A China é um caso especial: apesar de não aplicar tarifas muito elevadas, em média 8,2% para os produtos selecionados como oportunidade para o Brasil, mantém uma grande diversidade de barreiras não-tarifárias, que representam, de fato, obstáculos ao crescimento e à maior diversificação das exportações brasileiras. Embora seja difícil imaginar que o Brasil esteja disposto a se engajar em uma negociação de livre-comércio com a China, tendo em vista os impactos dessa iniciativa sobre o mercado doméstico, esforços para a remoção de barreiras não-tarifárias no mercado chinês deveriam ser um objetivo prioritário da política comercial brasileira.

6. Características do *boom* exportador e a agenda comercial: comentários finais

As exportações brasileiras demoraram a reagir à desvalorização cambial de janeiro de 1999. A reação foi efetivamente percebida no triênio 2002-2004, estimulada pela nova desvalorização da taxa de câmbio real em 2002, pela queda da absorção doméstica, pelo dinamismo de alguns mercados relevantes e por medidas domésticas de estímulo às exportações (desoneração fiscal e iniciativas de promoção comercial). Esse desempenho não foi favorecido pela agenda de negociações comerciais, uma vez que nenhum dos acordos firmados pelo Brasil nos últimos anos gerou ganhos expressivos em termos de novo acesso a mercados.

Em termos de distribuição geográfica do destino das vendas externas brasileiras, observou-se:

(i) o crescimento da participação dos Estados Unidos, de alguns países latino-americanos (basicamente México, Chile, Venezuela e Colômbia), da Rússia, da China, de países africanos (em particular África do Sul) e do Irã e da Arábia Saudita, como principais mercados do Oriente Médio;

(ii) o declínio da participação da Argentina, da União Européia e do Japão.

Em termos de composição da pauta de exportações para os diversos destinos, chamam atenção as seguintes evoluções:

(i) nos produtos básicos, a emergência da China e dos demais países da Ásia como fortes mercados de destino acompanhados do crescimento de países latino-americanos e Oriente Médio;

(ii) nos semimanufaturados, o crescimento da participação da China e dos Estados Unidos, e a perda de participação da UE e do Japão;

(iii) nos manufaturados, a consolidação das Américas como principal mercado de destino. O Mercosul perdeu participação, mas os Estados Unidos e os latino-americanos substituíram-no.

Não se verifica um grande número de inovações na pauta de exportações brasileiras. Apenas 6% dos produtos exportados representam inovações na pauta. A maior contribuição ao desempenho exportador vem de produtos aqui classificados de evoluções (produtos que cresceram duas vezes mais do que a média). E 70% da expansão entre 1997-1998 e 2003-2004 são explicados pelas evoluções. Em relação às inovações é importante observar que:

(i) em mercados nos quais o Brasil tinha uma participação pequena ou exportava pouco no final da década de 1990, as inovações apresentaram uma maior participação no crescimento. Este é o caso da Coréia do Sul, da Índia, da Argélia e da Rússia;

(ii) em mercados mais consolidados, como Estados Unidos, União Européia e México, as inovações têm papel mais modesto.

É possível argumentar que as exportações brasileiras poderiam beneficiar-se de negociações comerciais ou do aprofundamento dos acordos já existentes com todos os países analisados neste trabalho. Entretanto, a falta de foco na política comercial do país tem dificultado a definição de estratégias adequadas e a preparação cuidadosa para cada negociação. Como conseqüência, os acordos comerciais negociados recentemente pelo Brasil têm gerado resultados muito modestos em termos de novo acesso a mercados.

As prioridades na agenda negociadora foram aqui definidas a partir do emprego de critérios econômicos, envolvendo o tamanho e grau de dinamismo do mercado importador, importância e natureza das barreiras comerciais enfrentadas pelos produtos em que o Brasil é competitivo e o número de acordos de preferências já negociados. Por esses critérios, países como Argélia, Chile, Colômbia, Costa Rica, Irã, Marrocos e Venezuela estariam fora do foco. Todos eles são mercados relativamente pequenos para os produtos de interesse do Brasil; com os sul-americanos o Brasil já negociou acordos de livre-comércio; Marrocos é um mercado pouco dinâmico; e Argélia e Irã não aplicam barreiras relevantes para os produtos selecionados, além de ainda não estarem engajados em negociações regionais.

São 12 os países identificados como prioridades para a agenda brasileira. A Tabela 6 apresenta um resumo dos aspectos relevantes da agenda comercial brasileira para cada um dos países selecionados. O objetivo é identificar prioridades para a agenda negociadora brasileira a partir das conclusões deste estudo. Esta é apenas uma visão estilizada e, certamente, os tipos de acordos e as prioridades sugeridas devem ser matizados por outras considerações que não couberam neste sumário.

Tabela 6.1
Aspectos relevantes da agenda comercial brasileira – Resumo por país selecionado

Países selecionados	Características do mercado	Tipo de oportunidades	Tipo de barreiras relevantes	Tipo de acordo sugerido	Prioridade para acordos comerciais
Estados Unidos	Muito relevante e muito dinâmico.	Alguns agroindustriais e semimanufaturados e vários industrializados.	Algumas tarifas sobre agroindústria e manufaturados, BNT's e antidumping. Muitos acordos bilaterais.	ALC	Alta
União Européia	Muito relevante e pouco dinâmico.	Distribuídas entre básicos e industrializados.	Tarifas e BNTs relevantes para produtos agroindustriais. Alguns acordos bilaterais.	ALC, dependendo fundamentalmente de resultados em agricultura.	Média
Canadá	Relevante e muito dinâmico. Peso muito pequeno nas exportações brasileiras.	Concentradas em produtos industrializados. Muitas oportunidades ainda não exploradas.	Média tarifária muito baixa. Barreiras em poucos produtos. Alguns acordos bilaterais.	ALC	Baixa
China	Relevante e muito dinâmico.	Concentradas em produtos básicos e semimanufaturados. Várias oportunidades ainda não exploradas.	BNTs são o obstáculo principal. Alguns produtos sujeitos a tarifas maiores que 10%.	Acordos restritos a normas e regulamentos técnicos e sanitários.	Baixa
Japão	Relevante e pouco dinâmico.	Distribuídas entre agrícolas, semimanufaturados e industrializados.	Tarifas altas e BNTs para agroindustriais. Média tarifária baixa p/ manufaturados. Poucos acordos bilaterais.	ALC, dependendo fundamentalmente de resultados em agricultura	Baixa
México	Relevante e muito dinâmico.	Poucos produtos agrícolas, muitos industrializados com elevado valor agregado.	Tarifas relativamente elevadas, muitas BNTs e medidas antidumping. Muitos acordos bilaterais.	ALC	Alta
África do Sul	Relevância média, muito dinâmico.	Concentradas em produtos manufaturados, (em especial do setor automotivo).	Tarifas elevadas combinando *ad valorem* e específicas. Alguns acordos bilaterais.	ALC	Alta
Índia	Relevância média e muito dinâmico.	Muitas oportunidades ainda não exploradas em industrializados.	Tarifas muito elevadas. Várias BNTs. Poucos acordos regionais.	ALC	Alta
Coréia do Sul	Relevância média e dinâmico.	Concentradas em básicos e semimanufaturados. Tendência de crescimento em manufaturados.	Tarifas muito elevadas e BNTs para agroindústrias. Tarifas industriais muito baixas.	ALC, dependendo fundamentalmente de resultados em agricultura	Baixa
Arábia Saudita	Relevância média e dinâmico.	Concentradas em semimanufaturados e básicos, mas ainda pouco exploradas.	Poucas barreiras. Algumas tarifas acima de 10% para poucos produtos.	Acordo de preferências tarifárias	Baixa
Rússia	Relevância média e muito dinâmico.	Muitas oportunidades ainda não exploradas. Concentração da pauta em básicos.	Produtos agroindustriais com elevada proteção. Tarifas para bens industriais entre 5 e 20%. Muitas BNTs.	ALC	Média

Obs.: BNTs = barreiras não-tarifárias. ASEAN = Associação das Nações do Sudeste Asiático.

Bibliografia

CNI – Confederação Nacional da Indústria. As relações comerciais do Brasil com a Índia e com a África do Sul. *Comércio Exterior em Perspectiva*, ano 14, n. 8/9, maio-jun. 2005.

_____. Mercosul-CAN: fracos resultados em termos do acesso a mercados para o Brasil. *Comércio Exterior em Perspectiva*, ano 14, n. 1/2, out.-nov. 2004.

FUNCEX – Fundação Centro de Estudos do Comércio Exterior. *Nota Técnica*, ano 1, n. 1, ago. 2002.

RIOS, Sandra. *Relações comerciais entre o Brasil e o México: oportunidades para a expansão das exportações brasileiras*. Brasília: CNI, dez. 2004.

SUBSÍDIOS EM DOHA: PROPOSTAS DE NEGOCIAÇÃO E IMPLICAÇÕES PARA OS INTERESSES BRASILEIROS[1]

Marta Calmon Lemme

Leane Cornet Naidin

Maria Fernanda Gadelha

"As mudanças nunca ocorrem sem inconvenientes, até mesmo do pior para o melhor."
(R. Hooker, *teólogo anglicano.)*

Introdução

A discussão referente às implicações das negociações multilaterais sobre subsídios tem ocupado não só pesquisas acadêmicas (Anderson, 2004; Staiger e Bagwell, 2005), como também o debate atual sobre a formulação de opções de "políticas industriais" e comerciais, em particular dos países em desenvolvimento (Fernandes, 2006).

O Acordo sobre Subsídios e Medidas Compensatórias (ASMC) é fruto de compromisso multilateral entre diferentes percepções quanto à *rationale* para a utilização de subsídios e seu impacto no comércio internacional (WTO, 2006), e inclui uma classificação das políticas de subsídios que reflete o entendimento de que políticas de governo que interferem na alocação de recursos geram impactos diferenciados sobre os fluxos de comércio. Por essa razão, foram negociados procedimentos para ações junto à OMC, que se diferenciam em função do grau de distorção ao comércio gerado pelos subsídios – os *Remedies*, na linguagem do Acordo –, e aprimoradas as regras referentes à aplicação de medidas compensatórias, que visam neutralizar os efeitos dos subsídios.

Sua negociação na Rodada Uruguai acomodou perspectivas antagônicas entre os Estados Unidos e a Comunidade Européia, advindas de discussões

[1] Versão resumida deste trabalho foi publicada na *Revista Brasileira de Comércio Exterior*, n. 90, jan.-mar. 2007. Versão integral do estudo encontra-se disponível em: www.cindesbrasil.org.

travadas no GATT na década de 1970 (Rodada Tóquio). A posição norte-americana sempre foi a de estabelecer disciplinas mais restritivas para os subsídios. Em contraste, a maioria dos outros países, cuja posição era representada mais explicitamente pela CE,[2] defendia a visão de que subsídios constituem importantes e legítimos instrumentos de política econômica e social, e uma "válvula de escape" necessária para o apoio a indústrias durante períodos de recessão econômica. Advogava, portanto, uma definição de "subsídio" que permitisse assistência para o ajustamento estrutural e desenvolvimento regional (Stewart, 1993, p. 37).

Adicionalmente, outros membros da OMC, que não os EUA, consideravam ser também necessário restringir a utilização do instrumento da "defesa comercial" como política de proteção comercial.[3] De fato, a limitação da possibilidade de concessão de subsídios não deveria minorar a relevância da negociação quanto aos impactos da aplicação de medidas compensatórias sobre os fluxos de comércio, bastante difundidos na análise econômica (Bagwell e Staiger, 2005; Sykes, 2003).

O progresso na liberalização comercial pressupôs, portanto, avanços, em paralelo, nas duas faces do mesmo tema: disciplinas para as políticas de subsídios e para a aplicação de medidas de correção dos seus efeitos distorcivos.

Um dos resultados alcançados foi a elaboração do Acordo sobre Subsídios e Medidas Compensatórias (ASMC), com a introdução de disciplinas importantes, tais como: (a) a definição do "subsídio" em função, entre outros, da existência de "benefício", auferido pelo receptor do subsídio; (b) a introdução de uma classificação das políticas de subsídio, conforme seu impacto sobre o comércio; (c) o estabelecimento de presunção de "grave dano", em determinadas circunstâncias, aplicáveis a subsídios acionáveis; e (d) o estabelecimento de critérios para a aplicação de medidas compensatórias.

No entanto, as diferenças entre as posições existentes não permitiram que fossem esclarecidos todos os conceitos, o que implicou que várias expressões contidas no Acordo não fossem definidas de forma suficientemente

[2] Esta posição era apoiada pelo Canadá, Países Nórdicos e México, além de outros países em desenvolvimento, como Coréia, Índia e Brasil, que também defendiam cláusulas ainda mais flexíveis para os países em desenvolvimento.

[3] Como já notório, esse viés na utilização do instrumento não se restringe aos países desenvolvidos – diversos países em desenvolvimento vêm aplicando as medidas previstas pelo ASMC, na medida em que observam aumento de importação em função da maior abertura de seus mercados.

clara. E são justamente os *unfinished business* da Rodada Uruguai que têm propiciado a proliferação de controvérsias comerciais no tema.

À exceção das disciplinas referentes a subsídios proibidos, o ASMC não implicou restrição substantiva à intervenção dos governos nas atividades industriais. Esse fato, no presente cenário da concorrência internacional, aliado aos resultados dos contenciosos travados no âmbito do Órgão de Solução de Controvérsias da OMC e à entrada de novos participantes na OMC, como os países do Leste europeu, China e Rússia, de economias não predominantemente de mercado, motivaram que o tema fosse novamente incluído na agenda de negociações da Rodada de Doha.

O mandato negociador[4] da atual Rodada estabeleceu que deveriam ser revistas as disciplinas previstas no Acordo, com o objetivo de "clarificá-las e aprimorá-las". Não obstante a timidez na linguagem quanto aos objetivos acordados, é ampla a gama de propostas de revisão do ASMC apresentadas no Grupo Negociador de Regras da OMC. Na prática, as posições negociadoras, contidas em iniciativas de importantes atores, abarcam temas substantivos, como os de definição e classificação de subsídios, regras para financiamento e créditos à exportação, critérios e metodologias para cálculo do montante do benefício e temas referentes aos procedimentos de investigação. Seus objetivos, implícitos ou explícitos, buscam atender a interesses domésticos distintos: ou defender os interesses exportadores ou preservar maior flexibilidade na utilização de subsídios, ou ainda priorizar temas de implementação e aprimoramento equilibrado do instrumento.

O presente artigo examina as principais questões que estão sendo discutidas no curso das negociações sobre o ASMC, bem como suas possíveis implicações sobre as políticas públicas. No item I apresentamos uma breve revisão da negociação do tema e uma apresentação do ASMC da OMC, identificando características do processo negociador que contribuem para um melhor entendimento das negociações atuais; o item II apresenta uma síntese das questões abordadas em contenciosos referentes à interpretação de implementação do ASMC, transcorridos no âmbito dos Procedimentos de Solução de Controvérsias da OMC, cujos resultados, como visto, têm influenciado as posições negociadoras em Doha; o item III apresenta as principais questões em negociação, abordando o debate, convergências e clivagens das posições negociadoras. A conclusão sintetiza a situação atual e procura apontar alguns desdobramentos dessas discussões para a possibilidade de intervenção de governos na economia por meio de subsídios.

[4] Declaração Ministerial WT/MIN (01)/DEC/1, de 20 de novembro de 2001, parágrafo 28.

1. A OMC e o Acordo sobre Subsídios e Medidas Compensatórias (ASMC)

A Rodada Uruguai (1986-1994), que constituiu a Organização Mundial de Comércio – OMC, foi concluída após longo esforço de negociações multilaterais, no âmbito do Acordo Geral sobre Comércio e Tarifas (1947). Como se sabe, foram alcançados resultados relevantes a respeito das regras multilaterais relativas ao comércio de bens e serviços. Dentre tais resultados, destacam-se: (a) o aprimoramento do procedimento de solução de controvérsias por meio da criação do Órgão de Apelação e modificação do critério para aprovação dos resultados de controvérsia de consenso positivo para consenso negativo;[5] (b) o estabelecimento de um compromisso com um "pacote único" de regras – o *single undertaking*, por meio do qual os países membros da OMC devem aceitar a totalidade de seus dispositivos, consubstanciados, ao final da Rodada Uruguai, em sua Ata Final; (c) incorporação dos setores agrícola e de têxteis e vestuários às regras multilaterais, por meio da criação de Acordos específicos (Acordo sobre Agricultura – AA – e Acordo sobre Têxteis e Vestuário – ATV); (d) maior disciplinamento das regras referentes a distintos temas, dentre as quais se destacam as relativas ao Acordo sobre Subsídios e Medidas Compensatórias – ASMC; e (e) ampliação da cobertura das regras multilaterais por meio da incorporação de novos temas – comércio de serviços (Acordo Geral sobre Comércio de Serviços – GATS); propriedade intelectual (Acordo sobre Aspectos dos Direitos de Propriedade Intelectual relacionados ao Comércio – TRIPs) e medidas relacionadas a investimento (Acordo sobre Medidas de Investimento Relacionadas ao Comércio – TRIMs).

O ASMC, que resultou da Rodada Uruguai, consolidou, no âmbito multilateral, a percepção de que, ainda que decisões quanto a políticas de subsídios sejam tomadas no âmbito das políticas de desenvolvimento nacional, seus efeitos sobre a competição internacional justificariam a elaboração de disciplinas que distinguiriam as políticas nacionais "aceitáveis" das "não aceitáveis", introduzindo a discussão dos limites dados pelo sistema multi-

[5] Segundo o procedimento de solução de controvérsias do GATT-1947, os resultados das controvérsias (relatórios dos painéis) somente seriam adotados pelos países na hipótese em que todos os países signatários do GATT concordassem com os resultados existentes (consenso positivo). Sob as novas regras, emanadas da Rodada Uruguai, os resultados das controvérsias (agora consubstanciados no relatório do painel e, se existir, no relatório do Órgão de Apelação) serão aceitos, a menos que todos os membros concordem em não aceitá-los – "consenso negativo".

lateral a políticas domésticas de incentivo à produção industrial (Hufbauer, 1984), com implicações no processo de "disciplinamento".[6]

1.1 *A Rodada Uruguai e as atuais disciplinas sobre subsídios e medidas compensatórias*

A agenda da negociação de um regime multilateral sobre subsídios da Rodada Uruguai (1986-1994), e que resultou no Acordo vigente atualmente, foi razoavelmente clara desde o início. A ênfase negociadora e a maior amplitude do disciplinamento alcançado revelaram que, não obstante o progresso na liberalização comercial, advindo das negociações multilaterais anteriores, os subsídios entraram na agenda multilateral não somente por razão da escalada na utilização de medidas compensatórias como barreiras não-tarifárias – visão predominante na década anterior – mas também porque políticas de subsídios se mostraram instrumentos intensivamente utilizados na promoção da produção, substituindo as tarifas como uma das distorções centrais no comércio internacional. Por essa razão, os regimes regulatórios domésticos passaram a constituir tema central das negociações, requerendo um aprofundamento dos conceitos e das disciplinas envolvidos (Hufbauer, 1986).

Apesar de ter sido uma difícil negociação, em função das posições antagônicas, em especial dos EUA – que queriam disciplinas sobre subsídios extremamente restritivas – e da CE, a quem não interessavam maiores alterações do Código de Tóquio, por defender que determinados subsídios deveriam ser isentos de qualquer possibilidade de contramedidas (Depayre,1995), ao final da Rodada Uruguai (1986-1994) um novo Acordo sobre Subsídios e Medidas Compensatórias (ASMC) passou a vigorar, tendo trazido substancial aprofundamento em relação às disciplinas contidas no Código da Rodada Tóquio.

Note-se que a Declaração Ministerial de Punta del Este, que estabeleceu o mandato negociador no tema,[7] propunha como objetivo das negociações "improvement of GATT disciplines relating to all subsidies and countervailing measures that affect international trade". Pode-se considerar que esse mandato foi cumprido, pois, em comparação com o Código anteriormente vigente, as disciplinas multilaterais para a concessão de subsídios, bem como

---

[6] Para uma detalhada revisão dos antecedentes dessa negociação, veja Rivers e Greenwald (1979).

[7] Ministerial Declaration of the Uruguai Round, de 20 de setembro de 1986, Gatt.

para aplicação de medidas compensatórias, foram ampliadas em aspectos bastante significativos.

Atendeu-se, assim, tanto àqueles países que buscavam maior disciplinamento das políticas de subsídios (como Estados Unidos, por exemplo) como aos outros países (em especial, os em desenvolvimento) que consideravam essa perspectiva excessiva limitação em sua liberdade de implementar políticas de desenvolvimento, mas, por sua vez, buscavam reduzir a discricionariedade na aplicação de medidas compensatórias, posição cujo alvo principal era a prática norte-americana.

O principal conflito, que servia de pano de fundo para as posições negociadoras, decorria de perspectivas distintas entre os Estados Unidos e a Comunidade Européia. Advinha do interesse norte-americano em estabelecer disciplinas mais restritivas para os subsídios por meio não só de uma classificação bastante abrangente de políticas que seriam consideradas proibidas, como também de procedimentos de recursos multilaterais mais eficientes. Em contraste, a maioria dos demais países, cuja posição era representada em sua visão extrema pela CE, percebia que "medidas compensatórias" constituíam o tema em que as disciplinas deveriam ser "fortalecidas". A premissa básica desse posicionamento era a de que subsídios constituem importantes e legítimos instrumentos de política econômica e social, e uma "válvula de escape" necessária para o apoio a indústrias e regiões geográficas durante períodos de recessão econômica. Advogavam, portanto, uma definição de "subsídio" que permitisse assistência para o ajustamento estrutural e desenvolvimento regional (CE, Canadá, Países Nórdicos e México, além de outros países em desenvolvimento, como Coréia, Índia e Brasil, que defendiam cláusulas ainda mais flexíveis para os de sua condição) (Stewart, 1993, p. 37).

Tal divergência refletia-se também na discussão sobre a metodologia de cálculo do montante de subsídios. Muitos alegavam que o cálculo do subsídio deveria ser feito com base no "custo para o governo", visando atacar os subsídios que fossem *per se* elevados. Já a posição norte-americana baseava-se na premissa de cálculo do montante do subsídio em função do benefício microeconômico auferido pelo receptor da subvenção (Stewart, 1993, p. 37). Assim, segundo a posição norte-americana, independentemente do volume de subsídios concedidos pelo governo, subsídios deveriam ser passíveis de contramedidas em função dos benefícios gerados, o que se refletiria em alteração dos preços relativos e, conseqüentemente, ocasionaria distorção das vantagens comparativas existentes.

Nesse sentido, já se observava, então, antagonismo entre dois cenários, definidos por razão de uma clivagem determinante nas posições negociadoras: por um lado a posição norte-americana de defesa, sem exceções, da não-intervenção dos governos no apoio às atividades industriais; por outro, a resistência dos demais países em negociar regras mais estritas para a concessão de subsídios, e seus impactos no comércio internacional, trazendo, como contrapartida, falta de regras que evitassem sobretudo a utilização de medidas compensatórias, como barreiras não tarifárias. Sendo assim, um progresso na liberalização comercial pressupunha avanço, em paralelo, nas duas faces do mesmo tema: disciplinas para as políticas de subsídios e para a aplicação de medidas de correção dos seus efeitos distorcivos tanto nos mercados dos países importadores como no mercado internacional.

Dentre os resultados alcançados no ASMC da Rodada Uruguai, destacam-se: (a) a definição do "subsídio" em função, entre outros aspectos, da existência de "benefício"; (b) a introdução de uma classificação das políticas de subsídio, conforme seu impacto sobre o comércio; (c) o estabelecimento de presunção de "grave dano", em determinadas circunstâncias, aplicáveis a subsídios acionáveis, o que facilitaria, ainda que temporariamente, a apresentação de recursos por parte dos países afetados; e (d) a definição de critérios mais detalhados para a aplicação de medidas compensatórias. Ressalte-se que, por meio da adoção de critérios distintos, buscou-se solução intermediária para a questão das distintas visões sobre a base de cálculo do montante de subsídio no caso de presunção de "grave dano", para uma das situações previstas, e para o cálculo de montante de subsídios, para fins de medidas compensatórias. No caso de recursos acionáveis, haveria presunção de "grave dano", entre outras circunstâncias, quando o montante de subsídios fosse superior a 5%, calculado em termos de custo para o governo; já em relação ao cálculo do montante de subsídios, estabeleceu-se que este seria calculado em termos do benefício auferido pelo receptor do subsídio, tendo sido estabelecidas algumas diretrizes para esse fim.

Não obstante os avanços observados, os profundos antagonismos existentes propiciaram que, em vários temas, a linguagem do ASMC, até mesmo em relação a alguns dos conceitos negociados, não tenha sido estabelecida de forma suficientemente clara, deixando lacunas conceituais e metodológicas importantes, como, por exemplo, na própria definição de benefício, conceito fundamental para a caracterização de existência de subsídio. Só na Parte V do Acordo, referente a medidas compensatórias, em que se incluiu artigo denominado "Cálculo do Montante de Subsídios em Termos do Benefício Auferido pelo Receptor", são fornecidas diretrizes gerais para a determinação da existência de benefício. No entanto, no Artigo I do Acordo, em que se estabelece a definição de subsídio, não foi fixada qualquer regra para essa determinação.

Os *unfinished* business da Rodada Uruguai têm implicado, como será visto na próxima seção, a proliferação de controvérsias que surgem de interpretações distintas acerca da cobertura das disciplinas negociadas, e cujos resultados no âmbito do Órgão de Solução de Controvérsias da OMC têm-se constituído em uma das motivações para a apresentação de novas propostas de negociação na Rodada de Doha.

1.2 *Definição de subsídio e alcance do disciplinamento multilateral*

O ASMC atualmente vigente introduziu a definição de "subsídio" (Artigo 1), o qual existe quando:

(a) ocorre contribuição financeira do governo (ou de qualquer órgão público);[8] ou

(b) há qualquer forma de sustentação de preços ou renda, com vistas a estimular exportações ou limitar importações; e

(c) por meio de uma dessas práticas, se confira um benefício.

Adicionalmente, o Acordo introduziu o critério da seletividade da ação governamental, no apoio à atividade econômica, para fins do disciplinamento das políticas de subsídios: o conceito de "especificidade" (Artigo 2).

Um subsídio é considerado "específico" quando dirigido apenas a "certas empresas" (Artigo 2 do Acordo). O conceito pode ser entendido como se aplicando a empresas (políticas de apoio seletivas a empresas ou grupos de empresas) ou a indústrias (políticas seletivas para certas indústrias ou setores). Incorporado no Acordo, inspirado na prática norte-americana,[9] o conceito vem sendo tema de debate desde então (Belo e Homer, 1998; Ra-

---

[8] Transferência direta de fundos (doações, empréstimos ou injeção de capital, por exemplo) ou transferência potencial de fundos (por exemplo, garantias de empréstimos); não recolhimento de receitas públicas ou perdão de dívidas (por exemplo, incentivos fiscais); fornecimento de bens e serviços, além daqueles de infra-estrutura geral, ou aquisição de bens de serviços. A realização de tais ações por órgãos privados, instruídos ou direcionados pelo governo, cuja prática não difira, de forma significativa, da prática habitual dos governos, também caracteriza contribuição financeira.

[9] OMC, World Trade Report 2006, p. 198. O "teste da especificidade" foi pela primeira vez aplicado pelos Estados Unidos em 1982, em função de regras vigentes em sua legislação doméstica; a CE incorporou esse princípio pouco depois, em uma decisão de 1985, e o conceito foi subseqüentemente incorporado no Acordo da OMC (Jackson, 1997).

gosta e Shanker, 1994).[10] Os critérios estabelecidos no Artigo 2.1.(c) indicam os fatores a serem considerados, de forma a se caracterizar a concessão de subsídio como específica de fato: (a) número limitado de empresas; (b) uso predominante por certas empresas; (c) participação desproporcional nos recursos oferecidos; e (d) discricionariedade dos governos na distribuição dos recursos, levando em conta o "grau de diversificação das atividades econômicas" na área de jurisdição da autoridade concedente do país membro.

A regra vigente estende-se ainda para abarcar "subsídios regionais" específicos, ou seja, dirigidos a certas regiões, disciplina motivada pela preocupação dos países em desenvolvimento em incluir no regime multilateral as políticas de estados federados, como as dos Estados Unidos, Canadá e Austrália.[11]

1.3 *As possíveis ações contra subsídios*

Assim como o Código da Rodada Tóquio, o Acordo sobre Subsídios também trata de procedimentos de recursos contra subsídios concedidos pelos Membros e para a aplicação de medidas compensatórias.[12] Esses

---

10 Vale notar a coincidência de abordagem na discussão do conceito de especificidade, como definido no Acordo da OMC, e a discussão dos subsídios na literatura econômica, vinculada aos conceitos de distorções e ganhos de bem-estar; o subsídio seria uma política *second best*, motivada por correções de "falhas de mercado". Assim, o conceito de "especificidade", ou seletividade da política de subsídios, do ASMC, corresponderia aos predicados da teoria econômica, uma vez que, quanto mais seletiva uma política, mais concentrados seus efeitos sobre os preços, e as vantagens geradas dificilmente corresponderiam a uma ação governamental recomendada em função de falhas de mercado. Para uma rigorosa exposição do tema do subsídio na teoria econômica, veja Dixit e Avinash (1983 e 1985).

11 Unctad, op. cit., p. 243.

12 Em função das disposições do Acordo sobre Agricultura da OMC, os subsídios agrícolas recebem tratamento diferenciado dos subsídios para demais produtos. Por exemplo, os subsídios à exportação de produtos agrícolas não são proibidos. Ademais, em função da "Cláusula da Paz", os subsídios agrícolas não podem ser objeto de recursos, desde que o país cumpra os compromissos de redução de subsídios, acordados no âmbito daquele Acordo. Além disso, na abertura de investigação sobre subsídios, o país importador, no caso de o exportador estar cumprindo tais compromissos, deve ter a "devida moderação". Esse conceito não está definido e comporta distintas interpretações. Seu objetivo seria restringir a possibilidade de abertura de investigações com vistas à aplicação de medida compensatória sobre importação de produtos agrícolas.

procedimentos estabelecem mecanismos de defesa dos efeitos das políticas de subsídios e são acionados conforme o mercado em que se verificam os impactos das políticas em questão. Quando se localizam em terceiros mercados, o único mecanismo disponível é o recurso à OMC. Quando, porém, os efeitos da concessão de subsídio se fazem sentir no mercado interno do país importador, a aplicação de medida compensatória também se apresenta como mecanismo de defesa, com a vantagem adicional de ganhos de eficácia.

É fácil entender a razão de escolha da aplicação de medidas compensatórias em vez do recurso à OMC. Enquanto as medidas compensatórias decorrem de avaliação e decisão interna do governo do país que se sente prejudicado, no caso de recursos, ultrapassada a etapa de consultas, a controvérsia será avaliada por terceiros. Além do mais, sabe-se que, reunidas as condições necessárias, muito provavelmente será aplicada medida de proteção.[13] Já no caso de recurso, o prazo para solução final pode estender-se por longo período; mesmo assim, não há garantia de que o país que concede o subsídio venha de fato a adotar medidas que evitem o dano ao país importador.

a) Os recursos e a classificação dos subsídios

Para efeito de recursos, as políticas de subsídios foram classificadas em três grandes categorias, em função do grau de distorção que causam no comércio internacional:

i) Subsídios Proibidos (Parte II do Acordo), os quais teriam efeitos distorcivos significativos sobre o comércio: os subsídios à exportação (vinculados de fato ou de direito ao desempenho exportador) para os quais foi mantida uma Lista Ilustrativa – Anexo I do Acordo[14] – e subsídios que im-

---

[13] Em alguns países, entre os quais se encontra o Brasil, existe a possibilidade de, ainda que reunidas as condições necessárias para a aplicação de medida compensatória, por razões de interesse nacional, se decidir por sua não-aplicação. No entanto, na prática tal possibilidade não tem sido implementada.. No Brasil, por exemplo, foram conduzidas duas investigações sobre subsídios com base no ASMC, e nos dois casos se observaram as condições técnicas necessárias para a aplicação de medida, tendo sido as mesmas, então, de fato aplicadas.

[14] O Artigo 3.1. (a) do ASMC remete ao Anexo I do Acordo para ilustrar diversas políticas de subsídios condicionadas ao desempenho exportador. O item (k) dessa lista diz respeito à concessão de créditos à exportação a taxas inferiores àquelas que os governos teriam que pagar pelos recursos obtidos para a execução de tais financiamentos; ou ao pagamento, por parte dos governos, de todo ou parte dos custos incorridos para obter os créditos, *in so far as* tais recursos sejam usados para garantir (*secure*) uma "vantagem material" aos exportadores. No entanto,

pliquem discriminação contra o produto importado em benefício de produto doméstico.

Ressalte-se que o Acordo eliminou a flexibilidade antes existente no GATT para subsídios concedidos pelos PEDs, uma vez que as proibições do Artigo 3 se aplicam a todos os países membros, excetuando-se apenas os de menor desenvolvimento relativo, com insignificante participação no comércio mundial.

ii) Subsídios Acionáveis (Parte IV do Acordo) são subsídios específicos, os quais, embora permitidos, podem gerar efeitos distorcivos sobre o comércio, ou seja, causar efeitos adversos aos interesses de outro membro (dano à indústria doméstica de país importador; anulação ou redução dos benefícios auferidos sob o GATT 1994; e "grave dano"). O ASMC incluiu ainda dentro dessa categoria uma subdivisão, a dos subsídios que se presume causarem "grave dano"[15] (Art. 6.1 e Anexo IV, do ASMC), excetuando-se as políticas mantidas pelos PEDs (Art. 27.8). A presunção dispensaria o país reclamante de demonstrar a ocorrência da "grave dano", ficando transferido para o país que concede o subsídio o ônus de provar sua inexistência. Tal disposição, no entanto, deixou de vigorar em 2000.

Outras circunstâncias que caracterizariam a existência de "grave dano", em decorrência da concessão de subsídio, as quais, no entanto, deveriam ser demonstradas pelo país reclamante, seriam: (a) deslocamento ou impedimento de importações para o país que concede subsídios; (b) deslocamento ou impedimento de exportações para um terceiro mercado, em função de subsídios concedidos por um país; (c) subcotação significativa do produto subsidiado, em relação ao produto do país reclamante no mesmo mercado, ou significativa supressão/depressão de preços ou perda de vendas no mesmo mercado; (d) aumento da participação no mercado mundial do membro subsidiador em um mercado particular de produtos primários ou *commodities* comparado com a participação média desse membro nos três anos anteriores, levando em conta as regras do Acordo sobre Agricultura.

---

estabelece-se uma exceção: créditos à exportação concedidos com base em taxas compatíveis com as provisões estabelecidas pelos países que participam de um compromisso sobre créditos oficiais para exportação (uma referência implícita ao Arrangement on Guidelines for Officially Supported Credits – "Arrangement" –, da OCDE), ou no caso de um membro praticar taxas de juros compatíveis com esse compromisso.

15 Por exemplo, subsídios para cobrir perdas operacionais de uma indústria e perdão de dívida.

iii) Subsídios Não-Acionáveis (Parte IV do Acordo), os quais, em princípio, não causariam efeitos distorcivos: subsídios de disponibilidade geral e subsídios específicos relacionados a desenvolvimento regional, pesquisa e desenvolvimento e assistência para promover adaptação de instalações existentes a novas exigências ambientalistas impostas por lei e/ou regulamento. Ressalte-se que a liberdade para a utilização desses subsídios específicos só seria aplicável pelo período de cinco anos, contados a partir da entrada em vigor do Acordo da OMC. Assim como no caso da presunção de grave dano, essa cláusula não está em vigor.

Os recursos seguem os procedimentos[16] de solução de controvérsias resultantes da Rodada Uruguai e transcorrem no âmbito do Órgão de Solução de Controvérsias da OMC, e se diferenciam em termos tanto de elementos de prova a serem aportados pelo membro reclamante quanto de sua duração. Assim, o recurso referente a subsídios proibidos só requer apresentação de prova da existência do subsídio proibido e se realiza de forma acelerada.[17] No caso de se concluir que o subsídio é de fato proibido, deverá ser retirado (*withdrawal*), devendo o painel estabelecer em sua recomendação o prazo para sua eliminação.

---

16 A primeira etapa da controvérsia é a realização de consultas entre os países envolvidos na disputa, com vistas a alcançar solução mutuamente satisfatória. Isso não ocorrendo, a parte reclamante pode solicitar ao OSC a formação de um painel, composto por três pessoas, em princípio, especialistas na matéria. No novo procedimento estabelecido no Acordo da OMC, existe a possibilidade de recursos por qualquer uma das duas partes. Nesse caso, o relatório do painel será avaliado pelo Órgão de Apelação – grupo permanente de juristas especializados em comércio internacional, com mandatos de quatro anos. Se o país reclamado for "condenado", deverá pôr a medida (ou medidas) objeto da disputa em conformidade com as regras da OMC; isso não ocorrendo no prazo acordado, o país reclamante pode ser autorizado a adotar medidas de retaliação. No caso de o país reclamado reformular sua política, mas de forma considerada não adequada pelo país reclamante, este último pode solicitar um novo painel, com base no Art. 21.5 do Entendimento sobre Solução de Controvérsias, o qual avaliará se as ações adotadas pelo reclamado de fato sanaram o problema. O relatório desse painel também pode ser objeto de recurso por qualquer uma das partes, o que leva o caso ao OA. Somente na hipótese de se considerar que a medida condenada não foi devidamente corrigida é que haverá a possibilidade de retaliação.

17 Nas controvérsias normais, os principais prazos previstos pelo "Entendimento sobre Solução de Controvérsias" são: 60 dias para realização das consultas; 6 meses para, uma vez constituído, o painel emitir seu relatório; e de 60 a 90 dias para o Órgão de Apelação se manifestar. No caso de subsídios proibidos, os prazos são reduzidos para 30 dias, 3 meses e 30-60 dias, respectivamente.

Em se tratando de recursos relativos a subsídios acionáveis,[18] devem ser apresentados, pelo reclamante, elementos de prova não apenas da existência e natureza do subsídio, mas também dos efeitos adversos por ele causados, sejam esses efeitos dano à indústria do país importador, anulação ou prejuízo de benefícios obtidos das negociações GATT ou "grave dano" aos interesses de outro país, exceto no caso de presunção de "grave dano". Concluída a disputa e tendo sido considerado que o subsídio é acionável, o membro reclamado deve adotar as medidas necessárias para remover os efeitos adversos ou eliminar o subsídio objeto da disputa. Se nenhuma medida for adotada pelo país reclamado dentro de seis meses e na ausência de acordo sobre compensação entre as partes, o Órgão de Solução de Controvérsias pode autorizar, se solicitado, o país reclamante a adotar contramedidas compatíveis com o grau e a natureza dos efeitos adversos gerados pelo subsídio questionado.

b) Medidas compensatórias

O aprimoramento das regras relativas à aplicação de medidas compensatórias também foi um dos resultados da Rodada Uruguai. Definiu-se que só os subsídios específicos poderiam ser objeto de medidas compensatórias, e foram estabelecidas diretrizes para o cálculo do benefício. Ressalte-se que existem interpretações distintas sobre o alcance de tais diretrizes: para alguns países, entre os quais se inclui o Brasil, o montante de subsídios deve obrigatoriamente ser calculado com base no benefício auferido; para outros, no entanto, as diretrizes se refeririam tão-somente à determinação do benefício propriamente dito, podendo o montante de subsídio ser apurado com base, por exemplo, no custo do governo.

Foram também aprimoradas as regras para a condução de investigação de existência de subsídios e do dano causado à indústria doméstica. Entre as alterações, foi bastante comemorada pelos países que desejavam restringir a possibilidade de aplicação de medidas a que se refere ao estabelecimento de prazo de cinco anos para vigência do direito compensatório (*sunset clause*). O estabelecimento desse prazo seria relevante na medida em que os Estados Unidos, o principal aplicador de medidas compensatórias àquela época, distintamente da Comunidade Européia, não estabelecia limites à vigência das medidas de defesa comercial (antidumping e compensatórias). No entanto, a possibilidade de prorrogação da medida, com base em revisão

[18] Os prazos dos recursos relativos a subsídios acionáveis seguem aqueles previstos no Entendimento sobre Solução de Controvérsias, exceto no que se refere ao prazo do painel – em vez de 6 meses para apresentação de suas recomendações, o prazo é de 4 meses.

iniciada antes do fim de sua vigência que demonstre ser provável a continuação/retomada do subsídio e do dano por ele causado, acabou por limitar a efetividade dessa cláusula em função do caráter extremamente subjetivo de que se reveste tal revisão.

1.4 *Tratamento especial e diferenciado*

Um aspecto do ASMC a ser ressaltado refere-se à limitação da abrangência do tratamento especial e diferenciado. Com o Acordo, apenas um grupo limitado de PEDs (os considerados países menos desenvolvidos pelas Nações Unidas) passou a ser isento da proibição relativa a subsídios à exportação. Para esse grupo reduzido de PEDs[19] a isenção só é aplicável até que se alcance PIB *per capita* superior a US$ 1.000. Quanto aos demais PEDs, o único tratamento diferenciado a eles conferido foi um "período de graça" de oito anos para a retirada dos subsídios proibidos existentes. Tal prazo já se teria esgotado, exceto para os países, entre os quais não se inclui o Brasil, que solicitaram sua prorrogação.

No entanto, caso a exportação de produto por PED supere 3,25% do comércio mundial por dois anos consecutivos, considerar-se-á que o país já apresenta "competitividade exportadora". Assim, o subsídio à exportação para tal produto deverá ser eliminado em dois anos, exceto se for país de menor desenvolvimento; nesse caso o prazo de eliminação passa para oito anos.

Outro elemento de tratamento especial e diferenciado referia-se à não-aplicação da presunção de "grave dano" para alguns subsídios acionáveis.

Em relação à aplicação de medidas compensatórias, as únicas cláusulas relativas a tratamento especial e diferenciado referem-se a:

(a) estabelecimento de montante de subsídios *de minimis* – que não justifica a aplicação de medida compensatória: de 2%, superior ao aplicável a países desenvolvidos, para os quais o montante *de minimis* é de 1%; e

(b) determinação de volume de importações insignificante – o qual também não justifica aplicação de medida: será de 4% do total importado pelo país que conduz a investigação ou de 9%, acumulado com outros países em desenvolvimento. Os parâmetros estabelecidos pela regra geral são 3%, individualmente, e 7%, de forma acumulada.

---

[19] Bolívia, Camarões, Congo, Costa do Marfim, República Dominicana, Egito, Gana, Guatemala, Guiana, Índia, Indonésia, Quênia, Marrocos, Nicarágua, Nigéria, Paquistão, Filipinas, Senegal, Sri Lanka e Zimbábue.

2. Controvérsias na OMC relativas ao ASMC

Da entrada em vigor do Acordo da OMC até 20.07.2006, 348 casos foram levados ao Órgão de Solução de Controvérsias (OSC). Os acordos da OMC que se destacam por suscitarem reclamações são o ASMC, com 65 casos, o Acordo Antidumping, com 59 casos, e o Acordo sobre Salvaguardas, com 34 casos.[20] Ressalte-se que nem todas as controvérsias passam, necessariamente, por todas as etapas referentes ao procedimento previsto no Entendimento Relativo às Normas e Procedimentos sobre Solução de Controvérsias, isto é, consultas, painel e apelação.[21] Por outro lado, após a adoção pelo Órgão de Solução de Controvérsias do relatório do painel, e, se for o caso, do relatório do Órgão de Apelação (OA), pode ocorrer um recurso ao Art. 21.5 do Entendimento, referente à implementação das recomendações.

Apresenta-se no Quadro I a situação das controvérsias envolvendo o ASMC, em agosto de 2006.

Quadro I
Situação das Controvérsias envolvendo o ASMC
(agosto de 2006)

	Programas de Subsídios	Medidas Compensatórias	Total
Painel não estabelecido	21	11	32
Painel não concluído	2	1	3
Adoção de Recomendação pelo OSC	16	14	30
Total	39	26	65

Fonte: Elaboração própria, com base em informações da OMC (http://www.wto.org).

É interessante notar o elevado número de casos que não prosperaram, isto é, que não avançaram até a etapa de painel, o que sinaliza a funcionalidade da etapa de consultas – quer seja como fase para prestação de esclarecimentos sobre programas/medidas adotados, demonstrando estarem em conformidade com as disciplinas multilaterais, quer seja como etapa para a negociação de solução mutuamente satisfatória. Em função do reduzido grau de comunicações ao OSC, não é possível identificar a razão pela qual o painel não foi estabelecido. Ressalte-se adicionalmente que os casos em que foi alcançada solução mutuamente satisfatória sinalizam

[20] Ver site da OMC: www.wto.org.

[21] Desde 1995 até junho de 2006, conforme informação disponível no documento *Update of WTO Dispute Settlement Cases*, WT/DS/OV/27, de 9 jun. 2006, 23% das disputas foram concluídas por ter sido alcançado acordo mutuamente satisfatório, ou, por alguma razão, o painel foi suspenso sem concluir seu relatório.

o reconhecimento pelo país reclamado da inconsistência de sua política em face das regras multilaterais. No entanto, o fato de não se dispor de um relatório independente a respeito da questão torna pouco produtiva a análise de tais casos. Assim, para fins de análise das controvérsias ocorridas pós-Rodada Uruguai, serão focalizadas apenas aquelas controvérsias que foram concluídas, tendo sido objeto, portanto, de recomendações do Órgão de Solução de Controvérsias.

Observa-se, no Quadro II, a forte concentração setorial dessas controvérsias, que varia em função da ação implementada. No caso de aeronaves civis, produtos automotivos, agrícolas e de construção naval, cujo efeito dos programas existentes repercute no mercado internacional, em terceiros mercados ou, ainda, no mercado do país que concede o subsídio, a ação dos países afetados foi o recurso à OMC. Nesses casos, portanto, o reclamante é o país afetado pelos subsídios e que move a controvérsia. Já nos casos referentes ao setor siderúrgico, madeireiro, eletroeletrônico, cujos efeitos dos subsídios se fizeram sentir no mercado do país importador, implicando a aplicação de medidas compensatórias, o reclamante é o país que concede o subsídio, por considerar que a ação (ou ainda a legislação) do país importador não foi compatível com as regras existentes no ASMC.

Quadro II
Distribuição Setorial das Controvérsias (com Recomendação) sobre ASMC

Setor	Programa de Subsídios	Medidas Compensatórias
Aeronaves Civis	3	–
Automotivo	5	–
Construção Naval	2	–
Produtos Agrícolas	6	–
Siderúrgico	–	4
Madeireiro	–	3
Eletroeletrônico	–	2
Legislação	–	5
Total	16	14

Essa distribuição é indicativa de que os principais programas dos países envolvidos concentram-se, no que se refere a produtos industriais, em atividades que são intensivas em capital e/ou tecnologia, ou, ainda, no caso de produtos intensivos em recursos naturais (agrícolas e madeireiros), em produtos pouco competitivos e/ou com poder político, que demandam políticas de apoio do governo.

No caso das controvérsias que se referem a disciplinas sobre políticas de subsídios, a maior parte concentrou-se em programas envolvendo subsídios proibidos, em particular os subsídios à exportação. Esse fato aponta a dificuldade existente para a apresentação de recursos relativos a subsídios que, ainda que permitidos, são acionáveis. Esse é um elemento que pode ser a motivação para a apresentação de propostas que visem à ampliação da categoria de subsídios proibidos, conforme será visto no item III.

Note-se que nas controvérsias se destacam aspectos do ASMC cujas definições não são claras, implicando interpretações distintas dos países sobre diversos conceitos e procedimentos. Na medida em que os resultados das controvérsias não constituem jurisprudência, observa-se que muitos dos temas abordados nos contenciosos serão retomados nas negociações, com os países buscando, por meio de modificações no texto do Acordo, referendar a interpretação que melhor atenda a seus interesses, no sentido de ou preservar seu grau de liberdade para a implementação de programas de subsídios, ou tornar menos rigorosos os critérios requeridos para a apresentação de recursos.

Nesse sentido, destacam-se as questões relativas à própria definição dos subsídios – em especial aquelas pertinentes à definição e ao cálculo de benefício (incluindo a necessidade de sua mensuração, para fins de recursos) –, à definição de subsídios específicos, à caracterização de subsídios à exportação e à determinação de grave dano, entre outras.

Em relação aos subsídios à exportação, mais especificamente à questão dos créditos e garantias à exportação, deve-se destacar que, com base nos resultados das controvérsias envolvendo o Proex, programa brasileiro, e o caso de Embarcações da Coréia, mesmo que um subsídio não se enquadre nas condições consideradas na Lista Ilustrativa de Subsídios à Exportação do ASMC, isso não implica que o mesmo não possa ser considerado como subsídio proibido. Dessa forma, uma séria questão fica em aberto para os países em desenvolvimento, os quais não têm controle sobre o *safe harbour* estabelecido no ASMC.

Embora as recomendações do OSC não sejam formalmente uma jurisprudência, constituem hoje a motivação de muitas das propostas apresentadas na negociação em curso, assim como para a avaliação das implicações de sua eventual incorporação às regras multilaterais.

3. As propostas sobre subsídios na Rodada de Doha e as controvérsias da OMC: o debate

O mandato negociador[22] da atual Rodada estabeleceu que deveriam ser revistas as disciplinas previstas no Acordo, com o objetivo de "clarificá-las e aprimorá-las". Não obstante a timidez na linguagem quanto aos objetivos

[22] Declaração Ministerial WT/MIN (01)/DEC/1, de 20 de novembro de 2001, parágrafo 28.

acordados, é ampla a gama de propostas de revisão do ASMC apresentadas no Grupo Negociador de Regras da OMC. As posições negociadoras, expressas em iniciativas de importantes atores, envolvem temas substantivos, como os de definição e classificação de subsídios, regras para financiamento e créditos à exportação, critérios e metodologias para cálculo do montante do benefício, e temas referentes aos procedimentos de investigação para aplicação de medidas compensatórias. Seus objetivos, implícitos ou explícitos, buscam atender a interesses domésticos distintos: ou a defesa dos interesses exportadores, ou a preservação de maior flexibilidade para concessão de subsídios. A Rodada de Doha foi interrompida em 24 de julho de 2006, em razão dos obstáculos não superados nas negociações sobre subsídios agrícolas.

Como visto, na medida em que os resultados das controvérsias não constituem jurisprudência, observa-se que muitos dos temas envolvidos nos casos estão sendo retomados nas negociações: os países buscam, por meio de modificações no texto do Acordo, referendar a interpretação que melhor atenda a seus interesses, seja preservando seu grau de liberdade para a implementação de programas de subsídios, seja tornando menos rigorosos os critérios para a apresentação de recursos.

Nesse sentido, destacam-se as questões relativas à própria definição dos subsídios – em especial aquelas pertinentes à definição e cálculo de benefício (incluindo a necessidade de sua mensuração, para fins de recursos), à definição de subsídios específicos, à caracterização de subsídios à exportação e à determinação de grave dano.

Dessa forma, a negociação retoma questões recorrentes da análise dos subsídios e seus impactos no comércio internacional e reproduz-se a discussão de questões presentes em rodadas de negociações anteriores do GATT. As posições negociadoras dos países membros apresentam clivagens ou convergências previsíveis, condizentes ou com seus interesses de preservação de espaço para suas políticas domésticas de subsídios, ou com preocupações de proteção contra o impacto dessas políticas sobre os fluxos comerciais.

Ressalte-se, também, que o início da Rodada foi concomitante com a entrada da China na OMC. Ainda que a análise das implicações da participação desse novo membro seja um *ongoing business*, a presença no mercado internacional de um país cujas empresas são fortemente amparadas pelo Estado seguramente reforçou a noção de que as políticas de subsídios abarcadas pelo regime multilateral deveriam ser "revisitadas", de forma a atualizar sua cobertura.

Quanto às medidas compensatórias, a discussão sobre seu aprimoramento vem se dando a reboque das negociações referentes a medidas antidumping, ainda que alguns temas pontuais sejam objeto de apresentação de propostas específicas – por exemplo, harmonização com o Acordo Antidumping de alguns critérios e procedimentos e cálculo do montante de subsídios. Necessariamente, as convergências ou clivagens dos atores dessa negociação se darão em função das perspectivas adotadas nesses temas.

As propostas para a renegociação do ASMC podem ser entendidas como as que visam ao "fortalecimento" ou à "flexibilização" das disciplinas vigentes, segundo objetivos e interesses dos proponentes. No caso de medidas compensatórias, considera-se que, ainda que justificáveis, vêm sendo utilizadas com fins protecionistas, devendo, portanto, ser aprimorados os critérios para sua aplicação. Essa perspectiva não é nova, e tampouco se distingue da adotada por vários outros analistas quanto ao uso dos instrumentos de defesa comercial como instrumentos de "proteção administrada" (Finger e Nelson, 1982). Assim, o "disciplinamento" na aplicação de medidas compensatórias constitui tema tão relevante quanto o da discussão dos limites à concessão de subsídios.

3.1 As principais propostas em negociação

A negociação de Doha sobre as disciplinas do ASMC tem-se concentrado nos seguintes temas: (a) definição de subsídio; (b) aplicação do conceito de especificidade; (c) revisão da classificação dos subsídios; (d) conceito e presunção de existência de "grave dano"; (e) fortalecimento dos procedimentos de recursos e medidas corretivas aplicáveis – os *remedies*; (f) detalhamento da metodologia de cálculo do subsídio; (g) regras para o tratamento especial e diferenciado; (h) critérios, conceitos e procedimentos para a aplicação de medidas compensatórias; e (i) negociação setorial dos subsídios à pesca.

Na definição de subsídios destaca-se a discussão sobre a existência de "benefício" ao receptor de contribuição financeira de governos ou de políticas de sustentação de renda ou preço. Além disso, discute-se qual parâmetro de comparação deve-se levar em conta para avaliar se a contribuição financeira está, ou não, sendo concedida em condições de mercado.

A preocupação brasileira é salvaguardar situações, peculiares aos países em desenvolvimento, em que não haveria operações de mercado comparáveis – *objective benchmarks* – para determinar a existência de benefício concedido por meio de contribuições financeiras governamentais. Esse cenário se observa, por exemplo, na concessão de financiamentos de longo prazo, e por essa razão o Brasil[23] propôs que na ausência de mercados privados de capital

[23] TN/RL/GEN/101/Rev.1.

de longo prazo, o *benchmark* aplicável seria aquele observado em operações comparáveis no mercado internacional. Desse modo, visa preservar a capacidade dos países em desenvolvimento de competir no mercado internacional em condições que, por um lado, levem em conta seus níveis de desenvolvimento e, por outro, não impliquem distorções nas condições oferecidas no mercado mundial. Introduziu-se, assim, importante debate sobre os parâmetros a serem adotados para a determinação da existência de benefício, com implicações sobre a autonomia nacional para a implementação de políticas governamentais que os países membros considerem relevantes.

Há ainda a discussão sobre o cálculo do subsídio, que envolve o debate sobre a alocação do benefício auferido pelo receptor. Para o fim de aplicação de medidas compensatórias, não existe discordância da necessidade de concomitância entre o benefício auferido e o dano causado (ou seja, o efeito do subsídio). Esse benefício pode resultar de contribuição financeira concedida no mesmo período ("subsídios recorrentes") ou, em determinadas condições, de contribuição financeira concedida anteriormente ("subsídios não recorrentes").

No caso de recursos a subsídios acionáveis, no entanto, a questão sobre a alocação do benefício ganha relevância na medida em que não existem nem regras claras nem consenso sobre a relação entre o benefício auferido e os efeitos adversos decorrentes da concessão de subsídios, que podem ocorrer no mercado do país importador, do país exportador, ou em terceiros mercados. Até o momento, os contenciosos no tema têm-se limitado à discussão desses efeitos no mercado mundial. A divergência de opiniões a respeito ficou evidenciada na controvérsia "US-Cotton",[24] que tratou inclusive sobre a necessidade de cálculo detalhado do montante de subsídios.

O Brasil defende que os efeitos dos subsídios não se confundem com a existência de benefício,[25] e que, para fins de avaliação de "grave dano", o método e os parâmetros de análise econômica, a serem adotados em cada caso, devem ser diferenciados. Dessa forma, a quantificação precisa do benefício não é necessária, uma vez que a caracterização dos efeitos adversos do subsídio depende de uma avaliação de seu impacto sobre o comércio. Já os EUA propõem que seja realizado cálculo detalhado do montante, inclusive com alocação adequada dos benefícios, no caso de subsídios não recorrentes.

Outra questão relevante é a que trata da ampliação da categoria dos subsídios considerados proibidos, que envolve uma discussão que confronta,

[24] DS267(2002).

[25] TN/RL/W/192, de 23 de novembro de 2005.

por um lado, o interesse de países como os EUA e a CE em ampliar o escopo dos programas proibidos no âmbito multilateral, e, por outro, o interesse de países que pretendem reservar um *policy space* para políticas internas de apoio à atividade industrial autônoma. Os EUA defendem posição de maior restrição na concessão de subsídios, e sua preocupação específica é com políticas de intervenção dos Estados por meio de empréstimos governamentais para socorro financeiro a empresas privadas.[26]

A discussão do conceito de especificidade, determinante para o alcance das regras multilaterais sobre as políticas domésticas, envolve determinar se a política de governo visa privilegiar certos grupos de produtores, aproximando-se de um conceito comum no debate de política industrial, o de *industrial targeting*.[27]

Os créditos à exportação constituem tema central nas negociações sobre as disciplinas referentes aos subsídios à exportação, envolvendo um debate de posições entre o Brasil e os países da OCDE, representados nesse tema pela Comunidade Européia. Esta última considera que as atuais disciplinas do ASMC, aplicáveis ao financiamento das exportações, não abrangem todos os aspectos relevantes do financiamento, disciplinando apenas as políticas de juros relativas aos créditos à exportação. Por essa razão, propõe a ampliação das regras atuais com vistas a abarcar também políticas de garantias de crédito e práticas de fixação de prêmios de risco, entre outras.

A posição do Brasil a esse respeito sinaliza a necessidade de adaptar as regras do ASMC ao ambiente econômico da atualidade, já que algumas provisões do Acordo foram introduzidas no regime multilateral na década de 1960. O cerne da proposta brasileira reside no entendimento de que as condições macroeconômicas vigentes nos PEDs são distintas das observadas nos países desenvolvidos, implicando diferenciais de custo para a captação de recursos públicos. O teste da existência de "vantagem material", advinda da concessão de créditos à exportação – alínea (k) da Lista Ilustrativa –, deveria levar em conta tais discrepâncias, pois, de acordo com a interpretação que for adotada, um membro pode estar praticando uma violação aos compromissos assumidos, dependendo da maneira que encontre para se equiparar

26 TN/RL/W/27, de 22 de outubro de 2002; TN/RL/W/78, de 19 de março de 2003; TN/RL/GEN/94, de 16 de janeiro de 2006; e TN/RL/GEN/146, de 5 de junho de 2007.

27 A definição de especificidade também tem estreita relação com as disciplinas referentes à aplicação de medidas compensatórias, visto que tais medidas são aplicáveis com o objetivo de anular os efeitos danosos causados por importações de bens que se beneficiem de tais subsídios.

às condições dos juros prevalecentes no mercado internacional, ainda que tais condições não gerem vantagens competitivas para seus exportadores no mercado mundial. Por essa razão, o Brasil defende que o parâmetro de comparação das taxas de juros oferecidas em programas de crédito à exportação deve ser o reinante no mercado internacional, em lugar das taxas no mercado doméstico do governo do país exportador, no momento da concessão do crédito em questão.

A negociação sobre o retorno da cláusula de presunção de "grave dano" aos interesses de outro parceiro, bem como sobre as condições sob as quais essa presunção seria estabelecida, constitui mais uma proposta de fortalecimento das disciplinas contra a concessão de subsídios. Os Estados Unidos consideram que os programas atualmente incluídos na categoria de subsídios acionáveis – subsídios para cobrir perdas operacionais, perdão de dívidas ou empréstimos para cobrir pagamentos de dívidas – deveriam ser proibidos, tendo em vista o seu impacto distorcivo sobre o comércio.

O Brasil, visando maior facilidade para a contestação de subsídios concedidos por outros países – importante no caso dos subsídios agrícolas – manifestou apoio ao retorno da cláusula de presunção, condicionando-o, como esperado, à eliminação das Notas 15 e 16 do Acordo, que outorgam exceções para o setor de aeronaves civis e conferem maior liberdade na concessão de subsídios para esse setor. Portanto, o Brasil quer a eliminação dessas exceções de forma a poder questionar com mais facilidade seus rivais no mercado internacional – posição à qual se opõe, naturalmente, o Canadá, com o apoio da Comunidade Européia, interessados em manter a flexibilidade para o setor.

A determinação do impacto do subsídio, ou, na linguagem do ASMC, da "causalidade" entre a concessão do subsídio e o "grave dano", constitui outro tema determinante dessa negociação. A prova da existência dessa causalidade não é trivial e deve ser demonstrada no caso de um país membro se considerar afetado pelas políticas de seus parceiros comerciais. As controvérsias travadas nesse tema (US-Cotton e Korea-Vessels[28]) enfatizaram a necessidade de apresentar evidências econômicas para estabelecer a relação entre as políticas de subsídios e os seus efeitos.

Além da discussão dos procedimentos e critérios de recursos contra políticas de subsídios, debate-se quais seriam os instrumentos de correção das distorções geradas por essas políticas. Mais especificamente, alguns países consideram ser necessário esclarecer o conceito de "retirada" do subsídio (*withdrawal the subsidy*), nos casos de subsídios proibidos e acionáveis, e

[28] DS273(2002).

discutem qual o efetivo significado que deveria ser dado à recomendação de remoção dos efeitos adversos gerados por subsídios acionáveis.

A agenda da Rodada de Doha constitui a "Rodada do Desenvolvimento" e, nesse contexto, os países em desenvolvimento têm apresentado propostas com o objetivo de garantir efetivo tratamento especial e diferenciado, o qual, no contexto da negociação do ASMC, se expressa na busca de ganhos na liberdade de concessão de subsídios, por exemplo, por meio da renovação da categoria de subsídios específicos não-acionáveis. Essa posição é explicitada muito claramente, por exemplo, pela Índia, ao propor relaxamento das disciplinas para as políticas de *drawback*.

Essas demandas requerem uma avaliação dos interesses brasileiros quanto à "liberdade" para a concessão de subsídios para pesquisa e desenvolvimento, adaptação produtiva a novos regulamentos ambientais e desenvolvimento regional a regiões economicamente desfavorecidas, nas estritas condições previstas no ASMC. Ressalte-se a necessidade de avaliar as implicações dessa flexibilidade na concorrência entre os países em desenvolvimento, cujas disponibilidades para subsídios governamentais têm-se mostrado bastante diferenciadas: estudo recente da OMC (WTO, 2006), tomando como base a informação disponível no sistema de contas nacionais dos países, indica que, enquanto o Brasil, no período 1998-2002, despendeu US$ 2 bilhões em subsídios, China e Índia despenderam, respectivamente, US$ 13,2 bilhões e US$ 12,2 bilhões.

Com relação às medidas compensatórias, observa-se a presença nas negociações de países que buscam disciplinas mais rigorosas, entre os quais se encontra o Brasil. O principal alvo, nesse caso, são os Estados Unidos, maior aplicador de medidas compensatórias e cuja prática motivou, inclusive, um número significativo de controvérsias na OMC. Dois temas merecem atenção especial, a saber: a harmonização entre as regras vigentes no ASMC e o Acordo Antidumping (AAD), quando pertinente, e o cálculo do montante de subsídios.

Os procedimentos e critérios para a aplicação de medidas compensatórias têm motivado a apresentação de propostas desde o início das negociações envolvendo praticamente todas as áreas cobertas pela Parte V do ASMC. No entanto, tendo em vista a similitude com os procedimentos de investigações antidumping, as questões de definição de conceitos e procedimentos, presentes nos dois Acordos, têm avançado mais substantivamente no âmbito do debate referente ao Acordo Antidumping (AAD).[29] Espera-se

[29] Sobre definição de conceitos encontram-se em discussão, entre outros, os seguintes temas: importações objeto de *dumping*, retardamento material, dano e indústria doméstica. No caso de procedimentos, as questões em debate englobam

que, ao final das negociações, as alterações alcançadas no AAD venham a ser incorporadas ao ASMC.[30]

No que se refere ao cálculo do benefício, a discussão está centrada na definição do cálculo do montante do subsídio, a partir do benefício usufruído pelo receptor, além de regras para alocação do subsídio ao longo do tempo. Adicionalmente, discute-se a incorporação de novas diretrizes, de forma a garantir maior previsibilidade e harmonização dos métodos de cálculo do benefício adotados pelos países membros.[31]

Finalmente, na discussão sobre subsídios à pesca, confrontam-se nesta negociação dois grandes grupos: os Friends of Fish[32] (FoF), defensores do estabelecimento de disciplinas restritivas para o setor, e os países asiáticos (Japão, Coréia e Taiwan), que buscam o estabelecimento de regras mais flexíveis. Os primeiros consideram que os subsídios à pesca, além dos efeitos distorcivos que podem gerar sobre o comércio internacional, têm um impacto que os diferenciam dos subsídios concedidos a outros setores – o efeito de estimular a superexploração de recursos naturais, que distintamente do que ocorre em outras atividades, são necessariamente compartilhados pelos vários países. Argumentos com base em desenvolvimento sustentável são muitas vezes trazidos ao debate. Por outro lado, os países asiáticos buscam defender que não existiria qualquer comprovação de causalidade entre a concessão de subsídios à pesca e a depleção dos recursos písceos. O Brasil apresenta-se nesse debate com posição intermediária, a qual tem como objetivo restringir a concessão de subsídios à pesca marítima, sem, contudo, limitar a capacidade dos países em desenvolvimento, em especial aqueles que ainda não desenvolveram tal atividade, de estimulá-la.

---

diversas áreas, entre as quais: critérios de acumulação, indicadores de dano, prazos para as partes interessadas se manifestarem, determinações, publicação, acesso à informação não confidencial etc.

[30] TN/RL/W/19, de 7 de outubro de 2002, Brasil; TN/RL/W/85, de 30 de abril de 2003, Austrália; TN/RL/GEN/93, de 18 de novembro de 2005, CE; TN/RL/GEN/96, de 19 de janeiro de 2006, Territórios Aduaneiros separados; TN/RL/W/78, de 19 de março de 2003, EUA.

[31] TN/RL/W/78, de 19 de março de 2003; TN/RL/W/157, de 4 de junho de 2004; TN/RL/W/148/Rev.1 – TN/RL/GEN/4, de 14 de julho de 2004; TN/RL/W/157/Rev.1 – TN/RL/GEN/12, de 14 de julho de 2004; TN/RL/GEN/17, de 15 de setembro de 2004, EUA; TN/RL/W/19, de 7 de outubro de 2002; TN/RL/W/192, de 23 de novembro de 2005; TN/RL/GEN/101/Rev.1, de 6 de junho de 2006, Brasil; TN/RL/W/37, de 4 de dezembro de 2002; TN/RL/W/135, de 14 de julho de 2003, Austrália; e TN/RL/W/112, de 6 de junho de 2003; TN/RL/GEN/86, de 17 de novembro de 2005, Canadá.

[32] Austrália, Chile, Equador, Islândia, Nova Zelândia, Peru, Filipinas e EUA.

3.2 *Síntese do debate: disciplinamento das políticas de subsídios e medidas compensatórias?*

Como já visto, as propostas para a negociação do ASMC visam ao "fortalecimento" ou à "flexibilização" das disciplinas vigentes. A tipologia adotada neste trabalho apresenta diferenças em relação à abordagem de Magnus (2004), em especial em função de visão distinta sobre o papel das medidas compensatórias.

A visão defendida neste artigo é de que as medidas compensatórias, ainda que justificáveis, vêm sendo utilizadas com fins protecionistas, devendo, portanto, ser aprimorados os critérios para sua aplicação, evitando assim sua aplicação de forma enviesada. Essa perspectiva não é nova e tampouco se distingue da adotada por vários outros analistas quanto ao uso dos instrumentos de defesa comercial como instrumentos de "proteção administrada" (Finger e Nelson, 1982).

Assim, o disciplinamento na aplicação de medidas compensatórias constitui tema tão relevante quanto o da discussão dos limites à concessão de subsídios, ainda que, como vimos, a discussão atual se concentre na delimitação das políticas de governo que geram vantagens competitivas "inaceitáveis" no regime multilateral. Necessariamente, as convergências ou clivagens dos atores dessa negociação se darão em função das perspectivas adotadas nesses temas.

Adotou-se, então, a seguinte tipologia:

(a) no caso de disciplinas para subsídios, consideramos fortalecedoras do ASMC as propostas que limitam a possibilidade de concessão de subsídios, ao contrário de outras que implicam menor restrição, as quais consideramos como geradoras de flexibilidades;

(b) no caso de recursos, as propostas foram classificadas em função do maior ou menor rigor para a utilização desse procedimento, considerando que propostas que facilitem a utilização fortalecem as disciplinas;

(c) no caso de medidas compensatórias, as propostas são classificadas em função do maior ou menor rigor para sua aplicação; entendendo-se que maior rigor implica fortalecimento do Acordo.

No caso de subsídios à pesca, avaliaram-se as propostas em si, em função de implicarem regras mais restritivas, mais flexíveis ou refletirem posição intermediária.

As propostas de fortalecimento das disciplinas para a restrição da concessão de subsídios são lideradas pelos EUA, e em vários aspectos contam com o apoio da CE. Buscam ampliar a lista de políticas que seriam consideradas proibidas à luz da OMC e/ou ampliar a categoria de políticas que, se presume, implicariam, *a priori*, impactos restritivos sobre o comércio, gerando efeitos desfavoráveis sobre os parceiros comerciais ("grave dano"). Resultam não só de posição de "princípio" contra a concessão de subsídios, mas também de preocupação com os impactos do acessão da China e Rússia[33] à OMC.

Apesar de reiterar sua posição de que o regime multilateral deveria restringir amplamente a liberdade de implementação de subsídios, independentemente de seu impacto sobre os fluxos de comércio, observa-se na posição dos EUA e da CE o interesse em preservar o tratamento multilateral diferenciado para produtos agrícolas, que não estariam cobertos pelas regras mais restritivas aplicáveis à proibição de subsídios domésticos.

No tocante aos subsídios não agrícolas, observa-se uma evolução da posição da CE em comparação com a Rodada Uruguai, quando a Comunidade era basicamente demandante no tema. Essa alteração foi motivada por seu esforço de redução dos subsídios, a partir de 1990,[34] e de seu interesse em garantir a oferta internacional de insumos a preços competitivos para processamento no mercado comunitário.

Esses países, com o apoio do Canadá, buscam limitar a concessão de subsídios característicos de economias não tipicamente de mercado, como China e Rússia: por exemplo, programas de recuperação de dívidas e perdas operacionais de empresas ou políticas preferenciais de fornecimento de insumos e matérias-primas domésticas.

Não obstante, em temas de seu interesse específico, esses mesmos países buscam, sobretudo, garantir flexibilidades que lhes reservem liberdade para políticas nacionais, como no caso do interesse dos EUA em revisar as disciplinas diferenciadas para impostos diretos e indiretos, ou do Canadá quando defende a flexibilização do conceito de especificidade, tema no qual conta com o apoio da Austrália, e da CE ao propor a ampliação das regras do Acordo no sentido de incorporar o *safe harbour* dos parâmetros da OCDE para políticas de garantia de crédito à exportação, entre outras.

O Brasil busca, por meio da negociação, flexibilidades para as disciplinas referentes a subsídios à exportação que levem em conta os condicionantes macroeconômicos de países em desenvolvimento. Pretende

[33] Como se sabe, a Rússia encontrava-se então em processo de acessão.

[34] Conforme World Trade Report (2006), enquanto os subsídios representavam 2,8% do PIB na década de 1980, tal participação caiu para 1,9%, nos anos 1990, e para 1,2%, no período 2000-2004.

resguardar os instrumentos de financiamento público e crédito à exportação, elementos relevantes para a viabilização de investimentos, e de exportação de produtos de alto valor agregado. Por outro lado, observa-se na posição brasileira a preocupação de reduzir o ônus de prova dos países reclamantes no que concerne a questionamentos sobre os subsídios agrícolas. Esse é um tema exemplar no exame das motivações para a convergência e clivagem de posições negociadoras, conforme interesses domésticos específicos: se, por um lado, o Brasil conta com o apoio do Canadá na questão dos subsídios agrícolas, por outro, esses mesmos países estão em lados opostos da mesa de negociação dos subsídios à exportação, como era de se esperar, em razão do tratamento especial para o setor de aeronaves civis, atualmente vigente (qual seja a não-aplicabilidade da cláusula de presunção de "grave dano" a esse setor). Outros países em desenvolvimento, como a Índia, apóiam a posição brasileira.

Em relação às demandas de alguns países em desenvolvimento, como Venezuela e Cuba, de renovação da cláusula dos subsídios não acionáveis, tais propostas requerem avaliação dos interesses brasileiros quanto à "liberdade" para a concessão de subsídios para pesquisa e desenvolvimento, adaptação produtiva a novos regulamentos ambientais e desenvolvimento regional a regiões economicamente desfavorecidas, nas estritas condições previstas no ASMC. Ressalte-se a necessidade de avaliação das implicações dessa flexibilidade na concorrência entre os países em desenvolvimento, cujas disponibilidades para subsídios governamentais têm-se mostrado bastante diferenciadas: estudo recente da OMC (WTO, 2006), tomando como base a informação disponível no sistema de contas nacionais dos países, indica que, enquanto o Brasil, no período 1998-2002, despendeu US$ 2 bilhões em subsídios, China e Índia despenderam US$ 13,2 bilhões e US$ 12,2 bilhões, respectivamente.

Outro tema que ganhou relevância, no âmbito da negociação de regras, foi a negociação dos subsídios à pesca, na qual um grupo amplo de países busca o estabelecimento de regras mais rígidas do que as vigentes para os demais produtos. Como principal alvo de tal negociação estão os países asiáticos, os quais subsidiam fortemente a atividade de pesca marítima. É interessante notar que, ao se constituir em negociação setorial, permite a composição de coalizões em torno de posições negociadoras de forma muito mais clara, como pode ser observado pela tipologia apresentada no Anexo II.

Com relação às medidas compensatórias, observa-se a presença nas negociações de países que buscam disciplinas mais rigorosas, entre os quais se encontra o Brasil. O principal alvo, nesse caso, são os Estados Unidos, maior aplicador de medidas compensatórias e cuja prática motivou, aliás, um número significativo de controvérsias na OMC.

Conclusão: Implicações para os interesses brasileiros

A negociação da Rodada de Doha sobre subsídios retoma questões recorrentes sobre a análise dos subsídios governamentais e seus impactos no comércio internacional. Reproduz-se a discussão de questões presentes em rodadas de negociações anteriores do GATT, e as posições negociadoras dos países membros apresentam clivagens ou convergências previsíveis, condizentes ou com seus interesses de preservação de espaço para suas políticas domésticas de subsídios, ou com preocupações de proteção contra o impacto dessas políticas sobre os fluxos de comércio. Nesse mesmo contexto, procura-se trazer para a mesa de negociações os resultados de procedimentos de solução de controvérsias travados na OMC.

O complexo propósito de estabelecer uma disciplina multilateral com regras para políticas de subsídios *trade distorting* tem ocupado a agenda do GATT/OMC desde os seus primórdios. O termo "subsídio" e sua definição, ainda que familiar na análise econômica (Hufbauer, 1984; Snape, 1991; Bagwell e Staiger, 2002; WTO, 2006), ainda é relativamente vago no regime multilateral, assim como a definição das medidas aceitáveis para seu combate, ou para a anulação de seus impactos sobre os fluxos comerciais. Por essa razão, as controvérsias sobre subsídios no âmbito da OMC têm tido repercussão significativa sobre a agenda de negociações multilaterais, tendo em vista as restrições que podem gerar sobre as políticas domésticas, em especial no tocante às políticas de subsídios proibidos, entre eles os subsídios à exportação. Essas implicações não contrariam as conclusões advindas de pesquisa econômica, que mostram que os efeitos econômicos dos subsídios à exportação são fundamentalmente distintos dos relativos a outras políticas (WTO, 2006; Bagwell e Staiger, 2004; Jackson, 1997), ainda que, no âmbito do ASMC, "subsídios domésticos" que impliquem substituição de importações também sejam classificados como proibidos.

Adicionalmente, fatores observados ao longo da última década quanto aos condicionantes macroeconômicos dos diferentes atores e seus ganhos de produtividade, e também a presença de novos países membros como parceiros relevantes no comércio internacional, como a China, vêm implicando um refinamento ou mesmo a revisão de posições negociadoras anteriores ou a introdução de novas abordagens ao tema.

O regime sobre subsídios e medidas compensatórias do GATT/OMC trouxe resultados reconhecidamente positivos sobre as práticas comerciais, em particular no que se refere às expectativas de acesso a mercados, em decorrência da liberalização tarifária, que poderiam ser "anuladas" (*nullificated or impaired*) por subsídios concedidos de forma indiscriminada. No presente, as renovadas propostas de "disciplinamento" das políticas de subsídios domésticas impõem, mais uma vez, a reflexão sobre questões relevantes para todos os países envolvidos, inclusive o Brasil: em que medida as opções de políticas domésticas, por princípio sujeitas à disponibilidade interna de recursos e à visão de política econômica nacional, sofrerão limitação adicional em função das disciplinas multilaterais?

Com exceção das disciplinas sobre subsídios proibidos, as regras atuais, na prática, não implicam maior restrição à ação dos governos. Não obstante, propostas de ampliação da categoria de subsídios proibidos podem, dependendo das políticas a serem incorporadas, modificar radicalmente esse cenário: algumas políticas domésticas, ainda que de natureza não seletiva, deixariam de ser permitidas, o que limitaria a "liberdade" de ação dos governos, ainda que, como se sabe, restrições fiscais serão sempre o fator determinante do escopo de ação governamental para "políticas industriais". Embora o principal alvo da ampliação da categoria de proibidos sejam os países de economia não predominantemente de mercado, propostas nesse sentido devem ser avaliadas com cautela, em função de suas repercussões nos países em desenvolvimento. Ressalte-se nesse particular a proposta norte-americana de tornar proibidos os financiamentos públicos, o que poderia limitar de forma significativa projetos de investimentos de longo prazo nos países em desenvolvimento, dadas as características dos mercados financeiros privados nesses países.

Em contraposição, a reedição da cláusula de presunção de "grave dano" pode, pelo menos potencialmente, facilitar a apresentação de recursos contra determinados subsídios, aumentando assim o grau de contestabilidade das políticas nacionais. No entanto, a experiência pós-Rodada Uruguai é indicativa de que o uso dessa cláusula não favoreceu a apresentação de recursos contra subsídios acionáveis. Note-se, contudo, que, a depender do cenário que se apresente para o comércio mundial de produtos agrícolas, caso não seja renovada a "Cláusula de Paz", aplicável a contenciosos multilaterais em produtos agrícolas, esta trará implicações importantes para a capacidade de os países em desenvolvimento, que detêm vantagens comparativas no comércio mundial desses produtos. Nesse cenário, a presunção de "grave dano" poderá ser um elemento facilitador para o aumento dos questionamentos envolvendo subsídios agrícolas.

Ainda no que se refere a recursos sobre subsídios acionáveis, vale destacar a atual discussão sobre o estabelecimento de relação temporal entre "benefício" e seus efeitos nos mercados relevantes. Essa discussão implica um exame da *rationale* econômica para o tratamento distinto entre os efeitos de subsídios, quando verificados no mercado interno do país que importa produto subsidiado e quando observados no mercado internacional ou em outro mercado específico. Um outro aspecto que deve ser objeto de reflexão refere-se às implicações dessa discussão sobre a possibilidade de questionamentos, no âmbito da OMC, de políticas industriais distintas de políticas de resultados, ou seja, políticas cujos efeitos seriam menos concentrados no tempo.

Quanto às propostas que visam dar maior flexibilidade à concessão de subsídios, dentre as quais se destaca o retorno da categoria de subsídios não acionáveis para PEDs, há que se lembrar a avaliação sobre os impactos dessa flexibilização sobre a concorrência entre os países, em função dos diferentes níveis de disponibilidade de recursos e das opções de políticas econômicas.

Outro tema que merece ser devidamente considerado diz respeito ao estabelecimento de disciplinas mais rigorosas para aplicação de medidas compensatórias, minimizando assim a possibilidade de utilização do instrumento com viés protecionista. Essa questão ganha maior relevância no contexto do processo de liberalização do comércio de produtos agrícolas. Na ausência de regras mais restritas, os ganhos em termos de acesso a mercado dos países desenvolvidos podem ser comprometidos pela aplicação dessas medidas.

Concluindo, a avaliação das propostas que estão na mesa requer que os países, por um lado, tenham claro quais são suas prioridades em termos de políticas domésticas e, por outro, avaliem os impactos que as novas disciplinas possam ter sobre o grau de liberdade para a concessão de subsídios por seus concorrentes no mercado internacional.

Cabe procurar saber se, à luz do que foi discutido, a busca de "flexibilidades" na utilização de subsídios, que sempre implica a seleção de ganhadores e perdedores na alocação de recursos,[35] não deve ser acompanhada pela procura das razões que restringem as condições estruturais de financiamento para o crescimento econômico dos países em desenvolvimento.

Bibliografia

ABREU, Marcelo. *Which "industrial policies" are meaningful for Latin América?* Buenos Aires: IDB-INTAL, 2005.

[35] Parafraseando Abreu (2005, p. 34), na sua avaliação sobre "políticas industriais" em diferentes países, e sobre a tarefa de "selecionar ganhadores": "... a rather tricky activity and one in which specific national records of success vary quite substantially. Especially so in Latin America...".

ANDERSON, K. The challenge of reducing subsidies and trade barriers. *World Bank Policy Research Paper*, 3415, set. 2004.

ANDERSON, M. J.; HUSISIAN, G. The subsidies agreement. In: STEWART, E. (Ed.) (1996) *The World Trade Organization – Multilateral trade framework for the 21st century and US implementing legislation*. Washington, D.C.: American Bar Association, 1996. Cap. 9.

BAGWELL, K.; STAIGER, R., *The economics of the world trading system*. Cambridge, Mass.: MIT Press, 2002.

FERNANDES, C.; FERREIRA, F. M.; COUTINHO, L. Doha: Países ricos querem coibir bancos de desenvolvimento. *Visão do Desenvolvimento*, Rio de Janeiro, BNDES, n. 13, 21 set. 2006.

FURTADO, J. Sistematização do painel "Política Industrial". In: CASTRO, A. C. (Org.). *BNDES – Desenvolvimento em debate: Painéis do Desenvolvimento Brasileiro I*. Rio de Janeiro: Mauad /BNDES. v. 2.

HUFBAUER, Gary. Subsidies issues after the Tokyo Round. In: CLINE, William R. (Ed.). *Trade policy in the 1980s*. Institute for International Economics, 1986. Cap. 10.

HUFBAUER, G.; SHELTON, J. *Subsidies in international trade* Cambridge: Institute of International Economics/The MIT Press, 1984.

NORRALL, C. Impact of the new rules on subsidies and countervailing measures. In: BOURGEOIS, J. H. J.; BERROD, F.; FOURNIER, E. G. (Ed.). *The Uruguay Round results – a European lawyers' perspective*. Bruxelas: European Interuniversity Press, 1995. Cap. 2.5

STAIGER, Robert W.; BAGWELL, Kyle. *Will international rules on subsidies disrupt the world trading system?* Washington: National Bureau of Economic Research, 2005.

STEWART, Terence P. *After Doha, the changing attitude and ideas of the new WTO Round*. USA: Transnational Publishers, 2002.

SYKES, Alan O. The economics of WTO rules on subsidies and countervailing measures. *Law and Economics, Olin Working Paper*, The University of Chicago, n. 186, maio 2003.

TREBILCOCK, M.; HOWSE, R. *The regulation of international trade*. New York: Routledge, 2001. Cap. 8 e 13.

WTO. World Trade Report 2006. *Exploring the links between subsidies, trade and the WTO*. Geneva: GATT Secretariat, 2006.

ACORDOS COMERCIAIS E DE INVESTIMENTOS E COMPROMISSOS DOS PAÍSES LATINO-AMERICANOS EM SERVIÇOS SOCIAIS E CULTURAIS*

Pedro da Motta Veiga

Sandra Polónia Rios

1. Introdução

A década de 1990 foi caracterizada pela implementação de processos de liberalização comercial em vários países latino-americanos, bem como pela difusão, no continente americano, de acordos comerciais ditos "de nova geração", que integram ao seu escopo questões não diretamente relacionadas com o comércio de bens.

Entre esses temas merecem destaque o comércio de serviços e a proteção de investimentos, questões que têm, na esfera multilateral, níveis de tratamento muito diversos: o tema de investimentos entrou apenas marginalmente na agenda multilateral (por meio do Acordo de TRIMs, que não se refere à proteção de investimentos), enquanto o comércio de serviços está plenamente integrado à agenda da Rodada de Doha.

Por outro lado, desde o final da década passada, os três países norte-americanos conformaram uma área de livre-comércio e desenvolveram, a partir de então, uma estratégia de negociação bilateral com os países latino-americanos. Os mais recentes exemplos desse tipo de acordo envolvem, de um lado, os Estados Unidos e, de outro, o Chile – acordo firmado em dezembro de 2002 – e os países centro-americanos (dezembro de 2003).

Os países membros da Aladi também intensificaram suas negociações, indo muito além do modelo de acordos setoriais de preferências tarifárias típicos das décadas anteriores. Muitos desses novos acordos feitos sob a égide da Aladi visam à eliminação total ou quase total das tarifas entre os signatários, mas poucos deles incluem provisões relacionadas ao comércio de serviços e a outros temas não diretamente relacionados ao comércio de bens.

* Este texto é uma versão resumida do trabalho com o mesmo título, efetuado no quadro do programa de atividades de *Latin American Trade Network* – LATN no Brasil. A versão integral do trabalho está disponível em: www.cindesbrasil.org.

Para se obter um mapeamento abrangente dos compromissos assumidos pelos países latino-americanos na área de serviços (em todas as suas modalidades), há que se considerar: (i) o GATS; (ii) os capítulos de serviços e investimentos dos acordos comerciais bilaterais ou regionais; e (iii) os acordos bilaterais de proteção e de promoção de investimentos negociados por diversos países latino-americanos com países desenvolvidos, já que esses acordos também se aplicam aos investimentos diretos para a prestação de serviços.

As negociações envolvendo comércio e investimentos em serviços têm uma cobertura setorial abrangente e, em princípio, incluem serviços sociais e culturais, o que tem estado na origem tanto de reservas e exceções à liberalização formuladas pelos países signatários quanto de muitas críticas aos acordos firmados, vistos como fatores que podem restringir as opções dos países em áreas relacionadas às políticas sociais e culturais.

Este trabalho "mapeou" e analisou os compromissos assumidos por países latino-americanos selecionados em setores de serviços que se pode descrever como eminentemente sociais ou culturais:

- serviços educacionais;
- serviços de saúde e outros serviços sociais;
- serviços ambientais; e
- serviços culturais, inclusive os audiovisuais.

Os países latino-americanos considerados são os seguintes: Brasil, Argentina, Chile, México e os países centro-americanos que assinaram o CAFTA. Este subconjunto reúne dois países cujos compromissos na área de serviços concentram-se na esfera multilateral e sub-regional (intra-Mercosul) e países com diversos compromissos multilaterais e preferenciais com países desenvolvidos (e alguns deles também com outros países em desenvolvimento).[1]

2. Os paradigmas de tratamento dos serviços em acordos de comércio e de investimentos

A complexidade do tratamento do tema do comércio de serviços nas negociações comerciais deriva não apenas das carências de dados estatísticos relativos ao comércio internacional de serviços, mas também, em boa medi-

[1] Na versão integral deste trabalho, são descritos detalhadamente os compromissos setoriais assumidos pelos países latino-americanos considerados nos diferentes acordos analisados.

da, do fato de que interage de forma estreita com outros temas da agenda. A inter-relação mais óbvia é a que existe com o tema de investimentos diretos em serviços, tratado no GATS – o Acordo Geral sobre Comércio de Serviços da OMC – como uma modalidade de prestação comercial de serviços (o modo 3 de prestação – presença comercial) e no NAFTA como parte integrante do capítulo de investimentos, e não de serviços. Além disso, para alguns setores de serviços, como o de distribuição, a relação entre negociação de serviços e de bens é muito clara. Nesse setor, o regime de comércio aplicável a bens tem um impacto importante sobre a prestação de serviços de distribuição. Restrições sob a forma de diferenças em padrões de produtos, práticas onerosas de certificação e teste de produtos, e práticas complexas de liberação de produtos nas alfândegas atuam como barreiras que afetam adversamente o comércio de serviços de distribuição.

Essas interações entre serviços e outros temas de negociação apontam para o fato de que as regulações e medidas domésticas com impactos sobre o comércio de serviços traduzem preferências nacionais ou locais de política e, nesse sentido, envolvem a promoção de valores não econômicos, ou seja, valores que têm dimensão societal, cultural e política. Tais medidas dispõem, em geral, de ampla legitimidade social nos países que as empregam e sua eliminação teria implicações não apenas econômicas nesses países.

Apesar dessas dificuldades, "empurradas" pelos países desenvolvidos, as negociações na área de serviços entraram na agenda comercial na segunda metade dos anos 1980 por duas vias: a multilateral e a preferencial. No plano multilateral, essa inclusão ocorreu na Rodada Uruguai, e as negociações levadas a cabo durante essa Rodada permitiram a assinatura, em dezembro de 1994, do Acordo Multilateral sobre Comércio de Serviços – o GATS.

Na esfera das negociações não multilaterais – ou preferenciais –, o Acordo de Livre-Comércio EUA-Canadá e, em seguida, o Acordo de Livre-Comércio da América do Norte – o NAFTA foram as duas iniciativas pioneiras nessa área. Sua relevância deriva não apenas do pioneirismo da iniciativa, mas também do fato de terem definido um modelo de tratamento do tema.

No que se refere à prestação de serviços, os compromissos de acesso a mercados e as disciplinas negociadas nos acordos podem estar incluídos seja no capítulo de comércio de serviços, seja no de investimentos, seja ainda em ambos. Isso decorre do fato de que o tratamento da prestação de serviços nos acordos envolvendo países latino-americanos segue dois modelos distintos: o do GATS e o do NAFTA.

Nos acordos que seguem o modelo NAFTA, o capítulo de serviços se limita aos modos de prestação transfronteiriços, ficando para o capítulo de investimentos a prestação de serviços por meio de presença comercial – que de fato caracteriza um investimento externo no país em que tal presença se concretiza. Nos acordos que seguem o modelo GATS, todos os modos de prestação, inclusive a presença comercial, estão incluídos na rubrica "comércio de serviços". Já os acordos bilaterais de investimentos se referem à proteção de investimentos feitos em setores de bens e de serviços. O Quadro 1 a seguir sintetiza a situação decorrente da coexistência de diferentes arquiteturas de acordos, no que diz respeito a comércio de serviços e investimentos.

Quadro 1
Serviços e investimentos em diferentes acordos

Acordos / Modelos	**Acordo ou capítulo de comércio de serviços**	**Acordo ou capítulo de investimentos**
GATS / OMC	Inclui prestação de serviços em modalidades transfronteiras e por meio de investimento direto (presença comercial)	—
NAFTA, CAFTA, Estados Unidos – Chile, etc.	Inclui apenas prestação transfronteiras de serviços	Inclui investimentos diretos em bens e serviços
Acordos bilaterais de investimentos	—	Inclui investimentos diretos em bens e serviços

Com a proliferação de acordos preferenciais a partir do início dos anos 1990, os países latino-americanos firmaram compromissos de consolidação e/ou de liberalização da prestação de serviços em distintos foros e utilizando diferentes instrumentos. Esses compromissos foram estabelecidos em capítulos de serviços e/ou de investimentos em acordos de livre-comércio entre, de um lado, os países latino-americanos e, de outro, países desenvolvidos e países em desenvolvimento (inclusive dentro do próprio continente americano). Esses capítulos adotam diferentes arquiteturas, de acordo com os signatários. Acordos Norte-Sul assinados pelos EUA com vários dos países aqui selecionados seguem o modelo NAFTA: capítulos de comércio transfronteiriço de serviços separado do capítulo de investimentos – o qual inclui investimentos em bens e serviços – e metodologia de listas negativas para apresentação das reservas e das medidas desconformes com as obrigações do acordo.

Na realidade, o NAFTA trouxe para um acordo de livre-comércio os principais elementos que faziam parte do acordo-modelo definido pelos EUA para os tratados bilaterais de investimento. Por outro lado, acordos de livre-comércio assinados pelas Comunidades Européias com países em desenvolvimento adotam, em serviços, o modelo do GATS. Os países latino-americanos que assinaram acordos com os Estados Unidos (México, Chile e países centro-americanos) adotam nos acordos firmados entre si o modelo

NAFTA. Já os países do Mercosul, que não têm acordos comerciais no modelo NAFTA, adotaram o modelo GATS nos compromissos intrabloco.

Em suma, o GATS e o NAFTA são os dois paradigmas concorrentes de acordo de serviços (comércio e investimentos em serviços), e essa concorrência se reflete nos modelos dos acordos firmados pelos países latino-americanos nessas áreas de negociação.

Mas os compromissos firmados por países latino-americanos na área de serviços também se consolidaram por meio de acordos bilaterais de proteção de investimentos, os APPIs, que se multiplicaram no mundo inteiro a partir dos anos 1980. Os APPIs se aplicam apenas a investimentos, e não ao comércio de serviços. Há complexas inter-relações entre eles: GATS e NAFTA são essencialmente modelos competidores, mas os capítulos de serviços e de investimentos do NAFTA levam para dentro de um acordo de livre-comércio disposições e a arquitetura de acordos bilaterais de investimento assinados pelos EUA.

3. Uma avaliação dos compromissos assumidos e das implicações de política

Os compromissos assumidos nos setores de serviços ambientais, sociais e culturais na OMC pelos países latino-americanos aqui considerados foram, até o momento, muito limitados. Claramente, a estratégia desses países para esses setores de serviços foi excluí-los integralmente da oferta ou incluir um ou outro desses setores, mas sem fazer compromissos amplos de "não restrição" ao tratamento nacional e ao acesso ao mercado. Ao contrário, entre os países que incluíram algum desses setores em suas listas de compromissos, predomina a opção de oferta "não consolidada". Dos países considerados, o único que parece ter consolidado na OMC compromissos nesses setores com algum significado econômico foi o México, em serviços de educação e em serviços audiovisuais (subsetor de produção e projeção de filmes cinematográficos). Nesses setores, o México consolidou situação de não restrição para modos 1, 2 e 3, mas manteve como restrição a acesso a mercado em modo 3 (investimento), limite de 49% do capital total à participação de capitais externos nas empresas prestadoras de serviços. Ainda na OMC, Brasil e Chile incluíram acordos bilaterais de produção cinematográfica em sua lista de exceção à cláusula de NMF do GATS.

Em suma, o grau de compromissos multilaterais dos países latino-americanos aqui estudados nos serviços sociais, culturais e ambientais varia entre nulo (para os países sul-americanos) e baixo (para os centro-americanos e o México). A única oferta com alguma expressão econômica é a mexicana em serviços educativos e audiovisuais, mas é muito provável que o México tenha apenas consolidado o *status quo* regulatório doméstico no GATS, seus compromissos nesses setores não gerando nenhuma liberalização adicional.

Nesse sentido, as implicações políticas dos compromissos assumidos na esfera multilateral tendem a ser, no que se refere aos países e setores estudados, irrelevantes. Além dos compromissos específicos firmados setorialmente serem muito limitados ou nulos, o texto do GATS e suas disciplinas não criam compromissos horizontais que possam ser entendidos como obstáculos à consecução de políticas nas áreas de serviços considerados. O GATS não tem disciplinas para salvaguardas e subsídios – elementos reais ou potenciais de políticas de apoio a setores de produção domésticos –, exclui as compras governamentais e a prestação não comercial de serviços pelos governos, além de não prever o mecanismo de solução de controvérsias investidor – Estado estabelecido pelos acordos bilaterais de investimentos e por alguns capítulos de investimento de acordos de livre-comércio.

O quadro muda bastante quando se inclui no mapeamento de compromissos os acordos preferenciais assinados pelos países latino-americanos aqui considerados e que, em princípio, contemplam o tema do comércio e dos investimentos em serviços. E antes mesmo de falar em mudança na quantidade e qualidade dos compromissos assumidos pelos países, a principal alteração, ao se passar do multilateral à esfera preferencial, diz respeito ao número e à diversidade de acordos que devem ser incluídos na análise, por serem vetores potenciais da assunção de compromissos nessas áreas de negociação.

Há os acordos comerciais que incluem capítulos de serviços e de investimentos, que podem ter arquiteturas distintas e que envolvem, como parceiros dos países estudados, países desenvolvidos e em desenvolvimento. E há os acordos de investimentos, essencialmente de caráter bilateral, também diferentes quanto ao modelo adotado, que varia de acordo com o parceiro considerado, e também envolvendo como sócios dos países latino-americanos considerados países desenvolvidos e em desenvolvimento.

Como vários dos países aqui estudados desenvolveram, a partir do início dos anos 1990, intensa atividade na área de negociação de acordos de livre-comércio, e todos eles, à exceção do Brasil, assinaram acordos bilaterais de investimento com grande número de países, ao se deslocar a análise da dimensão dos acordos multilaterais para a esfera dos acordos preferenciais, aumentam os compromissos potenciais nos setores de serviços. Ou seja, aumenta, quase que como um corolário do grande número de acordos que devem ser incluídos no mapeamento, a quantidade de compromissos (potencialmente) assumidos pelos países em setores de serviços. Isso não significa que esse aumento potencial se transforma efetivamente em crescimento do grau de compromissos nos setores considerados, o que dependerá na verdade do conteúdo dos acordos e de suas disciplinas, bem como das listas de ofertas ou de reservas apresentadas pelos países nesses acordos.

Sem discutir ainda a natureza dos compromissos efetivamente assumidos pelos países nos acordos preferenciais por eles firmados, é possível constatar que, exceto no caso do Brasil, esses países assinaram um número muito significativo de acordos bilaterais – sejam eles dedicados exclusivamente a investimentos, sejam eles acordos de livre-comércio com capítulos de serviços e investimentos. Os compromissos preferenciais do Brasil em serviços se limitam aos assumidos no Protocolo de Montevidéu do Mercosul.

No caso dos demais países do Mercosul, os compromissos assumidos se materializam por dois tipos de instrumentos: acordos bilaterais de investimentos firmados com países desenvolvidos (EUA, países da União Européia, Japão) e os acordos intra-Mercosul, dos quais apenas o relativo ao comércio de serviços (Protocolo de Montevidéu) encontra-se vigente.

Como nesse acordo intra-regional os compromissos assumidos até agora se limitam, na melhor das hipóteses, à consolidação do *status quo* regulatório já vigente (antes dos compromissos) nos países-membros, a implicação de política resultante desse compromisso refere-se à impossibilidade de ampliar, nas relações com os demais parceiros do bloco, o nível de restrição que caracteriza o *status quo* regulatório no momento da assunção do compromisso, sem gerar qualquer obrigação de liberalização adicional ou de alteração de regulamentação doméstica para viabilizar esse objetivo. Portanto, embora não embuta qualquer obrigação de liberalização adicional ao quadro vigente, a consolidação do *status quo* define restrição forte (dentro dos padrões GATS) ao aumento das limitações domésticas hoje vigentes ao comércio e investimentos em serviços. Nesse sentido, constitui uma restrição à margem de liberdade dos países para fazer política na área de serviços.

Portanto, para esses países, as implicações potenciais sobre a elaboração e implementação de políticas domésticas advindas de compromissos assumidos em acordos derivam essencialmente da consolidação do *status quo* regulatório no âmbito do Mercosul – que beneficia apenas os sócios do bloco – e das obrigações assumidas nos acordos bilaterais de investimentos, que beneficiam um número grande de parceiros tanto desenvolvidos quanto em desenvolvimento.

No caso do Chile, do México e dos países centro-americanos, os compromissos potenciais derivam tanto da assinatura de acordos bilaterais de investimentos quanto de acordos de livre-comércio, assinados com países desenvolvidos e em desenvolvimento. Nesse caso, a via bilateral prevalece de forma quase absoluta, já que o único acordo não bilateral envolvendo um país deste subgrupo é o NAFTA. Os acordos de livre-comércio firmados com os EUA, o Canadá, o Japão e entre Chile e México, entre outros, e os acordos bilaterais de investimento com os EUA adotam o modelo NAFTA, tanto no que se refere à fronteira entre serviços e investimentos, quanto no que diz respeito à cobertura e às disposições principais dos acordos. Os acordos de livre-comércio firmados por Chile e México com a União Européia seguem o modelo GATS para o tratamento de comércio e investimento em serviços, e o capítulo de estabelecimento se refere apenas a investimentos em bens. Os acordos bilaterais de investimentos com países da União Européia (e os acordos de investimento entre Chile e os países centro-americanos) seguem um modelo próprio, que não inclui o direito de estabelecimento – que continua a ser regido pelas leis e regulações das partes – e se concentra na proteção dos investimentos, na fase de pós-estabelecimento.

Que tipos de compromissos derivam dos acordos bilaterais de investimentos – assinados por todos os países considerados menos o Brasil – e pelos capítulos de serviços e investimentos de acordos de livre-comércio assinados por Chile, México e os países centro-americanos?

A natureza dos compromissos assumidos depende do conteúdo dos acordos no que se refere ao comércio e aos investimentos em serviços – sua abrangência, disciplinas etc. – e das listas de ofertas em serviços (no caso de acordos com arquitetura GATS) e de reservas ou medidas desconformes em serviços e investimentos (no caso de acordos com arquitetura NAFTA).

Antes de qualquer consideração setorial, é possível afirmar que os compromissos assumidos nos acordos que seguem o modelo NAFTA tendem a ser mais abrangentes do que aqueles assinados em acordos que seguem o modelo GATS, especialmente no que se refere a investimentos externos em serviços. As diferenças referem-se principalmente a disposições relativas a investimentos, presentes nos acordos NAFTA-*like*, como as restrições a requisitos de desempenho, às disciplinas relativas à expropriação, ao estabelecimento de padrões de tratamento que vão além do tratamento nacional e de nação mais favorecida (o tratamento justo e eqüitativo) e à instituição do mecanismo de solução de controvérsias investidor-Estado.

Em relação ao comércio de serviços, no caso da grande maioria dos capítulos de serviços dos acordos de comércio inspirados no NAFTA (os acordos com o Canadá são diferentes dos demais nesse aspecto), uma diferença importante se refere à proibição, nesses acordos, de exigência de presença comercial para que um prestador de serviço de uma parte possa atuar em modo 1 ou 2. As diferenças entre os dois modelos, no que se refere a serviços, se concentram, portanto, mais no tratamento dos investimentos nesses setores do que no fato de que o GATS adota o modelo de compromissos por listas positivas e os acordos inspirados pelo NAFTA o modelo de listas negativas. Em princípio, um país pode traduzir em lista negativa todas as restrições que pretenda, mas que não precisariam ser listadas em um acordo de listas negativas.

Além disso, ressaltar – qualificando – as diferenças entre os dois modelos não deve impedir a constatação de que há, entre eles, muito mais semelhança do que se costuma admitir. Ambos os tipos de acordo têm obrigações de acesso a mercados, de tratamento nacional e de nação mais favorecida, ambos excluem as compras governamentais de seu escopo e ambos admitem exceções gerais e setoriais às disciplinas do acordo.[2]

Analisando o teor dos compromissos à luz dos setores de serviços que interessam a este estudo, observa-se, no texto dos acordos de investimentos e de livre-comércio NAFTA-*like*, que nenhum dos setores aqui estudados é excetuado formalmente do acordo. A exceção somente é feita no caso dos acordos assinados com o Canadá e se refere aos serviços culturais, referidos no texto desses acordos como "indústrias culturais".

No entanto, mesmo sem excluir nenhum desses setores, registra-se, nos demais acordos inspirados pelo NAFTA, a presença de disposições que, sem dar a medidas governamentais voltadas para esses setores (e às correspondentes áreas de política) um *waiver* amplo em relação às obrigações do acordo, contribuem para conferir especialmente às áreas de saúde, educação e meio ambiente (mas não à área cultural) um *status* diferenciado no que se refere às obrigações dos acordos e, em particular, a algumas de suas disciplinas mais "duras". Trata-se de disposições que:

(i) isentam subsídios e compras governamentais das disciplinas de tratamento nacional e de NMF aplicáveis a investimentos e serviços, mantendo espaço para políticas de apoio a quaisquer setores que se valham desses instrumentos. Para setores como os que interessam a este estudo, essa salvaguarda pode se revelar como muito importante;

(ii) pretendem salvaguardar o direito do Estado de não apenas regular as atividades ambientais e sociais, mas também de atuar diretamente na provisão de tais serviços. Essas disposições incluem a flexibilização das restrições ao uso de requisitos de desempenho

[2] Os acordos NAFTA-*like* excluem explicitamente subsídios de suas disciplinas, enquanto o GATS não tem disciplinas aplicáveis a subsídios, mas o assunto é objeto de negociações na OMC e a introdução desse tipo de disciplina é um objetivo oficialmente perseguido em Genebra.

quando se trata de objetivos de preservar a saúde humana, recursos naturais etc.;

(iii) ao qualificar conceitos como expropriação indireta, fazem referência explícita – e, portanto, diferenciada – a medidas que perseguem objetivos legítimos de bem-estar público, como "saúde pública e meio ambiente", e que, não sendo discriminatórias, não poderiam ser assimiladas à expropriação, "exceto em raras circunstâncias". Esse tipo de provisão somente aparece nos acordos mais recentes; e

(iv) estabelecem a não aplicação das obrigações de expropriação e compensação à emissão de licenças compulsórias relacionadas a direitos de propriedade intelectual ou à revogação, limitação ou criação de direitos de propriedade intelectual, na medida em que tais providências sejam consistentes com o Acordo de TRIPs da OMC.

Essas disposições preservam, em princípio, espaço para políticas sociais e ambientais, mas o *safe heaven* que proporcionam para tais políticas é contrabalançado pelo fato de que apenas os setores excluídos das disciplinas dos acordos não podem ser objeto de demandas por meio do mecanismo de solução de controvérsias investidor-Estado. Ou seja, questões relativas aos setores ambientais, sociais e culturais podem ser levadas à solução de controvérsias investidor-Estado, o que reduz substancialmente o alcance potencial daquelas salvaguardas.

As medidas desconformes listadas pelos países latino-americanos nos Anexos dos acordos estudados apresentam, no que se refere aos setores de interesse, algumas características que vale à pena destacar:

(i) há pouca variação nas listas elaboradas por um mesmo país em acordos diferentes. Em geral, as listas de um determinado país são muito semelhantes, independentemente do grau de desenvolvimento do país com o qual se negociou;

(ii) todos os setores aqui considerados fazem parte das listas de reservas dos países que têm esses tipos de acordos, embora o grau de amplitude e a natureza da reserva variem com os setores e os países. Alguns setores são objeto de reserva a um número importante de obrigações do acordo, enquanto outros se referem à isenção em face de uma só disciplina (NMF, no caso das indústrias culturais, nas listas chilenas). Para um mesmo setor – o de produção e distribuição de água potável, por exemplo –, a reserva de um país pode visar à manutenção de um monopólio estatal na prestação do serviço (caso do Uruguai) ou à preservação do direito do Estado para impor requisitos aos prestadores locais ou estrangeiros de serviços (caso do Chile);

(iii) as listas de reservas de certos países para os setores de interesse apresentam algumas características distintivas que têm menos a ver com o fato de incluírem todos esses setores – elas o fazem, em geral – do que com o peso de certos setores ou segmentos no conjunto das reservas listadas nos vários Quadros apresentados no item 4. Assim, no caso dos países centro-americanos, é notável a presença de reservas aplicáveis à prestação de serviços profissionais nos setores de saúde, educação e de entretenimento/culturais. No caso do Uruguai, ressaltam as reservas ao tratamento nacional derivadas da existência de monopólio estatal na provisão de diversos tipos de serviços; e

(iv) as reservas mais abrangentes – no sentido de que se referem ao presente e ao futuro e isentam o cumprimento de um grande número de obrigações – dizem respeito a assuntos relacionados com minorias / populações autóctones / povos indígenas e a serviços sociais prestados "por interesse público". Essas reservas aparecem nas listas do Chile, do México e de países centro-americanos. As demais reservas visam em geral às disposições de tratamento nacional e de nação mais favorecida e, eventualmente, a uma terceira disciplina.

Portanto, os setores sociais, ambientais e culturais incluem-se com freqüência nas listas de medidas desconformes listadas pelos países latino-americanos que assinaram acordos no modelo NAFTA. Na realidade, na grande maioria, as medidas relacionadas a esses setores fazem parte dos Anexos II de reservas desses acordos, que contemplam medidas existentes e futuras, ou seja, as reservas aí inscritas se referem à possibilidade de "adotar ou manter" medidas com uma determinada finalidade.

Os capítulos de comércio de serviços assinados pelo Chile e pelo México com a União Européia seguem o modelo GATS, mas excluem do seu âmbito de aplicação serviços audiovisuais. Como já se observou, esse tipo de acordo tem diversas "salvaguardas" que preservam compras governamentais e a prestação não comercial de serviços de suas disciplinas. O capítulo aplicável aos investimentos em bens, no acordo do Chile com a União Européia, é basicamente um compromisso com o acesso ao mercado da outra parte por meio de investimento direto, e a lista de compromissos diz respeito ao tratamento nacional desse direito. Da mesma maneira que no acordo do Chile com os EUA, preserva-se a possibilidade de adotar unilateralmente medidas não discriminatórias ou não restritivas ao comércio de serviços e ao direito de estabelecimento, desde que necessárias para proteger a vida humana, dos animais e vegetais e garantir a conservação de recursos naturais não renováveis. No acordo com a União Européia, essa mesma possibilidade é preservada para a adoção de medidas "necessárias para proteger o patrimônio nacional de valor artístico, histórico ou arqueológico". Além disso, ambos os capítulos não se aplicam aos sistemas de seguridade social das partes, "nem às atividades que se relacionem, ainda que ocasionalmente, com o exercício de uma autoridade oficial".

As listas de compromissos dos acordos com a União Européia são positivas. No caso do acordo de livre-comércio do Chile com a União Européia, todos os setores listados pelo Chile pertinentes a esse trabalho estão representados na pequena lista chilena. Dos compromissos listados, chamam a atenção pelo caráter geral da restrição que é descrita aqueles referentes às "etnias locais", que envolve todos os setores e concerne ao tratamento nacional e ao acesso a mercados, e aos serviços ambientais, que também dizem respeito a essas duas obrigações essenciais do acordo bilateral.

Acordos bilaterais de investimentos com diversos países da União Européia foram firmados e ratificados por todos os países latino-americanos, com a exceção do Brasil. Três características distinguem esse modelo de acordo do modelo NAFTA-*like*. Em primeiro lugar, esses acordos se referem à proteção de investimentos na fase de pós-estabelecimento, ou seja, não garantem acesso a mercado aos investimentos das partes. No que se refere ao estabelecimento dos investimentos, prevalecem as leis e regulações dos países signatários. Em segundo lugar, não prevêem qualquer tipo de lista de reservas ou de medidas desconformes, de caráter setorial ou horizontal. Em terceiro lugar, não há qualquer disciplina em relação a requisitos de desempenho. As demais disposições são muito semelhantes às dos acordos assinados pelos EUA e pelo Canadá: o conceito de investimentos cobertos é amplo, do tipo *asset-based*, os acordos incluem o tratamento nacional, de nação mais favorecida e o tratamento justo e eqüitativo, e fazem parte desse modelo tanto o conceito de expropriação indireta quanto o mecanismo de solução de controvérsias investidor-Estado.

Esse modelo de acordo combina, portanto, obrigações de proteção que se restringem à fase de pós-estabelecimento com a inexistência de exceções. Preserva, para as partes signatárias, a possibilidade de restringir o acesso aos investidores da outra parte, mas, uma vez admitidos, os investimentos recebem tratamento nacional, de NMF e "justo e eqüitativo", sem qualquer reserva ou exceção.

Quais as implicações potencialmente relevantes, para os países latino-americanos aqui considerados, dos compromissos estabelecidos, em serviços e investimentos, por meio de acordos inspirados no NAFTA e no GATS e dos acordos bilaterais de investimentos firmados com países da União Européia?

Há dois tipos de implicações de política para os países latino-americanos que devem ser considerados:

(i) as que emergem em função do fato de que um mesmo país assinou acordos com diferentes países e com distintos escopos. Que implicações pode ter o *overlapping* de obrigações diferentes segundo os acordos (e os parceiros), principalmente considerando que os acordos geram obrigação de nação mais favorecida?

(ii) as que derivam da adoção, nesses acordos, de regras e compromissos que limitam de fato ou potencialmente a margem de liberdade dos países signatários, no que se refere à adoção de determinadas políticas industriais, sociais etc.

No que se refere ao primeiro tipo de implicação, o *overlapping* entre compromissos firmados em diferentes acordos diz respeito tanto às relações entre diferentes modelos de acordos bilaterais (principalmente na área de investimentos), quanto às relações entre os acordos bilaterais e o acordo multilateral pertinente ao tema de investimentos e serviços, que é o GATS.

Torrent e Molinuevo (2004) analisaram detalhadamente o *spaghetti bowl* gerado pela proliferação de acordos bilaterais de investimento que seguem distintos modelos – essencialmente os modelos propostos pelos EUA e pelos países da União Européia –, discutindo algumas das conseqüências legais de duas das diferenças entre esses modelos: a extensão ou não da cláusula de nação mais favorecida à fase do estabelecimento do investimento (acesso a mercado) e a existência ou não de listas de reservas setoriais nos acordos bilaterais de investimento.

De um lado, a diferença entre modelos de acordos bilaterais relativa ao estabelecimento ou não de reservas setoriais pode gerar discriminação entre os investidores dos países que têm acordos com os países latino-americanos, mas também entre os investidores dos dois países signatários. De outro, as disposições relativas à cláusula de NMF de um acordo bilateral podem determinar a extensão não voluntária de preferências de acesso a mercado negociadas bilateralmente em acordo assinado com outro parceiro (como se viu no caso do investidor espanhol que acionou o governo mexicano, pedindo, em nome da cláusula NMF do tratado Espanha-México, tratamento equivalente ao garantido por outro acordo bilateral de investimentos).

O problema do *overlapping* entre obrigações e compromissos também se coloca nas relações entre acordos bilaterais e o GATS tanto para serviços quanto para investimentos (em setores de serviços).

Na realidade, como o GATS se refere apenas a investimentos em serviços, o *overlap* com acordos bilaterais de investimento ou com capítulos de investimentos de acordos de livre-comércio será sempre parcial. No entanto, tanto para comércio quanto para investimentos em serviços, o GATS contém obrigações de tratamento de NMF imediato e incondicional[3] e regras de acesso a mercados, além de prever um processo de aprofundamento dos compromissos de consolidação da abertura e de liberalização dos mercados domésticos.

Isso gera uma situação que levou alguns analistas a discutir até que ponto os compromissos assumidos pelos membros da OMC no GATS implicariam que o padrão de proteção e os direitos assegurados a investidores de certos países por meio dos acordos bilaterais ou simplesmente não multilaterais sejam automaticamente extensivos aos demais signatários do GATS, no que se refere evidentemente aos investimentos nos setores de serviços.

Alguns países signatários de acordos bilaterais de investimento – inclusive o Uruguai e a Costa Rica, entre os países aqui considerados – incluíram a totalidade dos compromissos por eles assumidos nesses acordos na lista de exceções à obrigação NMF do GATS, enquanto outros não fizeram nenhuma referência aos acordos bilaterais de investimento em suas listas de exceção (México, Argentina, Brasil e os demais países centro-americanos). Um terceiro grupo de países signatários desses acordos bilaterais – entre os quais o Chile – excluiu das obrigações de NMF as disposições do mecanismo de solução de controvérsias investidor-Estado dos APPIs que assinaram.

No que diz respeito ao segundo tipo de implicação dos compromissos assumidos nos acordos – as implicações para as políticas industriais, sociais etc. –, não resta dúvida de que as preocupações com esse tema ganharam peso tanto nos países desenvolvidos quanto naqueles em desenvolvimento, a partir sobretudo da experiência dos primeiros anos e vigência do NAFTA (e de seu capítulo de investimentos). Conceitos muito amplos de investimentos protegidos pelos acordos, aliados a padrões inéditos de proteção e à idéia de "expropriação indireta", incentivaram o recurso por parte dos investidores a um mecanismo institucional exclusivo dos acordos de investimento – a solução de controvérsias investidor-Estado – e consolidaram a percepção de que tais acordos impõem restrição à prerrogativa regulatória dos Estados nacionais.

[3] Embora o GATS permita que os membros listem exceções ao tratamento de NMF, que, em princípio, deveriam ser eliminadas em até 10 anos.

Nesse sentido, mesmo listando medidas desconformes em setores cuja autonomia regulatória se pretendia preservar e ainda que incluindo no corpo dos acordos certas disposições que salvaguardam o direito dos Estados para aplicar medidas não discriminatórias para preservar a saúde, o meio ambiente e objetivos sociais, esses acordos não foram capazes de traçar uma linha precisa que garantisse o direito de regular dos Estados nacionais em áreas social e politicamente críticas, como são aquelas cobertas pelos serviços sociais, ambientais e culturais.

As decisões dos tribunais arbitrais em painéis abertos e conduzidos ao abrigo de acordos e capítulos de investimentos não contribuiu para reduzir essa incerteza, dada a diversidade e a divergência de decisões, mas gradualmente foi-se gerando, pelo menos em relação às questões mais controversas dos acordos, certo consenso em relação à necessidade de qualificar conceitos e limitar o alcance de determinadas disciplinas.

O reconhecimento desses problemas gerou adaptações e evoluções nas disposições dos acordos bilaterais de investimentos, que são observadas sobretudo nos acordos mais recentes firmados pelos EUA (CAFTA-DR, Chile): qualifica-se aí o que se entende por tratamento justo e eqüitativo e por expropriação indireta e alteram-se certos procedimentos do mecanismo de solução de disputas entre investidor e Estado.

4. Conclusões

Os setores sociais, ambientais e culturais recebem dos países latino-americanos aqui considerados um tratamento diferenciado no que se refere ao grau de compromissos setoriais assumidos por esses países em acordos de serviços e de investimentos. Nos acordos que utilizam a metodologia de listas positivas aparecem marginalmente, enquanto nos acordos de lista negativa estão freqüentemente entre os setores que são objeto de medidas desconformes atuais e futuras (preservando-se, com isso, a possibilidade de introduzir novas medidas de política nas áreas e setores inscritos nas listas de medidas futuras).

Além disso, esses acordos contêm disposições que buscam preservar margens de liberdade para os Estados regularem nas áreas em que sua atuação responde a objetivos públicos e a interesse e lógica social. Essas disposições não foram certamente introduzidas por pressão dos países latino-americanos, mas o fato é que contribuem para legitimar a defesa da preservação do direito de regular dos Estados latino-americanos que assinaram esses acordos.

No plano multilateral, as implicações de política associadas aos compromissos do GATS são limitadas: prestação não comercial de serviços, compras governamentais e subsídios não estão (atualmente) cobertas pelo acordo, e as listas positivas incluem apenas aqueles setores em que os países querem fazer compromissos. Como se viu, os compromissos dos países latino-americanos considerados nos setores de interesse deste trabalho são, no GATS, extremamente limitados, sendo que vários desses países sequer incluíram tais setores em suas listas de compromissos na Rodada Uruguai e continuam seguindo tal posição na Rodada Doha.

A principal implicação de política dos compromissos multilaterais assumidos em serviços (comércio e investimentos) pelos países latino-americanos deriva do *overlapping* entre a obrigação NMF do Artigo II do GATS e os compromissos bilaterais firmados por aqueles países em acordos bilaterais de investimentos. Esse problema somente diz respeito a investimentos em serviços e, como se viu, Uruguai e Costa Rica se protegeram desse risco de extensão da obrigação NMF incluindo os acordos bilaterais de investimentos em suas listas de exceção ao Artigo II do GATS, enquanto o Chile incluiu em sua lista o mecanismo de solução de controvérsias investidor-Estado dos acordos bilaterais assinados pelo país.

No caso dos compromissos assumidos pelos países latino-americanos em acordos preferenciais, a questão é mais complexa e os riscos são maiores. De um lado, há a questão do *overlapping* de compromissos, que gera a possibilidade de que compromissos assumidos em um acordo sejam "cobrados" pelo signatário de outro acordo, em nome da cláusula de NMF. No limite, as reservas listadas em um acordo NAFTA-*like* por um país latino-americano podem perder sua validade se este país tem, com um parceiro da União Européia, um acordo que não prevê exceções ou reservas setoriais. Na realidade, a inexistência de reservas nos acordos firmados com países da União Européia pode se revelar um sério problema para países latino-americanos, na medida em que a lista de reservas tem papel essencial na preservação explícita de espaços atuais e futuros para a adoção de políticas industriais, culturais, sociais e ambientais.

De outro lado, há o tema do direito de regular dos Estados nacionais, que se pretende preservar por meio de certas disposições no corpo dos acordos e, no modelo NAFTA-*like*, com as listas de reservas. Há um *trade-off* claro entre essas salvaguardas e disposições que, nos mesmos acordos, incentivam o recurso pelos investidores dos países desenvolvidos ao mecanismo de solução de disputas com os Estados que recebem seus investimentos. Como se observou, a partir sobretudo da experiência do uso desse mecanismo de solução de controvérsias, registrou-se, nos acordos mais recentes, evolução no sentido de qualificar conceitos que podem se transformar em mecanismos capazes de limitar seriamente a capacidade regulatória dos Estados. Mas não há dúvida de que o risco, para os países receptores de investimentos, ainda persiste, como atesta o crescimento do número de litígios que se desenvolvem sob as regras dos acordos bilaterais de investimentos.

Se o principal risco para os países latino-americanos, do ponto de vista da preservação dos espaços para política, se concentra nos acordos bilaterais de investimentos, é importante avaliar:

(i) as possibilidades existentes para os países latino-americanos que têm esse tipo de acordo para mitigar os riscos a eles associados; e

(ii) as probabilidades de que os modelos de acordos bilaterais hoje vigentes de tornem referência para um eventual acordo multilateral de investimentos.

No que diz respeito à mitigação de riscos, a evolução observada nos acordos NAFTA-*like* no sentido de qualificar e limitar certos conceitos que constrangem a capacidade regulatória do Estado que recebe os investimentos é bastante favorável, embora seja impossível afirmar que seja suficiente. Os acordos bilaterais de investimento têm prazo de vigência de 10 a 15 anos, em geral, e a negociação para a renovação desse tipo de acordo pode ser um excelente momento para aperfeiçoar o instrumento, do ponto de vista dos países latino-americanos. Um objetivo prioritário seria incluir, nos acordos com países da União Européia, dispositivos que prevejam a inclusão de listas de reservas e exceções horizontais e setoriais.

No que se refere à "multilateralização" eventual de um dos modelos hoje dominantes no plano bilateral, esta parece ser uma hipótese remota. A idéia de que os acordos bilaterais e regionais funcionariam como *building blocks* para a emergência de um regime multilateral na área de investimentos não se concretizou. A experiência recente sugere que os esforços para multilateralizar o debate e a negociação de investimentos, tanto na OECD quanto na OMC, esbarraram em obstáculos até hoje intransponíveis.

No atual cenário internacional – refratário a iniciativas de liberalização comercial e de harmonização regulatória – os acordos bilaterais de investimentos tornaram-se o alvo preferencial das posições desenvolvimentistas, nos países do Sul, e dos críticos da globalização, nos países do Norte, praticamente enterrando as possibilidades de que os modelos de acordo de investimentos atualmente dominantes tornem-se hegemônicos no quadro multilateral. Recorde-se, a propósito, que o tema de investimentos, inicialmente incluído na agenda da Rodada Doha, foi posteriormente retirado, ainda que o mandato negociador nessa área sugerisse um tratamento do tema muito menos ambicioso do que o que se observa na instância bilateral.

Bibliografia

MANN, H.; VON MOLTKE, K. (2004) Acordos de investimento: rumo a uma agenda para países em desenvolvimento. *Revista Brasileira de Comércio Exterior*, n. 81, out.-dez.

TORRENT, R.; MOLINUEVO, M. (2004) *BITs and GATS: variable geometry or a bit (or a loss of a mess)*. Observatorio de la Globalización, Universidad de Barcelona, processed.

COMÉRCIO E POLÍTICA COMERCIAL: A DIMENSÃO DISTRIBUTIVA

ASPECTOS DISTRIBUTIVOS DO COMÉRCIO E DA POLÍTICA COMERCIAL: QUESTÕES CONCEITUAIS E A EXPERIÊNCIA BRASILEIRA[1]

Vivianne Ventura-Dias

Introdução

Ao longo dos últimos quinze anos, as oscilações do comércio mundial, as características da inserção internacional da economia brasileira e as negociações comerciais internacionais passaram a integrar as preocupações do quotidiano de cada um. A emergência de novos atores, como a China e a Índia, com enorme dotação de trabalho qualificado e habilidade para negociar com as empresas estrangeiras, detentoras de capital e tecnologia, condições favoráveis para o desenvolvimento de suas próprias empresas, alterou profundamente as condições de concorrência nos mercados internacionais. A abertura ao comércio é vista por uma parte da sociedade como uma fonte de oportunidades e desafios, enquanto para outros segmentos representa a imposição da insegurança e precariedade das condições laborais.

A literatura de comércio internacional reconhece que a liberalização comercial provoca não só ganhos mas também danos, embora não exista um tratamento adequado aos efeitos dinâmicos do comércio. Como ficou demonstrado pela experiência brasileira recente, os benefícios e os custos da abertura comercial e da integração da economia aos fluxos do comércio internacional são de natureza distinta. Os custos de uma maior exposição da economia local à concorrência de produtos importados são sentidos em um período curto, enquanto os benefícios derivados da expansão das exportações e das importações necessitam de um prazo mais longo para que os efeitos multiplicadores atuem sobre a economia, o emprego e o salário. Os custos de ajustes às novas condições de concorrência no mercado não se

[1] Uma versão anterior deste trabalho foi publicada na *Revista Brasileira de Comércio Exterior*, n. 89, out.-dez. 2006. Versão resumida foi publicada com o título "Comércio internacional e redução da pobreza: questões conceituais e a experiência brasileira", em Jacques Marcovitch (organizador) (2007), *Crescimento econômico e distribuição de renda. prioridades para a ação*, São Paulo, Edusp/Senac, p. 155-180 (existe também uma versão em inglês da publicação pela mesma editora).

distribuem eqüitativamente entre agentes econômicos e sociais, e tendem a se concentrar em setores e categorias de trabalhadores e trabalhadoras, ao passo que os benefícios do comércio e de mercados mais abertos se disseminam na sociedade com o passar do tempo.

Existe, assim, consenso entre economistas de que o comércio origina "ganhadores e perdedores" e de que existem razões econômicas para a formulação de políticas com o propósito de mitigar os custos do processo de abertura, favorecendo o ajuste dos setores prejudicados à nova situação de preços, e à concorrência internacional, sem abandonar o objetivo básico da abertura a mais comércio. Da mesma maneira, existe certo consenso sobre a importância de fatores institucionais e organizacionais para que se dê uma distribuição mais eqüitativa dos ganhos e perdas derivados do comércio e da política comercial. Permanecem, porém, fortes desacordos com relação ao tipo de instituições e organizações que são necessárias, assim como ao tipo de instrumentos adequados para a compensação das perdas dos segmentos atingidos. A própria identificação dos indivíduos, grupos sociais e setores que devem ser compensados é uma questão controvertida, porque, embora a teoria normativa aceite o princípio compensatório, a compensação se refere à distribuição da renda do comércio entre fatores produtivos (terra, capital e trabalho), e não propõe compensações a indivíduos ou a setores que criem interesses adquiridos e impeçam os ajustes interindustriais no longo prazo.

O princípio compensatório *per se* envolve questões éticas mais profundas. Uma sociedade na qual somente uma parte se beneficia da abertura comercial, sendo que a magnitude dos ganhos é de tal ordem que lhe permite comprar a anuência do setor que arca com os prejuízos, dificilmente poderá compor o que John Rawls chamou de "uma associação humana bem ordenada".[2] Nos modelos normativos de comércio, essa situação não ocorre porque os desequilíbrios na distribuição da renda entre os fatores é um fenômeno transitório, e o Estado é concebido como um "ditador benevolente", capaz de formular e executar uma política comercial eficiente, do ponto de vista técnico, e neutra do ponto de vista social.

As mudanças nas condições de acesso ao mercado interno de bens e serviços correspondem a decisões de Estado, e podem ser unilaterais, como a reforma comercial brasileira de 1988 a 1994, ou podem ser negociadas com outros sócios comerciais, em acordos de integração regional (como o MERCOSUL, entre 1991 e 1994), preferencial (no âmbito da Associação

[2] O consenso social sobre a distribuição do produto social é um dos pilares de uma sociedade bem ordenada (Rawls, 1971/1999).

Latino-Americana de Integração – ALADI) ou multilateral (no âmbito da Organização Mundial do Comércio – OMC) (liberalização não discriminatória). A diferença entre uma liberalização unilateral e uma negociada é a contrapartida que o país recebe em concessões de acesso a mercado.[3] Dependendo da capacidade negociadora relativa dos parceiros, os efeitos distributivos de uma abertura preferencial podem ser distintos dos que ocorreriam como conseqüência de uma abertura não-discriminatória. Com um número mais reduzido de participantes, os negociadores têm condições de excluir setores mais sensíveis à concorrência externa e/ou grupos internos podem criar coalizões de interesses com grupos sociais e/ou produtivos dos países envolvidos, para minimizar os custos da integração.[4]

O governo brasileiro está ativamente empenhado nas negociações comerciais da Rodada Doha, na OMC.[5] Nessas negociações, o governo e o setor privado canalizaram seus esforços para a abertura dos mercados agrícolas e agroindustriais dos países industrializados, sendo Brasil um dos países membros fundador do Grupo de Cairns e do Grupo dos 20.[6] Mantém uma posição mais cautelosa a uma maior concorrência de produtos importados à produção nacional. O país desfruta de vantagens comparativas naturais (e construídas) na produção e no comércio de produtos agropecuários e agroin-

---

[3] Embora os economistas defendam a abertura unilateral como a mais eficiente para economias pequenas, sem condições de influenciar seus termos de troca, os governos preferem o processo mercantilista de negociar concessões mutuamente satisfatórias, no qual existe certa simetria entre aberturas relativas de mercados (Krugman, 1997).

[4] Tomando emprestada uma expressão de Padoan (1997, p. 107), os acordos preferenciais envolvem tanto questões de cooperação como de exclusão: exclusão de concorrentes do mercado e exclusão de determinados produtos de uma liberalização mais rápida.

[5] Como membro do Mercosul, desde 1999, participa de negociações com a União Européia; e, desde 1998, com os Estados Unidos, no marco das negociações para a formação da Alca (Área de Livre-Comércio das Américas), embora ambas as negociações estejam paralisadas.

[6] O grupo de Cairns, assim chamado por ter sido formado na cidade australiana do mesmo nome, é uma coalizão de 17 países exportadores agrícolas (África do Sul, Argentina, Austrália, Bolívia, Brasil, Canadá, Chile, Colômbia, Costa Rica, Filipinas, Guatemala, Indonésia, Malásia, Nova Zelândia, Paraguai, Tailândia e Uruguai). O grupo dos 20 é constituído de países em desenvolvimento exportadores e importadores agrícolas, e foi formado às vésperas da reunião Ministerial da OMC realizada em Cancun, México, em novembro de 2003. É composto por África do Sul, Argentina, Bolívia, Brasil, Chile, China, Cuba, Egito, Filipinas, Índia, Indonésia, Nigéria, Paquistão, Paraguai, Tanzânia, Venezuela e Zimbábue.

dustriais. As vantagens competitivas das empresas brasileiras nos mercados internacionais de produtos industriais são mais heterogêneas.

Este trabalho tem como propósito descrever os impactos distributivos do processo de abertura brasileiro dos mercados de bens no emprego e no salário, na eqüidade social e de gênero, baseando-se na bibliografia disponível. Por razões pragmáticas, de existência de dados, grande parte dos trabalhos se concentra no setor manufatureiro e no emprego formal. Existem grandes lacunas para a medição dos efeitos das negociações agrícolas na agricultura familiar comercial e de subsistência, por exemplo. O último censo agropecuário foi realizado em 1995-1996, e o novo censo, que deveria ter sido realizado em 2005, só foi iniciado em meados de 2007. Os novos dados devem permitir uma melhor avaliação do processo de liberalização comercial e de expansão das exportações agrícolas.

Somente os aspectos tradicionais de acesso a mercados de bens mediante redução ou eliminação de tarifas serão abordados. Cabe notar, contudo, que além das medidas tarifárias e não-tarifárias, as negociações em bens envolvem novas disciplinas em subsídios, medidas antidumping, barreiras técnicas, medidas sanitárias e fitossanitárias, medidas de investimento, proteção aos direitos de propriedade intelectual, entre outras, que também têm efeitos distributivos. Os efeitos derivados da abertura ao comércio de serviços também não serão analisados. Devido à amplitude do tema, outros aspectos do tema distributivo do comércio e das negociações comerciais, como os efeitos fiscais e territoriais, não foram incluídos.

O trabalho está dividido em cinco itens. O próximo item introduz algumas questões conceituais relacionadas com os efeitos distributivos da liberalização comercial e das oportunidades de comércio determinados pelas negociações comerciais. No terceiro item, os estudos sobre os impactos distributivos da política comercial e do comércio no Brasil são revisados. O item está dividido em três subitens nos quais são analisados os impactos distributivos, respectivamente: (i) no setor industrial (competitividade, emprego e salários); (ii) na agricultura; e (iii) na eqüidade, pobreza e eqüidade de gênero. O quarto item apresenta uma breve revisão dos trabalhos mais recentes sobre possíveis efeitos de negociações comerciais. O quinto item apresenta uma síntese e formula alguns temas para trabalhos futuros.

Os ganhos do comércio e sua distribuição: questões conceituais

A política comercial incide no perfil de distribuição de renda pessoal e fatorial, porque a criação, o aumento, a redução ou a eliminação de barreiras tarifárias e não-tarifárias repercutem nos preços dos produtos e dos fatores, nas estruturas de concorrência no mercado nacional e, portanto, na renda de trabalhadores e consumidores. Além disso, o comércio impacta a qualidade de vida das pessoas pelos seus efeitos nos gastos dos governos. As novas condições de concorrência no mercado local e o regime de incentivos associado beneficiam algumas empresas, mas prejudicam outras, e seus efeitos se refletem nas pessoas físicas, na sua dupla capacidade de trabalhador-produtor e de consumidor, determinando efeitos que podem ser contraditórios. Por exemplo, o ingresso no país de bens de consumo mais baratos beneficia o trabalhador enquanto consumidor, mas, ele (ou ela) pode perder o emprego, e sua principal fonte de renda, se os bens produzidos pela empresa na qual ele (ou ela) trabalha, não puderem concorrer com os produtos importados estrangeiros. O emprego perdido na empresa que sofre a concorrência estrangeira pode ser compensado por empregos criados em empresas exportadoras de outros bens e serviços, embora o perfeito cruzamento entre o emprego perdido e o emprego criado demande tempo para a criação de capacidades compatíveis. Problemas de informação, capacitação, mobilidade física, entre outros, impedem que no curto prazo, a expansão do setor exportador absorva a mão-de-obra dispensada pela contração do setor produtivo que compete com as importações liberadas.

No interior das unidades familiares, a política comercial também incide no aumento (ou diminuição) do trabalho reprodutivo, em uma capacidade que afeta principalmente, embora não exclusivamente, as mulheres, no âmbito da economia do cuidado não monetizada.[7] Embora o mercado possa fornecer bens e serviços para satisfazer a maior parte das necessidades humanas, a reprodução da força de trabalho ainda depende de bens e serviços que são produzidos no interior da unidade familiar, em geral (mas, não exclusivamente) por trabalho feminino não remunerado, em atividades que não são computadas no conjunto de atividades econômicas (PIB). Pela via do emprego e dos efeitos distributivos nas relações intrafamiliares, a liberalização comercial incide também sobre os níveis de pobreza, embora a direção dos efeitos e a própria relação de causalidade sejam ambíguas.

O exame dos efeitos distributivos da política comercial de um país implica um corte analítico definido na escolha do horizonte de tempo e das categorias analíticas. Kambur (2001) sugeriu que o grau de abstração, o hori-

[7] A economia do cuidado engloba atividades de atenção a outros, que incluem as que são prestadas no interior da unidade familiar, mas também trabalhos comunitários, cuidados aos mais velhos e doentes. Parte da economia do cuidado corresponde a atividades remuneradas, mas também nas atividades monetizadas (enfermagem, assistência social, entre outros) predomina o trabalho feminino. O conceito de economia do cuidado é ainda impreciso (ver Elson, 1999; Gender Institute, 2004).

zonte de tempo e os supostos de estrutura de mercado e de poder sintetizam as grandes divergências entre economistas de comércio e os setores preocupados com os efeitos distributivos do comércio. A teoria de equilíbrio implícita na avaliação do impacto distributivo da política comercial, a partir dos modelos de comércio, opera com categorias muito abstratas, um horizonte de médio a longo prazos e estruturas de mercado (de bens e de fatores) concorrenciais, nas quais inexistem relações de poder e ações estratégicas. As mudanças nas dimensões de agregação, horizonte de tempo e estruturas de mercados incidem nas conclusões sobre as relações entre comércio internacional e pobreza. Para os setores mais vulneráveis, o curto prazo é crítico, porque se trata de grupos produtivos e sociais cujos ativos líquidos não lhes permite fazer a transição para a fase expansiva da economia, que deveria ocorrer no médio prazo, segundo a visão otimista da teoria de comércio.[8]

A teoria estática de comércio se refere à distribuição dos benefícios do comércio entre os fatores produtivos, ou seja, entre as rendas do capital, da terra e do trabalho, enquanto os trabalhos distributivos devem explicar a distribuição da renda pessoal, a estrutura de salários entre grupos de trabalhadores e trabalhadoras. Em última instância, a renda pessoal depende da propriedade de ativos (capital físico e humano, terra, tecnologia, ativos financeiros) e de transferências de recursos públicos.[9] Dada a importância dos salários na composição da renda pessoal, a literatura distributiva tem-se concentrado nas análises do mercado de trabalho, como o canal por meio do qual os efeitos do comércio e a política comercial se distribui sobre a desigualdade de renda e a pobreza.

A seleção de uma política comercial é analisada como um problema eminentemente técnico pela teoria econômica. Contudo, como propõe a literatura da economia política do comércio, a natureza do processo de formulação e execução de uma política econômica é essencialmente política, e supõe a participação de muitos agentes tentando influenciar as ações dos burocratas do governo em um sentido convergente com seus interesses.

---

[8] Parodiando Keynes, Kambur (2001, p. 10) diz que *no curto prazo* os pobres podem estar mortos.

[9] *Ex ante*, a participação de cada indivíduo na renda nacional vai depender da quantidade de ativos que ele ou ela possua, e da participação dos seus ativos na renda nacional. *Ex post*, o comércio irá gerar uma renda ao país e, pelo efeito sobre preços, renda dos fatores e emprego, irá impactar a participação de cada individuo na renda nacional. Posteriormente, a renda poderá ser complementada por políticas públicas de transferências líquidas de recursos para compensar pelos efeitos negativos do aumento do comércio sobre o emprego e a renda (Verdier, 2004).

Como propõe A. Dixit (1996, p. 2-3), o sistema econômico-político composto por mercados e governos administra um conjunto de incentivos com informação incompleta, em um quadro de elevada incerteza, que impede um resultado ideal.

Nos itens que seguem, se faz uma breve revisão das proposições da teoria do comércio sobre os impactos da abertura comercial na distribuição da renda dos fatores produtivos. Posteriormente, os argumentos da economia política da proteção são também examinados. A teoria econômica indica as tendências de longo prazo de realocação dos fatores produtivos, após a abertura da economia, quando os mecanismos de mercado podem operar de forma impessoal, e sem enfrentar obstáculos ao processo de ajuste. A economia política do comércio analisa a maneira pela qual diferentes conjuntos de indivíduos são capazes de coordenar suas ações para evitar os ajustes determinados pelo mercado.

Comércio, emprego e renda

A teoria normativa de comércio justifica a adoção de uma política de abertura comercial pelos ganhos decorrentes de maior eficiência produtiva e do aumento de bem-estar para os consumidores, mas reconhece que esses ganhos não são eqüitativamente distribuídos entre os fatores produtivos: terra, trabalho e capital. Embora o incremento do comércio incida positivamente na economia como um todo, nem todos os setores e nem todos os fatores serão beneficiados da mesma maneira, dependendo, em cada país, da escassez relativa dos fatores e da intensidade com que são utilizados na produção de um dado bem. Problemas distributivos ocorrem porque as mudanças na estrutura produtiva de um país, provocadas pela exposição da produção interna à concorrência dos mercados internacionais, alteram a demanda pelos serviços dos fatores produtivos. A liberalização resulta em realocação de empregos em benefício das indústrias que experimentam aumento de demanda e em detrimento das que sofrem perdas de mercado, como resultado da concorrência externa. Uma maior abertura ao comércio deverá incidir nos preços dos fatores a partir das mudanças nos preços dos produtos que utilizam esses mesmos fatores mais (ou menos) intensamente em sua produção.

Os efeitos do comércio devem ser desagregados entre efeitos estáticos e efeitos dinâmicos. Embora a teoria de comércio se concentre nos aspectos estáticos de ganhos de eficiência por realocação dos fatores produtivos, são os aspectos dinâmicos – tais como mudanças na produtividade do trabalho, impacto no processo de absorção, criação e difusão do progresso técnico na economia e nas empresas – que podem explicar as relações entre comércio e crescimento, comércio e emprego, comércio e pobreza.

O teorema de Stolper-Samuelson prediz que, após a abertura, o país deverá exportar os produtos cuja produção seja intensiva no fator abundante, e o aumento da demanda pelo fator abundante deverá incidir positivamente na renda desse fator. Por outro lado, o fator escasso será prejudicado, porque o país começará a importar os produtos em cuja elaboração esse fator é utilizado mais intensamente. Os proprietários do fator abundante no país ganham com o aumento do comércio enquanto os proprietários do fator escasso perdem. Em outras palavras, a teoria de composição fatorial (Heckscher-Ohlin-Samuelson) aceita um desequilíbrio de curto prazo nos preços dos fatores provocado pela abertura ao comércio. A teoria justifica a adoção de políticas compensatórias pelo estado, visto que a renda gerada pelo comércio não é distribuída de forma eqüitativa entre todos os agentes econômicos. Como destacou Samuelson (1962), a transferência de recursos para compensar os que são prejudicados pela abertura comercial permitiria conciliar a eficiência resultante de um maior comércio com questões de justiça distributiva.

A teoria propõe assim que as desigualdades entre as rendas do fator escasso e as do fator abundante deveriam diminuir com a abertura ao comércio. Na ausência de políticas que alterem o sistema de incentivos, o comércio deveria sempre beneficiar os produtos em cuja produção o recurso mais abundante no país é utilizado mais intensamente, e, portanto, melhorar a participação da renda do fator abundante nos ganhos do comércio. As conclusões são válidas sempre e quando forem respeitadas as hipóteses de base dos modelos, que são muito restritivas no que se refere às estruturas dos mercados de bens e fatores, à tecnologia de produção, ao pleno emprego dos fatores, antes e após a abertura ao comércio, à concepção de Estado e à total passividade dos agentes econômicos.[10] Em particular, como se vê mais

[10] Entre outros supostos, os modelos requerem que, no interior dos países, os fatores produtivos possam se mover rapidamente entre indústrias, sem custo, e com plena informação dos mercados, que exista relativa imobilidade dos fatores entre países e que os bens produzidos sejam homogêneos, entre outras condições. Além de assumir mobilidade instantânea dos fatores entre indústrias, também assume concorrência nos mercados de bens e de fatores, para que os preços dos produtos sejam iguais aos seus custos de produção, e os fatores sejam remunerados à sua produtividade marginal. Winters (2000) menciona que o mercado de trabalho é caracterizado por segmentação. Em cada mercado grupos de trabalhadores têm capacidade de negociação salarial distinta. Uma parte dos bens produzidos é diferenciada por marcas e outros atributos, e sua produção está sujeita a economias de escala.

adiante, o último suposto não se verifica na realidade. Os agentes econômicos avaliam os custos e benefícios das políticas comerciais, definem suas preferências e utilizam diversos meios para influenciar os formuladores de políticas. Em termos gerais, os trabalhadores e empresários das indústrias que vão perder espaços nos mercados internos terão preferências por menos abertura, ao passo que trabalhadores e empresários das indústrias que vão expandir seus mercados terão preferência por mercados mais abertos.

Modelos de curto prazo de comércio assumem que alguns fatores produtivos são específicos a cada indústria: vale para máquinas e terra, mas também para qualificações específicas do trabalho. Intuitivamente, os fatores específicos das indústrias exportadoras, que estão se expandindo, irão participar dos ganhos do comércio, enquanto os fatores específicos das indústrias que estão se contraindo deverão arcar com os prejuízos. Como resultado de mudanças nos preços dos produtos poderão ocorrer dois efeitos. Primeiro, uma realocação interindustrial de recursos produtivos, com os fatores móveis (capital e trabalho) deixando as indústrias com demanda em retração e procurando admissão naquelas nas quais a demanda se encontra em crescimento. Segundo, ao longo do tempo, haverá uma mudança de métodos produtivos nas unidades produtivas com a introdução de tecnologias de substituição do fator abundante, em geral trabalho não qualificado, que se tornou mais caro. O tempo de ajuste e de introdução de tecnologias poupadoras do fator trabalho é, portanto, fundamental para que os efeitos virtuosos da abertura ao comércio sobre o emprego e a renda se processem. Se por razões não previstas pela teoria as empresas em expansão adotarem métodos produtivos menos intensivos no fator trabalho, o equilíbrio esperado entre comércio, criação de empregos e de renda deixará de existir.

Nas décadas de 1960 e 1970, quando os países da Ásia oriental iniciavam a expansão de suas exportações de manufaturados intensivos em trabalho pouco qualificado, observou-se uma acentuada diminuição da brecha salarial entre trabalhadores qualificados e não qualificados, conforme propunha a teoria do comércio. Quando os países da América Latina se integraram ao comércio internacional de manufaturas, ao final da década de 1980 e início de 1990, não se verificaram os mesmos efeitos virtuosos. A nova concorrência dos produtos chineses e indianos nos mercados internacionais que foi enfrentada pelas exportações latino-americanas de manufaturados levou Wood (1997) a sugerir que o aumento da oferta desse grupo de bens no mercado mundial teria deprimido os seus preços e, conseqüentemente, a renda dos fatores produtivos diretamente envolvidos. Os países latino-americanos teriam sido pressionados a buscar vantagem comparativa na produção de bens com maior conteúdo de trabalho de qualificação intermediária, resultando no aumento da demanda por esses trabalhadores e em uma maior dispersão dos salários latino-americanos.

Embora não exista consenso em torno da hipótese de Wood, há evidências empíricas de que, em mercados internacionais de produtos homogêneos com elevada concorrência, o comércio pode ter efeitos distributivos pela via da inovação tecnológica. Por exemplo, a importação de bens de capital, incorporando tecnologias intensivas em trabalho mais qualificado, altera a estrutura de demanda de trabalho, favorecendo os trabalhadores mais qualificados, menos abundantes no País.

Apesar de ser um tema ainda polêmico entre economistas, a mudança na natureza do comércio e a progressiva associação entre comércio, fluxos de capital e de pessoas desafiam as conclusões dos modelos tradicionais de comércio (Krugman, 1995; Helpman, 1999). De fato, embora a evidência empírica seja ainda limitada, as características atuais do comércio internacional – com o crescimento das transações em produtos intermediários, a forte similaridade nas estruturas produtivas dos países, subcontratação internacional e formação de cadeias produtivas internacionais integradas (que são coordenadas por grandes empresas multinacionais) e uma íntima relação entre comércio e investimento estrangeiro – colocaram em xeque muitas das hipóteses de base dos modelos de comércio de composição fatorial.[11]

A literatura tem enfatizado que, ao contrário da forma simples de especialização entre indústrias, a especialização no comércio atual se dá em atividades produtivas no interior de uma dada indústria. Embora essas atividades utilizem capital e trabalho (qualificado e não qualificado) com distintas intensidades, as conseqüências para o emprego e a renda são distintas do que predizia a teoria tradicional. Por exemplo, Feenstra e Hanson (1996) indicaram que as atividades transferidas dos países industrializados para os países em desenvolvimento podem ser menos intensivas em trabalho qualificado do que as que permanecem naqueles países. Entretanto, são mais intensivas em trabalho qualificado do que a média das atividades industriais nos países em desenvolvimento. A transferência de atividades, mediante a subcontratação entre empresas ou transações entre empresas do mesmo conglomerado (comércio intrafirma) aumenta a demanda por trabalho qualificado tanto no país industrializado como no país em desenvolvimento. Portanto, podem aumentar as desigualdades salariais entre os trabalhadores qualificados e os menos qualificados tanto nos países que são abundantes em trabalho especializado como naqueles em que o mesmo é escasso.[12]

---

[11] Veja Grossman e Rossi-Hansberg (2006), OIT-OMC (2007) e Ventura-Dias (2002) para referencias bibliográficas.

[12] Feenstra e Hanson (1996 e 2001).

É importante destacar que os efeitos distributivos sobre o emprego e o salário gerados pela natureza complexa do comércio atual não se limitam ao processo de liberalização comercial, mas abrangem o comércio em si. Ou seja, as conseqüências para a geração e destruição de postos de trabalho e salário podem ser permanentes. Reiterando, embora a teoria do comércio aceite que o processo de abertura pode resultar em perdas para setores produtivos e indivíduos, essas perdas são consideradas transitórias, em um período durante o qual o trabalho e o capital são específicos de indústrias, e conseqüentemente têm baixa mobilidade para migrar das indústrias em processo de contração para as que estão se expandindo. No médio e longo prazos, porém, quando a mobilidade interindustrial dos fatores produtivos é plena, o comércio deixa de destruir empregos para começar a cria-los, e a brecha salarial entre trabalhadores qualificados e pouco qualificados deve se reduzir. Entretanto, o padrão atual da concorrência internacional, decorrente de transformações estruturais das economias que determinaram forte convergência nos padrões de produção e consumo entre países, e as inovações nas comunicações e transportes, alteraram a dinâmica de ajuste entre comércio, emprego e salário. Essas novas transformações abrem várias questões sobre as conseqüências da expansão do comércio para o emprego, a desigualdade salarial e a luta contra a pobreza.

Em um contexto de forte concorrência tecnológica internacional, o comércio pode ter efeitos distributivos mesmo quando não são observadas mudanças significativas entre os preços dos bens intensivos em trabalho especializado e os que são intensivos em trabalho não especializado. Por exemplo, a importação de bens de capital, incorporando tecnologias intensivas em trabalho mais qualificado, altera a estrutura de demanda de trabalho, favorecendo os trabalhadores mais qualificados, menos abundantes no país. Nos modelos tradicionais, a mudança no processo produtivo é decorrência de mudanças nos preços dos fatores, enquanto no contexto de concorrência internacional a adoção de processos mais intensivos em trabalho especializado e em capital pode ser determinada por fatores externos, sem que exista aumento do preço do fator abundante.

Da mesma maneira, a interação entre o comércio internacional, IDE (investimento direto estrangeiro) e o sistema internacional de produção integrada determina uma demanda mais elástica do trabalho. A integração comercial permite que as empresas tenham acesso global aos fatores de produção diretamente por meio de IDE e subcontratação, e indiretamente por meio das transações em insumos intermediários. O comércio aumenta a sensibilidade da demanda do trabalho ao aumento salarial, porque um aumento de salário implica um aumento de custos de produção que podem redundar na contração da produção e redução da demanda por trabalho

(Verdier, 2004, p. 10-11). Em muitos casos, o comércio e a IDE outorgam um maior poder de arbitragem às empresas multinacionais. A elevada mobilidade internacional do capital, junto a uma mobilidade limitada do trabalho, permite que as empresas disponham de uma grande capacidade de localização e relocalização de atividades produtivas no âmbito global.

A natureza complexa do comércio internacional se refletiu na agenda comercial da Rodada Uruguai, quando foram introduzidas disciplinas específicas que limitam a capacidade dos estados nacionais de influenciar o desempenho das empresas estrangeiras em seu território. Os acordos bilaterais de proteção ao investimento e aos direitos do investidor, assim como os chamados "tratados de livre-comércio" com os Estados Unidos, e as propostas para um texto de Acordo de Livre-Comércio das Américas (Alca) contemplam disciplinas que procuram restringir ainda mais a ação dos Estados nacionais ante o investidor estrangeiro.

O recente trabalho conjunto da Organização Internacional do Trabalho (OIT) e da Organização Mundial do Comércio (OMC) concluiu que não se deve fazer generalizações simples sobre a relação entre o comércio e o emprego. Após revisão extensiva da literatura pertinente, os autores descartaram o modelo tradicional de comércio como inadequado para a compreensão do aumento generalizado da demanda por trabalho qualificado, tanto em países industrializados como em países em desenvolvimento. Esses resultados são influenciados pelos novos fatores mencionados, em que se destacam a relação estreita entre comércio e IDE, a natureza do comércio (comércio intra-industrial entre países industrializados e fragmentação do processo produtivo), e a mudança tecnológica. Em particular, o comércio derivado da subcontratação internacional está associado a um ritmo mais acelerado de mudança tecnológica, e um impacto negativo (para os trabalhadores) na elasticidade-preço da demanda pelo trabalho (OIT-OMC, 2007).

A economia política da proteção

Diferentemente de como é percebido pela teoria econômica, que assume passividade dos agentes econômicos, o processo da formulação de uma política comercial se inserta em um contexto de decisões econômicas e políticas cuja natureza é essencialmente estratégica.[13] Existe interdependência entre decisões, expectativas, e ações dos jogadores. O Estado deixa, assim, de ser concebido como uma unidade fechada e homogênea, na qual existe um

[13] Schelling (1960) definiu os jogos de estratégia como aqueles nos quais a definição da melhor linha de ação por um jogador, em particular, depende das decisões dos outros jogadores.

"ditador benévolo", movido pela racionalidade do bem-estar comum, para ser analisado como uma organização constituída por indivíduos em cargos eletivos ou técnicos, que são movidos por racionalidades individuais, que devem tomar decisões com informação limitada.[14]

No jogo político, atores econômicos e sociais tentarão influenciar as decisões dos definidores de políticas para atraí-los na direção de suas próprias preferências, embora o poder de barganha seja distinto em função do tipo e magnitude de ativos controlados por cada indivíduo, e pelas características sociais do setor da produção a que pertencem. Os setores que são intensivos em trabalho, como têxteis, vestuário etc. são mais sensíveis pelos efeitos diretos de destruição de empregos. Grupos sociais e setores produtivos, com preferências opostas de políticas econômicas, têm distintas capacidades para influenciar o processo de decisão política. Em particular, cada setor industrial vai ser caracterizado por conflitos distributivos que dependem da relação que a indústria guarda com o comércio internacional, ou seja, se os agentes econômicos percebem que a abertura comercial (unilateral ou negociada) abre novas oportunidades para eles ou se, ao contrário, representa a inclusão de concorrentes indesejáveis no seu mercado. Trabalhadores e empresários dos setores produtivos mais expostos aos riscos da concorrência externa tentarão pressionar o setor público para obter mais proteção aos seus setores e/ou medidas compensatórias.

Entretanto, não basta enunciar a presença de ganhos potenciais de uma ação coletiva para que ela exista. A proposição básica da literatura de ação coletiva é que, ao contrario do que propõe a teoria econômica, a racionalidade individual não é suficiente para gerar uma racionalidade coletiva. Em muitos casos, a promoção de resultados coletivos eficientes só se consegue com a criação de instituições específicas.[15] Mancur Olson (1965) demonstrou claramente que a

---

14 Modelos de economia política do protecionismo concebem os políticos como agentes que também perseguem seus próprios interesses em vez de procurar maximizar o bem-estar agregado (ver Grossman e Helpman, 2001).

15 Olson (1992, p. vii) sugeriu que em uma sociedade existem duas leis. A primeira é que, algumas vezes, quando cada indivíduo considera somente seu interesse, um resultado coletivamente racional emerge automaticamente. A famosa mão invisível coordena os esforços auto-interessados dos indivíduos envolvidos e assegura um resultado que é socialmente eficiente (no sentido Paretiano familiar). A segunda lei é que, às vezes, a primeira lei não funciona. Não importa quão inteligentemente cada individuo persevera na luta pelos seus interesses, nenhum resultado socialmente racional pode emergir espontaneamente. Somente uma mão visível, que sirva de guia, ou uma instituição apropriada pode produzir resultados que sejam coletivamente eficientes.

ação coletiva apresenta muitas dificuldades. A organização de indivíduos para uma ação política coordenada em defesa de seus interesses envolve custos de vários tipos. O maior inimigo da ação coletiva é a percepção de que muitos podem se beneficiar dos esforços de alguns, sem incorrer nos custos da organização da ação coletiva. Em grande parte, os problemas derivam das características de "bem público", que estão associadas ao resultado de uma ação coletiva, o que significa que não se pode excluir ninguém do seu consumo. Pessoas com preferências similares, que conseguem coordenar suas ações com o objetivo de influenciar a formulação e/ou execução de políticas econômicas, são obrigadas a estender os benefícios do resultado de suas ações a um ou vários indivíduos que não participaram da ação ("caroneiros"). Como ilustração, uma vez obtida a proteção tarifária (ou não-tarifária), todas as empresas que produzem bens semelhantes vão poder se beneficiar da mesma proteção, independentemente de haver participado do processo para elevar a proteção. O principal problema da ação coletiva é, portanto, evitar que os indivíduos que não participaram dos custos de uma determinada ação possam colher os benefícios. O resultado intuitivo é de uma relação negativa entre as probabilidades de êxito de uma ação coletiva e o número de participantes. Em outros termos, o tamanho dos grupos é uma variável importante entre os determinantes de uma ação coletiva voluntária, porque os custos da ação coletiva aumentam com o aumento do número de participantes. Para que grupos maiores superem os problemas da cooperação voluntária, incentivos e instituições deverão ser criados para, entre outros, aumentar os custos que cada indivíduo incorre quando abandona o grupo (custos de defecção), permitir a apropriação pelo grupo, dos resultados da ação coletiva, e impedir assim que não-participantes possam usufruir das mesmas vantagens sem incorrer nos custos.

A literatura de economia política do comércio tem sua atenção voltada para a formação das preferências individuais por uma maior ou menor proteção, que conformam o conjunto de escolhas ante o qual os burocratas atuam. Por outro lado, a estrutura institucional do sistema político vigente impõe restrições ao conjunto de escolhas de políticas.[16] Os estudos assumem que as preferências individuais dos agentes econômicos dependem de como os mesmos percebem as conseqüências de cada modalidade de política comercial em suas atividades produtivas. Os modelos aceitam que no curto prazo os fatores são específicos às indústrias, ou seja, que têm pouca flexibilidade em seu uso.[17]

---

[16] Para referencias bibliográficas ver Adserà e Boix (2003).

[17] Abreu (2004, p. 23) sugere que a dispersão interindustrial das taxas de retorno aos fatores poderia ser utilizada como indicador de mobilidade fatorial. Quanto maior a heterogeneidade de taxas de retorno entre indústrias (medida por um coeficiente de variação), menor a capacidade dos fatores para mover-se entre indústrias.

A estrutura concorrencial de cada mercado é uma variável relevante porque setores concentrados, tanto porque os agentes estão concentrados geograficamente, como porque são em pequeno número, enfrentarão custos mais baixos para a ação coletiva.[18] Assim, os agentes econômicos terão melhores condições para concretizar sua cooperação e, dependendo das instituições políticas, fazer chegar as suas demandas aos formuladores de políticas. Nesse caso, os fatores produtivos específicos a indústrias mais concentradas, e com mais possibilidades de sofrer perdas com a liberalização comercial, têm melhores condições de solucionar os problemas de ação coletiva e de fazer avançar sua agenda comercial. Um amplo segmento da literatura da economia política da proteção comercial estuda o caso particular em que os fatores produtivos são específicos, ou têm baixa mobilidade entre indústrias, o mercado é constituído por poucas empresas e existem problemas para a ação coletiva dos consumidores. Nesse caso mais simples, um número limitado de empresas, freqüentemente em coalizão com sindicados, superam os problemas para coordenar ações individuais, e conseguem fazer que suas preferências de políticas se imponham aos demais. Do outro lado, um grande número de consumidores que pagam preços mais elevados pelos produtos dessas empresas, e que têm perda de bem-estar com o fechamento dos mercados à concorrência dos importados, terão mais dificuldades para coordenar suas ações e se fazer ouvir, porque além de serem muitos, estão dispersos.[19] Aos indivíduos que não conseguem superar os problemas para a ação estruturada que lhes permitiria ter uma voz articulada para comunicar suas preferências, só restará – na terminologia de Albert Hirschman (1970) – a opção da "saída" individual: troca de produtos, para o consumidor; mudança de emprego, ou emigração para outro país, para os trabalhadores; e saída do mercado para a empresa.

As preferências dos distintos grupos por políticas podem se alterar no tempo em função de mudanças nos custos de comercializar produtos (custos do comércio), conseqüentes de inovações em comunicações e transportes, que determinam também outras alterações na distribuição dos custos e benefícios do comércio.

Cabe mencionar que embora a literatura de economia política do comércio se refira aos grupos de interesses como grupos de empresas operando ineficientemente e/ou extraindo lucros extraordinários no mercado interno, existe consciência de que o aumento na integração comercial dos países expõe as empresas aos riscos de uma demanda mais volátil e de uma concorrência mais violenta. A percepção desses riscos pelo setor público

[18] Agradeço a Eduardo Bianchi por ter chamado minha atenção para o papel da estrutura concorrencial de mercado para uma ação coordenada.

[19] Baldwin (1985) e Olson (1965).

explicaria a observação empírica que associa o tamanho do setor público (medido pela participação dos gastos públicos no PIB) ao aumento da integração econômica (medido pela soma das exportações e importações no PIB). Existe considerável debate em torno da relação entre esquemas de compensação públicos e o aumento da liberalização do comércio. Alguns estudos empíricos demonstram que os efeitos da liberalização do comércio na estrutura da economia favorecem a formação de interesses e organizações que impõem elevadas pendências redistributivas para o Estado.[20]

Cada grupo vai procurar influenciar as políticas comerciais para seu benefício privado, mesmo que seja em detrimento dos interesses econômicos do restante da sociedade. Como individualmente cada um dos grupos de interesses formados não tem a mesma capacidade de influenciar os tomadores de decisão, caberá ao sistema democrático encontrar as instituições apropriadas para gerar soluções de consenso, solucionar conflitos e produzir resultados coletivos eficientes. A possibilidade de que grupos econômicos e sociais expressem suas carências e vulnerabilidade ante a abertura comercial vai depender das instituições políticas e da capacidade organizativa dos mesmos grupos. Um sistema político é tanto mais inclusivo quanto mais ofereça instituições apropriadas por meio das quais se canalizem os interesses dos distintos grupos sociais.[21]

Os impactos distributivos da abertura comercial unilateral no Brasil

A mudança no regime de proteção tarifária

O regime comercial brasileiro passou de um protecionismo discricionário para uma estrutura de proteção mais uniforme e transparente, que utiliza a tarifa aduaneira como seu principal instrumento. A reforma comercial do início dos anos 1990 tornou a estrutura tarifária mais homogênea, com uma

---

[20] Boix (2004) mostra que a literatura do setor público comete dois erros. Por um lado, assume que o grau de abertura econômica é exógeno às decisões políticas, e por outro, trata a política fiscal como uma resposta automática à abertura comercial.

[21] Na América Latina em geral, e no Brasil em particular, a tradição de um Estado autoritário não se ajusta às necessidades democráticas de expressão e participação de setores sociais permanentemente excluídos. Nos anos recentes, se assistiu a certa flexibilidade da burocracia diplomática de alguns países da região, como Chile, Colômbia e México, que permitiu a incorporação de representantes empresariais às negociações comerciais, mas a participação da sociedade civil organizada encontra muita relutância dos mesmos setores. Ver estudos de casos nacionais em negociações comerciais em Lengyel e Ventura-Dias (2004).

dispersão interindustrial baixa, e se somou a outras medidas destinadas a desregulamentar os mercados e a restringir a presença do Estado na vida econômica. Entretanto, a estrutura de proteção interindustrial não foi alterada, e os dois setores mais protegidos em 1987 (equipamento de transporte e peças de vestuário) mantinham as tarifas médias mais elevadas em 2004.[22]

O processo de liberalização comercial foi iniciado nos anos 1988-1989, quando o governo diminuiu a tarifa nominal média (não ponderada) de 57,5 para 32,1%, e a tarifa máxima passou de 105 para 85%.[23] A partir de 1990, as reformas econômicas se intensificaram, e a proteção tarifaria foi drasticamente reduzida, tendo a tarifa média (não ponderada) caído para 11,4% em julho de 1993. Além disso, foram eliminadas as barreiras não-tarifárias, incluídas as proibições para importar bens específicos. Os efeitos da liberalização comercial, porém, só foram sentidos claramente após a estabilização monetária do Plano Real, em 1995, em meio à rápida apreciação da moeda nacional. A abertura unilateral ocorreu junto a compromissos contratuais de redução de barreiras tarifárias e não-tarifárias, com os parceiros do recém-criado Mercosul (Mercado Comum do Sul), compromissos multilaterais de consolidação da estrutura tarifária na OMC (Organização Mundial do Comércio), no marco da Rodada Uruguai, além da concessão de preferências tarifárias no âmbito da ALADI (Associação Latino-Americana de Integração).

As conseqüências da perda de proteção tarifária e não-tarifária, em meio a uma política de câmbio apreciado e juros elevados, resultou no aumento da participação das importações na produção e no consumo internos. O coeficiente de importação (de bens) passou de 5,2% do PIB, entre 1990-1993, a um máximo de quase 11% em 2001, reduzindo-se em 2002-2003, e voltando a elevar-se em 2004, quando totalizou 10,5%.[24] O coeficiente de exportações também se manteve em uma trajetória ascendente, iniciada em 1989, quando alcançou 6,5%, aumentando para 9% entre 1999-2000, e 16% em 2004 (ver Quadro 1).[25] Dessa maneira, o coeficiente de abertura ou de integração (exportações e importações de bens e serviços) chegou a quase 27% em 2004, ficando mais perto da média mundial dos países de grande porte, como o Brasil. Ao mesmo tempo, a expansão das exportações e o acesso aos mercados, em um quadro de restrições fiscais e controle da

---

22 Kume, Piani e Souza (2000) em Abreu (2004, Tabela 1) e OMC (2004).

23 Kume, Piani e Souza (2000), citado em Abreu (2004, p. 7); Cysne (2000, p. 6).

24 Banco Central (2005, p. 113-114).

25 Banco Central (2005, p. 113-114). O aumento das exportações a partir de 2001 (13,2%) se deve tanto à expansão das exportações como ao baixo crescimento do PIB brasileiro.

demanda interna, adquiriram uma importância estratégica para o crescimento da economia e a geração de empregos.

Superados os desequilíbrios provocados pela apreciação do Real (entre 1995 e 1999), período no qual as exportações brasileiras quase não cresceram, entre 1999 e 2006, o valor das exportações aumentou de cerca de 48 bilhões a mais de 137 bilhões de dólares, e as importações superaram os 90 bilhões de dólares.[26]

Em janeiro de 2004, a tarifa média aplicada era de 10,4%, com um coeficiente de variação baixo (0,7). A tarifa máxima era de 55% e a mínima, de zero (aplicada a cerca de 13% das linhas tarifárias). A tarifa média sobre produtos agrícolas (10,2%) é ligeiramente inferior à dos produtos manufaturados (10,5%).[27] A maior parte da estrutura tarifária brasileira (55% das linhas tarifarias) se encontra no intervalo entre 10 e 20%, e 1% das linhas tarifárias tem tarifas superiores a 20% (ver Gráfico 1). As maiores taxas médias de proteção são aplicadas a produtos lácteos (18,8%), bebidas e destilados (17,7%), tabaco (15,3%), alimentos preparados (15,1%), têxteis e vestuário (17%), calçados (19,2%), equipamento de transporte (18%), armas e munições (20%). Algumas das tarifas mais baixas são aplicadas em petróleo (0,4%), plantas e flores (5,5%), e grãos (6,6%) (ver Quadro 2).[28]

Apesar de o governo brasileiro utilizar a tarifa aduaneira *ad valorem* como o instrumento principal de política comercial e continuar a aumentar a transparência e reduzir a confusão do seu regime comercial, o relatório da OMC mostra que o processo de modificação dos níveis tarifários ainda é discricionário (OMC, 2004). Baumann et al. (1997) mostraram como o governo brasileiro opera com uma racionalidade econômica pouco transparente. Os autores revisaram as alíquotas entre julho de 1994 e setembro de 1996. Para diversos produtos, nesse intervalo de 27 meses houve variações de alíquotas pronunciadas, tendo sido identificadas até oito variações, chegando aos limites de 20% e zero (e retornando).

Por outro lado, a correlação que pode ser observada entre as tarifas nominais de 1987 e 1998 indica que, embora mais baixa, a estrutura de proteção

[26] Segundo informações do Ministério de Desenvolvimento, Indústria e Comércio, os valores das exportações brasileiras foram respectivamente (em milhões de dólares) de: em 1996, 47,7; em 1997, 52,9; em 1998, 51,1 e em 1999, 48.

[27] OMC, 2004. Segundo a definição da OMC de produtos agrícolas (que inclui produtos agroindustriais).

[28] Moreira (2004, Gráfico 11) mostrou que a diferença entre a proteção nominal e a efetiva, a dois dígitos, favorece principalmente os setores de vestuário, produtos metalúrgicos, alimentos e bebidas, móveis, têxteis e veículos a motor.

interindustrial se manteve inalterada. Ou seja, apesar da drástica redução tarifária que ocorreu no período, o nível tarifário em 1998 poderia ser estimado com grande precisão, baseado na tarifa de 10 anos antes.[29] A única exceção é a indústria automotiva, que recebeu uma proteção nominal muito mais elevada que no passado. A estabilidade da estrutura de proteção interindustrial pode ser uma evidência da ação organizada de agentes econômicos com alto poder de barganha junto aos representantes do setor público.[30]

Abreu (2004, p. 26) critica a ausência de instituições brasileiras que permitam uma ação coletiva eficiente, na qual os interesses relacionados com o comércio e com políticas industriais estejam adequadamente representados. A tendência tem sido de encapsular o processo decisório em câmaras setoriais, nas quais agências de governo, empresários e sindicatos estão organizados por setores industriais. Nelas, os consumidores não têm representação. As câmaras setoriais foram ativas durante a discussão e definição de políticas comerciais e industriais, especialmente com relação aos setores automotivo, têxteis e de brinquedos. Historicamente, no Brasil, a concepção e a administração dos instrumentos de promoção de exportação, apoiadas em incentivos fiscais e financeiros, foram essencialmente setoriais.[31] Da mesma maneira, a participação do setor privado nas negociações comerciais, no âmbito da

[29] Almeida (2004, p. 10-11).

[30] Almeida (2004) utilizou o modelo de Grossman e Helpman (1994) para estudar a economia política da proteção no Brasil entre 1986 e 1999, e concluiu que os atributos econômicos dos setores industriais tinham limitada capacidade para explicar a proteção tarifária. O objetivo era relacionar um conjunto de propriedades dos setores industriais com as mudanças tarifárias no período estudado. O modelo de Grossman e Helpman explica a política protecionista de um país por meio de três variáveis relacionadas com as indústrias: 1) grau de organização política (ou de força política da indústria); 2) participação do produto da indústria no comércio líquido; e 3) elasticidade da demanda por importações ou oferta exportadora. A variável dependente (a política protecionista) pode ser representada por um vetor de impostos de importação e exportação junto com subsídios. Nos modelos para os Estados Unidos, a organização política das indústrias é identificada pelas contribuições que as empresas fazem às campanhas políticas.

[31] Motta Veiga e Iglesias (2002, p. 55-56) mencionam que as instituições públicas encarregadas da gestão das políticas industrial e comercial eram estruturadas internamente segundo cortes setoriais e subsetoriais. As relações entre o setor público e os agentes privados – nesse caso, exclusivamente as empresas e associações patronais diretamente interessadas – se articulavam ao longo de eixos setoriais, implicando uma escassa transparência dos mecanismos de gestão das políticas comercial e industrial e a "informalidade" das relações entre agentes públicos e privados.

ALADI ou do GATT, se dava de acordo com interesses setoriais. As consultas entre o setor público e os agentes privados ocorriam mais freqüentemente por temas bilaterais ou multilaterais de interesse de setores específicos, como, por exemplo, as negociações do setor têxtil (Acordo Multifibras) e as do setor siderúrgico, nas negociações com os Estados Unidos. Embora tenha havido um desgaste dos mecanismos institucionais de comunicação e articulação entre Estado e setor privado, que eram típicos do período de substituição de importações, a tradição setorialista permanece no desenho e implementação de políticas industriais e de comércio exterior. Como sugerem Motta Veiga e Iglesias (2002, p. 82) "... parece que a institucionalidade da política de comércio exterior ainda não forjou um novo modelo, compatível com uma nova lógica de atuação do Estado, centrada na regulação e na interlocução não tutelar com o setor privado".[32]

Na verdade, para os empresários brasileiros, os anos 1990 formaram um período de elevada incerteza e de intensificação da concorrência interna e externa. Em um contexto de diminuição da proteção tarifária, os juros elevados e a valorização cambial que ancoraram o processo de estabilização de preços incidiram de forma distinta sobre os preços relativos dos produtos transáveis e não-transáveis. A valorização cambial induziu a substituição da produção local por importações. As estimativas para o aumento do coeficiente importado variam entre 11e 14%, sendo os setores de maior coeficiente importado as indústrias: de máquinas e equipamentos; de material e aparelhos eletrônicos e de comunicação; de beneficiamento, fiação e tecelagem de fibras artificiais e naturais; automobilística, de tratores e máquinas de terraplanagem; e de equipamentos para produção e distribuição de energia elétrica.[33] A indústria de transformação foi o setor mais atingido pela abertura comercial, e nela o ajuste à concorrência externa se deu pela variável emprego. Vale recalcar que o baixo crescimento da economia brasileira, cuja causa deve ser buscada nas políticas macroeconômicas elegidas, foi um fator determinante da reduzida geração de empregos no período.

Impactos setoriais na indústria brasileira: emprego e salário

Entre 1991 e 1998 a produtividade média da mão-de-obra ocupada aumentou 2,5% ao ano, mas com grandes diferenças setoriais.[34] Em sua pesquisa sobre a endogeneidade da política comercial brasileira, Ferreira (2001)

[32] Ver também Bonelli e Motta Veiga (2003).

[33] Citadas em Miranda (2001, p. 29).

[34] Bonelli (2000), citado por Miranda (2001, p. 11).

chamou a atenção para os efeitos de longo prazo da liberalização comercial sobre a produtividade. Entre 1991 e 1997, a produtividade do trabalho cresceu a taxas médias superiores a 7%, enquanto entre 1985 e 1990 diminuiu a uma taxa de cerca de 0,5% ao ano. O autor encontrou uma relação negativa significativa entre a evolução da taxa de crescimento da produtividade do trabalho e a taxa de proteção tanto nominal como efetiva para o período de 1985 a 1997.[35] Contudo, Miranda (2001, p. 11) sugere que a divergência dos níveis setoriais de produtividade precedeu a liberalização comercial, obtendo maiores ganhos os setores cujas produtividades já eram mais elevadas, sendo difícil estabelecer alguma vinculação empírica entre abertura comercial, elevação de produtividade e mudança de preços relativos.

O aumento da produtividade, em parte como conseqüência da liberalização comercial, reflete também a redução do emprego no setor formal manufatureiro, que foi parcialmente absorvido pelo crescimento do emprego formal no comércio e em serviços, e de maneira mais significativa pela expansão do setor informal da economia. Entre 1990 e 1993, tanto a produção como o emprego caíram em quase todos os setores, embora tenha sido mais expressiva a queda do emprego. Entre 1994 e 1997, o emprego mantém sua tendência de queda, enquanto são observadas taxas positivas de crescimento da produção.[36] Entre 1990 e 1997, o emprego formal na indústria de transformação se reduziu em termos absolutos e relativos, baixando de 25 para 16% a proporção dos empregos na indústria no total de empregos.[37]

[35] De acordo com Ferreira (2001), uma queda de 10% nas tarifas implicou um aumento da taxa de crescimento da produtividade do trabalho de cerca de 0,8% ao ano. Nos setores em que permanecem barreiras ao comércio, a produtividade do trabalho e a produtividade total dos fatores crescem mais lentamente. A hipótese é que o aumento da produtividade ocorreu nos setores industriais com menor capacidade de ação organizada e menor poder de barganha, onde as reduções tarifárias foram mais expressivas.

[36] Najberg, Puga e Oliveira (2000) analisaram o impacto da criação e do fechamento de firmas no emprego formal em 1996 e 1997. Os dados ressaltaram a importância dos novos estabelecimentos na demanda por mão-de-obra formal. Nos dois anos estudados, houve um aumento líquido de 1,3 milhão de postos de trabalho nas microunidades, e nas grandes houve uma redução de 729 mil empregos formais.

[37] Baumann (2000, p. 34). A partir de 1997, o crescimento do emprego nos setores de comércio e de serviços deixa de compensar a queda no emprego industrial, determinando uma clara tendência ao aumento da taxa de desemprego aberto. A partir de 1998, o desemprego aberto aumenta ainda mais com a queda do emprego nos dois setores (comércio e serviços) (Camargo, Neri e Reis, 2000).

Para Moreira e Najberg (1999), em números absolutos, o "custo-emprego" da abertura comercial foi pequeno (pouco mais de um milhão de empregos perdidos, ou 1,8% do pessoal ocupado. Embora tenha havido redução do emprego, o impacto direto do comércio exterior não foi significativo em termos agregados, incluindo todos os setores, embora tenha sido mais importante quando se considera somente o emprego na indústria de transformação.[38] O impacto do comércio beneficiou os setores mais intensivos em trabalho, como o agrícola, o extrativo e o de serviços, em detrimento da indústria de transformação, embora os resultados ficassem abaixo das expectativas induzidas pela literatura de comércio.

O Quadro 4 permite constatar as alterações na composição do emprego setorial no período entre 1987 e 1998: (i) houve aumento no número de empregados no subsetor de produtos alimentícios, bebidas e cigarros; (ii) um conjunto de subsetores manteve seus níveis de ocupação praticamente estáveis (papel e celulose, petroquímicos, extração de petróleo, farmacêuticos, material plástico, borracha, químicos e álcool; e (iii) finalmente, um grande número de subsetores apresentou uma variação negativa nos níveis de emprego: material de transporte, mecânica, eletroeletrônicos, extrativa mineira e transformação de minerais não metálicos, serrarias, móveis e artigos de madeira, calçados, siderurgia e metalurgia, têxteis e peças de vestuário.[39] Em termos gerais, a estrutura de emprego setorial confirmaria uma especialização conforme as vantagens comparativas estáticas ditadas pela abundancia de recursos naturais. Nos setores intensivos em mão-de-obra, Moreira e Najberg (1999) mostraram que houve uma queda no nível de emprego inferior à do grupo intensivo em capital (grupo iii), mas que, apesar das variações de desempenho, a contribuição do comércio exterior para o grupo das indústrias intensivas em trabalho foi negativa.

Em 2002, mais de 50% da força de trabalho estava empregada no setor informal, a taxa de desocupação alcançou quase 12% (da população economicamente ativa), e o salário médio real havia perdido 15% do seu poder de compra comparado com 1997.[40] Esses dados, contudo, não refletem apenas a abertura comercial, ou o impacto das demais reformas econômicas.[41] Ao

[38] Se o crescimento da produção interna tivesse ocorrido na mesma proporção das importações líquidas, a taxa de crescimento do emprego total subiria de 1 para 5,3% (Moreira e Najberg, 1999, p. 480).

[39] Barros e Corseuil (2001).

[40] Arbache (2004, p. 30).

[41] Entre as reformas estruturais se incluem as que foram determinadas pela nova Constituição de 1988. Neri e Camargo (2000, p. 290) indicaram que a super-

mesmo tempo, houve um aumento da escolaridade média da força de trabalho empregada na economia brasileira, em todos os três setores de atividade econômica, entre 1989 e 1996. O percentual de trabalhadores com menos de quatro anos de estudo declinou de 38 para 31% no período mencionado, e para menos de 22% em 2004, enquanto a porcentagem de trabalhadores com mais de 8 anos de estudos aumentou de 42% para 49% no mesmo período, alcançando 50,5% em 2004.[42] O aumento do grau de qualificação da mão-de-obra do País revela um deslocamento da curva de oferta do trabalho, mas também mudanças estruturais na curva de demanda.

De forma geral, a literatura empírica sobre os efeitos da liberalização comercial no emprego e na estrutura de salários apresenta evidências ambíguas ou contraditórias para sustentar as predições do modelo tradicional de comércio, tanto para os países industrializados, como para países em desenvolvimento. Em um país como o Brasil, a abertura comercial deveria provocar uma redução da desigualdade salarial entre os trabalhadores, devido ao aumento da demanda por trabalho não qualificado, o que não ocorreu. Embora a reestruturação industrial tenha se processado de acordo com as proposições teóricas, não houve o desdobramento esperado na estrutura ocupacional e nos impactos no perfil de distribuição da renda, como se vê mais adiante. De fato, a abertura comercial resultou no aumento relativo das importações e/ou mudanças na estrutura patrimonial das empresas nos setores mais intensivos em capital e mão-de-obra qualificada, mas não há evidências de diminuição de desigualdade salarial entre trabalhadores qualificados e não qualificados ou de redução dos ganhos de capital.[43] Por um lado, as indústrias locais foram diferentemente afetadas pela concorrência internacional, como prediz a teoria do comércio, o que se refletiu na realocação do emprego e nos salários relativos. Por outro lado, a eliminação de postos de

---

posição entre a abertura comercial e o período pós-Constituição não permite identificar, com rigor, quais os fatores determinantes para o aumento observado na produtividade do trabalho. O aumento dos custos de mão-de-obra, como conseqüência das mudanças constitucionais, pode ter sido mais determinante que a maior exposição à concorrência, por causa da abertura comercial.

42 Existem grandes variações regionais em torno dos valores médios. Ver a página do IBGE, Pesquisa Nacional por Amostra de Domicilio, 2004. Disponível em: http://www.ibge.gov.br.

43 Moreira e Correa (1998) encontraram resultados ambíguos. Enquanto alguns setores experimentaram queda da margem de lucro, outros tiveram aumento (citado em Arbache e Corseuil, 2001, p. 1). O modelo de uso de fatores explica melhor a renda *ex ante* e *ex post* da terra e do capital com relação à liberalização comercial.

trabalho atingiu principalmente os trabalhadores menos qualificados, e com menos escolaridade, confirmando a importância da explicação tecnológica para complementar o modelo simples de comércio. Junto à necessidade de redução de custos para enfrentar a concorrência internacional, os novos bens de capital e bens intermediários importados incorporaram tecnologias cujo viés de qualificação de trabalho foi suficientemente grande para compensar a diminuição de trabalho qualificado que seria esperado pelo modelo de Heckscher-Ohlin.[44]

Como foi assinalado anteriormente, o modelo de especialização comercial é uma construção teórica de elevada abstração, cuja lógica se aplica ao âmbito das indústrias, nas quais o desempenho das unidades produtivas corresponde aos parâmetros do mercado concorrencial. Por outro lado, a literatura de economia industrial tem enfatizado que não são as características das indústrias os principais determinantes da inserção internacional da empresa e sim fatores microeconômicos no âmbito da empresa. Ou seja, os fatores associados à natureza da indústria e à utilização média dos fatores produtivos não necessariamente aumentam a probabilidade de uma firma exportar. Duas empresas de uma mesma indústria, que fazem produtos similares e enfrentam as mesmas condições legais e institucionais, bem como o mesmo ambiente econômico, podem ser diferentemente competitivas nos mercados internacionais.[45]

Arbache e Negri (2001) estimaram que os trabalhadores das firmas exportadoras eram mais e não menos qualificados que os trabalhadores das firmas não exportadoras (como proposto pela teoria tradicional de comércio). A qualificação do trabalho foi medida por anos de educação média e por tempo médio de emprego, como uma aproximação ao "aprender fazendo" dos trabalhadores. Baseado no principio de complementaridade entre capital e trabalho qualificado, os autores concluíram que o nível tecnológico das firmas exportadoras era maior que o das não exportadoras. Os autores também encontraram evidências de que os salários dos trabalhadores das empresas exportadoras eram superiores aos das que não exportavam. Embora a relação de casualidade entre produtividade e exportação seja ambígua, os autores concluíram que a produtividade das firmas exportadoras era superior à das não exportadoras.[46]

---

[44] Ver Soares, Servo e Arbache (2001) para a descrição de alguns estudos empíricos com resultados ambíguos para as hipóteses de Hechscher-Ohlin.

[45] Arbache e Negri (2001), citado em Arbache (2002).

[46] Os autores sugeriram que as empresas exportadoras deveriam pagar um prêmio salarial correspondente a salários de eficiência, de barganha e de divisão de rendas (*rent-sharing*).

A quantificação dos impactos da abertura econômica e das mudanças tecnológicas no emprego por diferentes pesquisadores lhes permitiu constatar que o impacto negativo do comércio internacional foi substancialmente menor que o impacto negativo da mudança tecnológica na criação e destruição de empregos para os trabalhadores de qualificações distintas. Outro estudo demonstrou que as importações de bens de consumo e intermediários explicaram 89% dos empregos eliminados devido às importações, e os incrementos na produtividade do trabalho explicavam 60% dos empregos eliminados devido à mudança tecnológica.[47] Se não tivesse havido importações e mudanças tecnológicas, teria havido um aumento de 12,5% nos empregos de mão-de-obra não qualificada. Por outro lado, sem as importações teriam sido criados 3,8% de empregos adicionais para os trabalhadores qualificados, enquanto a ausência de mudança tecnológica teria impedido o estabelecimento de 15,8% de empregos para esse grupo de trabalhadores.[48]

Resumindo, o crescimento do consumo final interno e a mudança tecnológica beneficiaram os trabalhadores qualificados. Os efeitos negativos do comércio e da mudança tecnológica atingiram mais diretamente os trabalhadores menos qualificados. O efeito positivo da exportação atingiu mais intensamente o emprego dos trabalhadores qualificados, enquanto o impacto negativo das importações para o consumo final, para os bens intermediários e para os bens de capital atingiram praticamente com a mesma intensidade os trabalhadores qualificados e não qualificados. Portanto, a liberalização comercial teve um papel importante nos incentivos para o mercado de trabalho demandar relativamente mais mão-de-obra qualificada. Esse fato decorre da complementaridade entre qualificação da mão-de-obra (capital humano) e tecnologia, embutida nos bens de capital (capital físico).[49]

As empresas com baixa capacidade de inovação e os trabalhadores pouco ou nada qualificados foram os que mais perderam com as reformas econômicas da década de 1990. No setor de transáveis, o aumento da concorrência externa esteve associado com salários mais baixos, mas o impacto negativo foi insignificante para os grupos de maior escolaridade (acima de 12 anos).

Os estudos demonstraram que os salários, empregos e a competitividade da economia foram bastante afetados pelas reformas econômicas, embora a desigualdade de salários tenha se mantido relativamente estável, em função

[47] Ver também Moreira e Najberg (1999) para uma decomposição dos efeitos por aumento de produtividade e da abertura comercial na variação de emprego.

[48] Arbache (2004, p. 32).

[49] Arbache (2002) com dados de Maia (2001).

das mudanças na composição da escolaridade dos trabalhadores.[50] Arbache e Corseuil (2001) concluíram que a penetração de importação parece estar associada mais às alterações no emprego, enquanto a intensidade de exportação parece estar mais associada às variações nos salários relativos.

Evidentemente, uma empresa que atuava em um mercado com baixa concorrência teve que ajustar seus preços e reduzir custos. A redução de salários (ou de prêmios salariais) dependeu do poder de barganha dos trabalhadores em cada indústria. Em trabalhos mais recentes, Jorge Arbache estimou que a redução da margem de lucros (renda) dos empresários, como resultado da pressão da concorrência dos importados, se refletiu na diminuição do poder de negociação dos trabalhadores.[51] Os resultados são ambíguos e dependem do período estudado. Pavnik, Blom e outros (2004) estimaram que as indústrias com elevada exposição às exportações apresentavam salários mais elevados. Os autores também não encontraram evidências de que as indústrias mais expostas à concorrência internacional, por redução tarifária, apresentassem redução no prêmio salarial.

Os estudos concluíram que existem evidências empíricas comprovando que a liberalização comercial (nas circunstâncias em que ocorreu no Brasil) impactou de forma negativa os trabalhadores pouco qualificados e de baixa escolaridade.[52] Embora os estudos tenham sido feitos com dados até 1998-1999, que incorporam o efeito da taxa de câmbio valorizada, a conclusão foi de que houve uma perda significativa de empregos devido à abertura comercial. Não existe consenso sobre o impacto relativo da abertura no aumento da produtividade do trabalho nas empresas.

Agricultura: efeitos múltiplos e contraditórios

Em quase todos os países, a agricultura se caracteriza pela dicotomia entre grandes e pequenos estabelecimentos de produção agrícola, que estão associados a distintos tipos de cultivos e cujos interesses, muitas vezes antagônicos, se expressam na mesa das negociações comerciais. No Brasil, essa realidade é mais heterogênea. Em termos simplistas, pode-se colocar

[50] Arbache (2002). Ver também Arbache e Corseuil (2001) para referências de outros estudos. Arbache (2004) menciona Soares (2004), que encontrou evidência de que a abertura comercial reduziu a brecha entre os salários formais e informais da manufatura.

[51] Ver referências em Arbache (2004).

[52] Ver Soares, Servo e Arbache para uma revisão das principais conclusões dos estudos empíricos no Brasil.

de um lado o que se denomina complexo agroexportador ou agronegócios, e de outro a agricultura familiar, embora cada um dos conjuntos seja diversificado, e englobe subconjuntos mais uniformes, segundo o tipo de cultivo e organização produtiva.[53] O potente setor agroexportador, particularmente o complexo da soja, tem inspirado os esforços propositivos da diplomacia comercial brasileira em vários foros negociadores, mas se teme que os custos diretos e indiretos dessas negociações, representados pelas concessões de abertura do mercado agrícola brasileiro, sejam assumidos pela parte menos frágil da agricultura familiar.[54]

A defesa da agricultura familiar ressalta seus componentes sociais, pela forte associação entre pobreza, inclusão social e desenvolvimento rural, assim como proteção ao meio ambiente, pela forma artesanal de exploração do solo, que se contrapõe à escala da produção do agronegócios.[55] A permanência e o fortalecimento da agricultura familiar estão associados também à segurança alimentar. Os estudos no âmbito dos municípios brasileiros atestam os impactos positivos de longo prazo do desenvolvimento agropecuário sobre a geração de renda, crescimento populacional, arrecadação tributária e condições de vida (Bonelli, 2001). As ONGs (organizações não-governamentais) nacionais e européias assumem que o modelo agroexportador é gerador de desigualdades sociais, sendo responsável pela degradação ambiental e desagregação dos sistemas alimentares locais. Muitas organizações de defesa do meio ambiente criticam os efeitos da expansão agrícola e agropecuária sobre o solo e os recursos hídricos. Para alguns, é impossível compatibilizar

---

[53] Ver Jank (2004 e 2005) e Jank et al. (2004).

[54] Os principais atores nesse debate no Brasil são: 1) pelo lado agroexportador: Sociedade Rural Brasileira, Confederação Nacional de Agricultura, Associação Brasileira de Exportadores de Frangos, Confederação Nacional da Indústria, entre outros (setor privado); Ministério da Agricultura e Ministério do Desenvolvimento, Indústria e Comércio (setor público); ONG: Instituto de Estudos do Comércio e de Negociações Internacionais (ICONE); 2) pelo lado da agricultura familiar: Contag/ CUT (Confederação de Trabalhadores Agrícolas)/Confederação Única dos Trabalhadores (setor sindical); Ministério do Desenvolvimento Agrário e Ministério do Meio Ambiente (setor público); ONGs: Frente Sul da Agricultura Familiar; Action Aid Brasil; Rebrip (Rede Brasileira pela Integração dos Povos), entre outras.

[55] Campos, Oliveira e Bianchini (2001, p. 76) criticam o governo brasileiro por convidar apenas os representantes da agricultura patronal e das grandes empresas agroindustriais brasileiras a participar do Grupo de Negociações da Agricultura da Alca, excluindo tanto a agricultura familiar, como representantes dos trabalhadores agrícolas.

uma agricultura e um sistema alimentar sustentável e a hegemonia da lógica mercantil de maximização da produção e do lucro.[56]

Os dados existentes (embora desatualizados) mostram que a agricultura familiar é um setor bastante heterogêneo, em termos do tamanho dos estabelecimentos, estrutura empresarial, níveis de produtividade e acesso ao financiamento e à inovação tecnológica. Os trabalhos disponíveis mostram que, em muitos casos, a produção familiar não resistiria à concorrência de produtos subsidiados provenientes dos países industrializados, na ausência de políticas adequadas para o fortalecimento do setor. Como foi indicado nas seções anteriores, para que os pequenos produtores possam colher os benefícios do comércio, é necessário que a liberalização comercial venha acompanhada de políticas de apoio à produção que aumente o acesso dos produtores aos mercados, aos canais de comercialização, ao financiamento e à capacitação técnica.

A agricultura brasileira passou por um período de intensa transformação estrutural, na década de 1990, embora parte dos instrumentos de crédito e de estoques reguladores utilizados nas décadas de 1960 e 1970 já tivesse começado a ser eliminada em anos anteriores, como conseqüência da crise fiscal dos anos 1980. A política de preços, o esquema de crédito rural subsidiado e outros mecanismos provocaram distorções alocativas, fazendo que o período de 1960 a 1980 fosse caracterizado como de "viés contra a agricultura". Entre 1975 e 1983, se estima que houve uma transferência líquida de cerca de 8% do PIB agrícola para a economia como um todo, como resultado das intervenções diretas e indiretas do governo (tarifas, subsídios, quotas e outros). O esquema de subsídios e de preços relativos privilegiou a produção de alimentos em detrimento dos produtos de exportação, mas o impacto distributivo do período prejudicou os consumidores de baixa renda em relação aos consumidores de alta renda. Os dados indicam que o sistema de intervenção do Estado no período mencionado prejudicou as exportações agrícolas, restringindo o grau de internacionalização da agricultura brasileira.[57]

Entre 1987 e 1992 registraram-se as reformas mais importantes para a agricultura, em meio à busca pelo governo federal de esquemas para a estabilização de preços. A eliminação de barreiras comerciais às importações agrícolas foi um componente das reformas de políticas, entre as quais a mais significativa foi o processo de desregulamentação dos mercados internos e de

[56] Abong (2004).

[57] Dados de Brandão e Carvalho (1990), citados em Dias e Amaral (2000, p. 227-229).

desativação dos monopólios estatais na agricultura. Além da redução dos níveis tarifários, as reformas envolveram a eliminação de proibições para exportar e importar e a modernização dos procedimentos operacionais em alfândegas e agências controladoras do câmbio.[58] O processo de desregulamentação incidiu principalmente nos produtos mais regulamentados, como trigo, leite, açúcar e café. Na reforma dos mercados internos, os mecanismos de intervenção governamental foram alinhados com o funcionamento dos mercados internacionais. Por outro lado, a liberalização alterou os preços relativos dos insumos e aumentou o acesso a insumos importadas de alta qualidade.[59]

A redefinição do papel do Estado se refletiu na atribuição de um maior papel para o mercado na coordenação das relações entre os setores agrícolas, o de processamento e o de distribuição.[60] O Estado anteriormente fixava preços, administrava a produção e regulava ou monopolizava as atividades de comercialização e comércio externo. A retirada do Estado das relações interindustriais ocorre juntamente com a formação, a partir de meados de 1980, do novo modelo de agronegócios, que integra a produção agrícola com o sistema de distribuição, o processamento industrial (agroindustriais), as cadeias de supermercados varejistas, e com os fornecedores de insumos e serviços (pesquisa e assistência técnica, transporte, comercialização etc.).

Como foi assinalado anteriormente, os impactos da liberalização comercial sobre a agricultura também não podem ser estudados separadamente de todas as reformas macroeconômicas, em particular do binômio política cambial-política monetária de juros elevados, que resultaram em um financiamento implícito às importações. Segundo os analistas, a reforma não foi nem uniformemente benéfica nem inteiramente prejudicial para a produção agrícola. Os efeitos foram distintos dependendo dos produtos, das regiões geográficas, do tamanho das unidades produtivas e dos subperíodos analisados. Preços mais baratos de insumos beneficiaram a produção local de produtos de exportação, assim como a dos produtos que concorrem com importados (efeito de consumo). Porém, a eliminação da proteção tarifária e não-tarifária incidiu sobre alguns cultivos, em particular, que tiveram redução na produção, sendo parte do consumo substituído por importações. Em termos regionais, grande parte dos ganhos se concentrou no Centro-oeste do Brasil, enquanto as dificuldades foram absorvidas pelo Sul (que concentra a agricultura familiar mais eficiente).

---

58 Dias e Amaral (2000, p. 230).

59 Helfand e Rezende (2001).

60 Helfand e Rezende (2001) atribuem à redefinição de papéis entre mercado e Estado um efeito mais importante que a liberalização comercial em si.

A perda de transferência de renda mediante crédito subsidiado induziu os produtores agrícolas a reduzir seus custos médios de produção.[61] O ajuste às novas condições de produção e comercialização dos produtos agrícolas implicou o aumento da capitalização do estabelecimento produtivo. A conseqüência foi a eliminação de empregos, a redução do número de estabelecimentos e a queda no preço das terras, embora existam discrepâncias com relação ao tamanho desses impactos distributivos das reformas políticas. Entretanto, são muitas as evidências de que uma parte dos agricultores escolheu a opção "da saída" para lidar com a nova exposição aos preços e mercados internacionais, enquanto outros adotaram tecnologias poupadoras de trabalho (o fator abundante).[62]

A definição de agricultura familiar é ampla. Inclui desde a agricultura de subsistência até a pequena produção eficiente e integrada no mercado.[63] As tabulações especiais do Censo de 1995-1996 realizadas pelo Incra (com apoio da FAO) demonstraram a importância da agricultura familiar, definida a partir das relações sociais de produção e não apenas pela área do estabelecimento ou pelo valor da produção.[64] Os dados (que são os únicos disponíveis) revelaram que os agricultores familiares representavam 85,2% do total de estabelecimentos identificados pelo Censo, ocupavam 30,5% da área total, eram responsáveis por 37,9% do valor bruto da produção (VBP) agropecuária nacional, tendo recebido apenas 25,3% do financiamento destinado à agricultura no ano do censo. Regionalmente, a agricultura familiar era responsável por mais de 50% do VBP das regiões Norte e Sul, sendo que o Centro-oeste apresenta o menor percentual de agricultores familiares.[65]

---

61 Ver Helfand e Rezende (2001) e Dias e Amaral (2000) para referências.

62 Segundo Helfand e Rezende (2001, p. 27), as discrepâncias são devidas às dificuldades metodológicas para comparação entre os Censos Agropecuários de 1985 e o de 1995-1996.

63 Homem de Melo (2001, p. 13) emprega a definição de Ricardo Abramovay: "Agricultura familiar é a que não tem empregados permanentes e/ou tem menos de cinco empregados temporários em algum mês do ano".

64 Para o Incra, a agricultura familiar deve satisfazer duas condições: a direção dos trabalhos do estabelecimento agrícola é exercida pelo produtor, e o trabalho familiar é superior ao trabalho contratado. Ver Guanziroli e Cardim (2000).

65 A região Sul é a mais forte em termos de agricultura familiar, representada por 90,5% de todos os estabelecimentos da região, ocupando 43,8% da área e produzindo 57,1% do VBP, e com 43,3% dos financiamentos aplicados na região. A região Nordeste apresentava o maior número de agricultores familiares, os quais ocupavam 43,5% da área regional, produzindo 43% de todo o VBP da região, mas ficando com apenas 26,7% do valor dos financiamentos agrícolas da região

A importância da agricultura familiar é acentuada na pecuária de leite (52%), na produção dos suínos (58%) e de aves e ovos (40%), sendo significativa também na pecuária de corte (24%). A agricultura familiar se concentra na produção de fumo (97%), mandioca (84%), cebola (72%), feijão (67%), milho (49%), trigo (46%), soja (32%) e arroz (31%). Na produção das frutas, a agricultura familiar é responsável pela produção de 58% da banana, 27% da laranja, e 47% da uva. Além disso, participa em 25% da produção do café e em 10% do VBP da cana-de-açúcar, e produz 33% do algodão. Entretanto, uma proporção elevada de agricultores produz para seu próprio consumo. Dados do censo revelam que em mais de 44% do total dos estabelecimentos menos da metade da produção era comercializada. O restante era consumido na unidade agrícola.

Helfeld e Rezende (2001, p. 27-29) analisaram a produção de milho e feijão no Sul do Brasil por estabelecimentos classificados como agricultura familiar, sendo cada um desses cultivos produzido por mais de dois milhões de agricultores. Antes de enfrentar a concorrência dos produtos importados, a viabilidade da pequena produção está condicionada pela capacidade de competir com a agricultura patronal, ou o agronegócio Utilizando dados dos dois censos agropecuários (1985 e 1995-1996), os autores concluíram que o tamanho do estabelecimento agrícola desempenha papel importante na produtividade média da unidade agrícola. Entre os dois censos, os rendimentos do milho cresceram em mais de 75% para estabelecimentos acima de 100 hectares e menos de 30% em estabelecimentos de menos de 20 hectares. Como conseqüência, a participação dos estabelecimentos de mais de 100 hectares na produção do milho cresceu de 35 para 56%, entre os dois períodos. Da mesma maneira, a produtividade do feijão aumentou entre 80 e 165% para estabelecimentos acima de 100 hectares e em menos de 30% para os menores. A participação dos estabelecimentos maiores cresceu de 21 para 29%.

Para entender melhor os efeitos da liberalização comercial sobre a agricultura familiar, Homem de Melo (2001) dividiu a atividade agrícola em três conjuntos de produtos: (i) produtos de comércio exterior o comercializáveis no mercado internacional (tanto produtos de exportação como de importação) – os principais entre os produtos de importação são: soja e derivados, café, açúcar, fumo, laranja/suco, cacau, carnes bovina e de frango; e entre os de importação: trigo e, mais recentemente, algodão e leite; (ii) produtos de mercado interno que não são comercializados internacionalmente, em gran-

(Guanziroli e Cardim, 2000, p. 17). Ver também Buainain, Romeiro e Guanziroli (2001).

de escala: produtos cuja perecibilidade impede um comércio internacional mais ativo; e (iii) produtos para o mercado interno, mas que também são comercializados no mercado internacional: milho, arroz e suínos. Utilizando o tamanho do estabelecimento para a definição de agricultura familiar, o estudo encontrou que a agricultura familiar era preponderante (mais de 50%) na produção de: amendoim, batata, cebola, feijão, fumo, mandioca, sisal, tomate e uva e em suínos, frango e leite. A agricultura patronal (mais de 100 hectares) era responsável pelos cultivos de algodão, arroz, cacau, café, cana-de-açúcar, laranja, milho, soja, trigo e pela pecuária bovina. O autor concluiu que a agricultura familiar brasileira produz, predominantemente, produtos para o mercado interno (incluindo o autoconsumo), ainda que nem todos sejam produtos alimentares (fumo, por exemplo). Por outro lado, a agricultura patronal produz, predominantemente, produtos para o mercado externo.

Os produtos da agricultura familiar foram prejudicados por políticas que incidiram nos preços dos produtos agrícolas, mas foram beneficiados pelo barateamento relativo dos insumos agrícolas. Os analistas são críticos das excessivas reduções das tarifas de importação que desconsideraram o protecionismo agrícola dos países industrializados. A diminuição do preço relativo do trigo, pela concorrência do produto argentino, trouxe prejuízos à agricultura familiar por efeitos diretos e pelo efeito-substituição sobre vários produtos (feijão, mandioca e batata, entre outros). Por outro lado, os menores preços de insumos convencionais, como fertilizantes e defensivos, mas também de novos insumos, como uma enorme gama de máquinas e implementos agrícolas, vários de última geração, vacinas e medicamentos veterinários foram também aproveitados pela agricultura familiar mais capitalizada. Como foi assinalado, alguns produtos e produtores foram mais beneficiados do que outros. Para o subconjunto da agricultura familiar organizada em padrão empresarial, produzindo para o mercado, os benefícios da liberalização se evidenciaram no crescimento dos rendimentos físicos dos seus produtos, principalmente por redução da área cultivada, mas também por menores custos de produção.[66]

Eqüidade, pobreza e eqüidade de gênero

Os impactos na estrutura de distribuição de renda são considerados, em sentido restrito, os efeitos distributivos do comércio e da política comercial. Como foi mencionado anteriormente, a teoria do comércio se refere à distribuição da renda entre os fatores produtivos, ou seja, à distribuição da

[66] Ver Homem de Melo (2001).

renda fatorial, enquanto a preocupação da sociedade é com a distribuição da renda pessoal. Só recentemente a literatura de comércio incluiu o estudo dos impactos do comércio e da política comercial na pobreza e nas relações de gênero, embora não exista uma relação teórica direta entre o aumento dos fluxos de comércio, pobreza e relações de gênero.

Não é demais insistir que as mudanças decorrentes da liberalização comercial e da expansão do comércio incidem em um contexto de extrema desigualdade tanto de resultados como de oportunidades, com influências mútuas de uns sobre os outros.[67] As desigualdades de resultados se referem às desigualdades de renda, educação, consumo, salários, e de acesso a serviços privados e públicos, entre outros, enquanto as desigualdades de oportunidades se referem às probabilidades diferentes que os indivíduos têm de aceder a ativos, bens e serviços etc. segundo atributos que não controlam (circunstancias) em termos de raça, sexo, origem geográfica etc.[68]

O Brasil detém uma das estruturas de renda mais desiguais do mundo: em 2000, a renda apropriada pelos 20% mais ricos da população era 33 vezes a renda correspondente aos 20% mais pobres. Em 1999, o coeficiente Gini para a distribuição de unidades familiares por sua renda *per capita* para o Brasil era 0.59, um dos mais elevados do mundo, e o mais elevado para países de renda similar.[69] O índice de concentração de renda não só é muito elevado, mas tem permanecido estável nas últimas três décadas. Os fatores que explicam a concentração de renda incluem concentração de ati-

---

[67] John Roemer (1998) sugeriu que os resultados relevantes (ingresso, consumo, salários etc.) podem ser vistos como determinados por dois grandes conjuntos de variáveis: as variáveis que, até certo ponto, podem ser controladas pelos indivíduos são denominadas variáveis de esforço; as variáveis que ajudam a determinar os resultados, mas estão fora do controle do individuo referido, são denominadas variáveis de circunstância. No marco proposto por Roemer, existe eqüidade de oportunidades, se as circunstâncias que podem ser modificadas – não são predeterminadas – não produzem diferenças sistemáticas nos resultados individuais. Somente são consideradas "justas" as diferenças em resultados que são causados por diferenças de esforços individuais (citado em Banco Mundial, 2003, p. 4).

[68] Cor e gênero são dois atributos que explicam uma grande parte das desigualdades de renda, nessa ordem: cerca de 12% das desigualdades de renda são resultado das desigualdades raciais (Banco Mundial, 2003).

[69] Banco Mundial (2003 p. 10). Embora o coeficiente Gini possa variar de zero (igualdade perfeita) até um (uma distribuição na qual toda a renda estaria concentrada em uma só unidade), na prática os índices para a distribuição de renda variam entre 0,3 e 0,6. Quanto mais próximo de um, pior a desigualdade.

vos (terra, padrão de qualificação de trabalho), segmentação do mercado de trabalho, discriminação por raça e gênero, além de transferências monetárias regressivas.[70] Um trabalho recente do Banco Mundial sobre a persistência das desigualdades entre gerações demonstrou que as desigualdades de oportunidade não apresentavam tendências de diminuição. Fatores predeterminados, como raça, região de origem, e a ocupação do pai continuam a decidir o nível educacional a que um individuo pode almejar.[71]

Os analistas concluíram que o fator de segmentação dos mercados de trabalho no Brasil é a desigualdade em termos educacionais. Uma pesquisa patrocinada pelo Banco Mundial (2003) indicou que a distribuição desigual da educação explicava cerca de 29% da desigualdade de renda no Brasil, enquanto prêmios salariais (diferenças de salários por níveis de qualificações) explicavam outros 32%.[72] Esses dois fatores se multiplicam, porque o prêmio salarial é parcialmente determinado pela distribuição da educação (oferta das qualificações). Portanto, políticas com vistas a melhorar os indicadores de pobreza e desigualdades devem procurar reduzir as disparidades na composição de qualificações da força de trabalho para que os impactos positivos de maior eficiência decorrentes da integração com o mercado internacional possam ser generalizados a uma massa maior da população. Nesse sentido, a abertura em si mesma não parece ser capaz de promover uma redução significativa dos índices de pobreza e desigualdade, embora não existam evidencias de que a exposição à concorrência internacional tenha sido responsável pela deterioração desses mesmos índices.[73]

Para reduzir a desigualdade na distribuição dos salários, o comércio deveria favorecer a criação de empregos compatíveis com a estrutura de oferta no mercado de trabalho. Em última instância, a especialização resultante da exposição de uma economia à concorrência internacional deveria corresponder à dotação de fatores do país. No Brasil, a demanda por trabalho de baixa

70 Banco Mundial (2003).

71 Bourguignon, Ferreira e Menendez (2005), citado em Banco Mundial (2005, p. 29).

72 Em 1999, no Brasil, 35% da população economicamente ativa tinham completado a educação secundária, enquanto no México, esse número era de 52%, na Colômbia de 41% e nos Estados Unidos de 94%. Em termos de educação pós-secundária, no Brasil, a proporção é de menos de 10%, no México e Colômbia, 14% e 13% respectivamente, e nos Estados Unidos, cerca de 50% (Banco Mundial, 2003, p. 20).

73 Ver Behrman, Birdsall e Székely (2001), para conclusão similar para um grupo de países da América Latina.

qualificação, abundante no País, deveria contribuir para reduzir a pobreza, com resultados mais ambíguos sobre a desigualdade de renda. Como foi assinalado, no caso específico da indústria de transformação, não existem evidências empíricas de que a maior exposição à concorrência internacional, como conseqüência da liberalização comercial, tenha determinado um incremento da demanda pelo trabalho pouco qualificado, e não há perspectivas de que essa tendência venha a se alterar em um futuro previsível.

Os estudos analisados por Soares, Servo e Arbache (2001) mostraram que os impactos da abertura comercial sobre a distribuição de renda no Brasil foram muito pequenos. Embora tenha sido registrado um aumento da dispersão do salário médio entre grupos educacionais, este foi compensado pela queda da dispersão dos salários intragrupos educacionais.

Carneiro e Arbache (2003) utilizaram um modelo de equilíbrio geral computável (CGE pela sigla em inglês) para estimar os efeitos um aumento na abertura comercial na distribuição da renda familiar e nos indicadores de pobreza em quatro cenários diferentes: (i) aumento de 20% nas exportações dos setores que utilizam mais trabalho qualificado no processo de produção; (ii) redução tarifária linear de 50%; (iii) impactos derivados da Alca, em que tarifas são reduzidas e os preços internacionais de exportações e importações são alterados simultaneamente; e (iv) efeitos de um acordo multilateral com eliminação da proteção tarifaria e alteração nos preços internacionais de exportações e importações. Os resultados demonstraram que o aumento da abertura teria um efeito positivo, mas muito reduzido na diminuição da pobreza e dos índices de desigualdade.[74] Por outro lado, o aumento das exportações resultaria em um aumento de renda para todas as unidades familiares, embora os benefícios fossem maiores para os grupos de renda média para alta.

Também com base em um modelo CGE, Harrison e outros (2004) analisaram se haveria contradição entre o aumento do bem-estar agregado para o país, como conseqüência da liberalização comercial, e o bem-estar dos pobres no Brasil. Baseado nos resultados do seu modelo, os autores concluíram que não existe contradição entre liberalização comercial e redução da pobreza. O que se explica porque o modelo foi construído de forma a validar uma especialização prevista pela teoria do comércio. A especialização resultante significou uma realocação dos recursos que estavam nas indústrias mais intensivas em capital e se transferiram para a agricultura e as manufaturas intensivas em trabalho não qualificado e menos intensivas em capital. Como

[74] O mesmo resultado foi encontrado por Barros e Corseuil (2001) utilizando outra metodologia.

conseqüência da expansão da demanda pelo trabalho não qualificado, os salários do trabalhador menos qualificado deveriam aumentar com relação aos ganhos de capital e os do trabalho qualificado.[75]

A relação entre o comércio e a pobreza é complexa, e difícil de ser capturada em um modelo simples, porque muitos efeitos são indiretos, por exemplo, pela via do mercado de trabalho, e dos padrões de consumo.[76] McCulloch, Winters e Cirera (2001) definem três caminhos pelos quais a liberalização comercial pode ocasionar efeitos diretos na pobreza: (i) preços, sendo que o efeito direto nos índices de pobreza vai depender de se as famílias pobres são consumidoras líquidas ou produtores líquidos do produto que teve o seu preço alterado e se a mudança de preços é transmitida ao produtor pobre (canais de distribuição); (ii) empresas, por meio dos impactos nos lucros e, por decorrência, no emprego e nos salários; e (iii) impostos e gastos públicos.[77]

O comércio pode influenciar a melhoria nos índices de pobreza por meio do impacto sobre o crescimento econômico, muito embora as relações entre um e outro continuem a ser um tema controvertido na literatura. A literatura destaca, porém, que uma liberalização que favoreça a redução da pobreza deve estar acompanhada de políticas públicas de apoio à integração da população mais pobre às instituições de mercado, principalmente da população rural. Entre os mecanismos propostos estão: (i) canais para uma distribuição eficiente que assegure que os pobres recebam os benefícios dos novos incentivos e do acesso aos insumos importados; (ii) acesso aos ativos

[75] Um dos problemas para a construção de modelos fatoriais é justamente a ausência de dados acurados sobre a proporção do capital em cada indústria. Harrison e Rutherford (2004) mencionam que a proporção do capital nas matrizes de insumo e produto é estimada como um resíduo, descontados do total da renda das empresas os pagamentos por insumos, trabalho e impostos. Nos setores nos quais as relações de trabalho são pouco formalizadas, como a agricultura, e em menor proporção os serviços, e alguns setores manufatureiros, a parte do capital termina por ser superestimada. Os autores reestimaram a proporção fatorial para tornar a agricultura mais intensiva em trabalho pouco qualificado, o que é verdade para uma parte da agricultura, que, como foi visto, é a agricultura familiar. Entretanto, a setor exportador, principalmente de grãos e carne bovina, é intensivo em capital, terras e tecnologia.

[76] Ver Pereira e Lopes (2005) para uma análise da pobreza e a agenda de negociações comerciais do Brasil.

[77] Os trabalhos recentes de Ricardo Paes de Barros mostram o impacto de programas de transferência monetária para a redução da desigualdade na distribuição de renda no Brasil (Barros et alii, 2006).

(capital físico, humano e social) para permitir respostas de oferta efetivas; e (iii) redes de segurança para proteger os agentes que podem ser levados à pobreza como conseqüência da liberalização comercial.

A liberalização comercial pode alterar a natureza do risco e da incerteza que as famílias pobres enfrentam, ao remover a proteção à produção agrícola, por exemplo, e submeter unidades produtivas vulneráveis a choques externos.[78] A capacidade de lidar com o risco e a incerteza da integração econômica vai depender da criação pelos governos de redes de proteção social.[79]

Da mesma maneira, o campo das relações entre comércio e eqüidade de gênero é mediado pelas relações entre comércio e crescimento, comércio e mercado de trabalho, comércio e gastos do governo. São escassos os trabalhos que analisaram os impactos da liberalização do comércio nas assimetrias de gênero no Brasil. Castilho e Guedes (2002) se referem à concentração dos estudos nas questões da segmentação do emprego feminino, da fragilidade dos postos de trabalho assumidos pelas mulheres e da dupla jornada de trabalho, uma vez que o trabalho reprodutivo, não monetizado, ainda é executado predominantemente por mulheres.

Os esforços das(dos) pesquisadoras(res) têm se voltado para a construção de uma metodologia de análise que possa incorporar os dois grandes componentes do trabalho feminino: (i) o trabalho reprodutivo composto pelas atividades de manutenção e reprodução da família ou da comunidade (economia do cuidado), podendo incluir atividades de subsistência; e (ii) trabalho produtivo, composto pelas atividades que produzem renda monetária (ou não monetária, quando realizado em um negócio familiar). Por razões oportunistas (falta de dados e de um *corpus* analítico estruturado), as análises se baseiam somente no emprego formal das mulheres, para a pesquisa dos efeitos do comércio na discriminação salarial, ou por tipo de ocupação. Segundo Castilho e Guedes (2002, p. 17), a maioria dos trabalhos que relacionaram gênero e abertura comercial se concentrou "nos efeitos sobre a inserção feminina no mercado de trabalho, em particular, na precariedade dos postos de trabalho ocupados por mulheres e o quanto esse contingente populacional tem servido como 'variável de ajuste' dentro da economia brasileira". Outros trabalhos estão orientados para o impacto da expansão do comércio com base na flexibilidade no volume do emprego e no tempo de trabalho, que é garantido pela oferta de mão-de-obra feminina.

78 Winters (1999) propõe a unidade familiar de produção e consumo para analisar os efeitos amplos do comércio na redução da pobreza.

79 Banco Mundial (2005, p. 197). Ver Barros et alii (2006).

Os possíveis impactos distributivos (setoriais) da abertura comercial negociada no Brasil

Em linhas gerais, as empresas exportadoras mais competitivas pressionam para que as negociações tenham avanços significativos nos seus mercados de interesse. Do outro lado, unidades produtivas agrícolas e manufatureiras, com dificuldades para concorrer com similares estrangeiras mais competitivas procuram ganhar mais tempo para a sua adaptação às novas condições de concorrência. A breve descrição que foi feita nas seções anteriores dos efeitos distributivos da abertura unilateral sobre o emprego e a produção agrícola e não-agrícola permite inferir a dificuldade que os negociadores enfrentam para avaliar com um mínimo de rigor a magnitude dos efeitos das concessões acordadas nas mesas negociadoras.

A identificação dos setores que deverão se beneficiar das concessões de acesso a mercados, assim como dos que sofrerão a concorrência dos produtos importados, coincide em linhas gerais com o que o modelo simples de Heckscher-Ohlin prediz para a especialização do país. O Brasil tem vantagem comparativa e absoluta na produção de produtos intensivos em recursos naturais e trabalho pouco qualificado, embora, como foi visto anteriormente, a composição do trabalho entre qualificado e não-qualificado seja mais controvertida. Os estudos de impactos das negociações comerciais nos setores industriais brasileiros utilizam diferentes indicadores de vantagem comparativa revelada, em modelos qualitativos, ou quantitativos (de equilíbrio parcial ou general computável). Os resultados são indicativos de ganhos e perdas agregados que, por sua modéstia, não deveriam justificar o custo das negociações. Além do mais, como partem de uma estrutura estática de vantagens comparativas com relação a parceiros específicos, não chegam a avançar o conhecimento sobre a estrutura de distribuição dos custos e benefícios dos possíveis acordos, para os produtos que poderão vir a ser exportados.

Fonseca e Hidalgo (2004) estimaram que para um conjunto de produtos (açúcar, café, cacau, soja, suco de laranja e carnes), na Alca para o Brasil, o efeito de criação de comércio seria superior ao efeito de desvio.

Kume e Piani (2004) analisaram os possíveis impactos da Alca para o Brasil, em produtos manufatureiros. A introdução de um valor tarifário imputado às barreiras não-tarifárias dos Estados Unidos distingue esse trabalho de outros exercícios semelhantes.[80] Para o Brasil, os setores com maior número de bens com vantagens comparativas reveladas positivas foram

---

[80] Ver Kume e Piani (2004) para referencias bibliográficas.

armas e munições (41,2%), madeira e mobiliário (38%), calçados (29,1%), cerâmica e vidro (25,5%), peles e couro (24,3%), alimentos, bebidas e fumo (26,1%), gordura e óleos (20,8%) e metais (20,3%). Por outro lado, os setores com maior concentração de produtos com vantagens comparativas reveladas negativas foram os de instrumentos de precisão (96,1%), têxtil e vestuário (95,4%), máquinas e equipamentos (88,7%), plásticos e borracha (87,8%), celulose e papel (88,6%) e produtos químicos e conexos (86,7%) (excetuando-se a seção "diversos").[81] Os indicadores de competitividade mostraram que as estruturas dos Estados Unidos e do Brasil são aproximadamente complementares. Mesmo nos setores nos quais o Brasil não detém vantagem comparativa agregada, como têxteis e vestuário, existem segmentos, como produtos de algodão e de celulose derivados de fibras curtas, nos quais o Brasil é um produtor eficiente (ver Quadro 4).[82]

As estimativas conseqüentes do modelo de equilíbrio parcial indicaram que o Brasil teria possibilidades de ganhos nas exportações de 92 produtos do sistema harmonizado a seis dígitos que foram responsáveis por uma venda anual para os Estados Unidos de 2,2 bilhões de dólares no período 1999-2000. Com base nos supostos do modelo, a eliminação das tarifas dos Estados Unidos representaria um aumento de 697 milhões de dólares nas exportações brasileiras para aquele mercado, dos quais cerca de 46% seriam decorrentes das vendas adicionais de calçados e 24% de suco de laranja, seguidos, com participação inferior, por têxteis e vestuário, produtos de cerâmica, vidro e fumo. Na hipótese de eliminação de barreiras tarifárias e não-tarifárias, o ganho das exportações seria multiplicado por dois, alcançando 1,22 bilhão de dólares, incrementando as exportações de açúcar e as siderúrgicas. Por outro lado, os Estados Unidos aumentariam suas exportações para o Brasil em 2,23 bilhões de dólares, sendo o setor mais beneficiado o de máquinas e equipamentos, bens de capital, em particular, material elétrico e instrumentos de ótica e de precisão. Em seguida, estariam os produtos químicos, produtos plásticos e de borracha.

Um exercício semelhante realizado por Kume, Piani, Miranda e Castilho (2004) para os impactos de um acordo Mercosul-União Européia, con-

---

[81] Nos Estados Unidos, os setores com vantagens comparativas reveladas negativas foram o de calçados (98,2%), seguido por têxtil e vestuário (94,9%), metais (81,4%) e produtos minerais (81,2%).

[82] Harrison et alii (2004) utilizaram um modelo de equilíbrio geral computável para estimar os benefícios para o Brasil das negociações da Alca, Mercosul-União Européia e as multilaterais. Os resultados de um acordo plenamente aplicado com a União Européia seriam cerca de uma vez e meia maior para o Brasil do que na Alca.

cluiu que em virtude da liberalização insuficiente do setor de agroindústria pela União Européia, os ganhos para o Brasil seriam inferiores em quase 50% aos da União Européia. O trabalho estimou os ganhos de comércio derivados da redução tarifária proposta por ambas as parte até maio de 2004, utilizando um modelo de equilíbrio parcial computável. Devido às características do comércio entre o Brasil e os países da União Européia de troca de produtos primários e seus derivados por bens manufaturados, os maiores ganhos brasileiros consistiriam em produtos agropecuários e elaborados, principalmente etanol. Dos produtos manufaturados, os ganhos estariam divididos entre madeira compensada, têxtil e vestuário, calçados, alumínio e setor automotivo e peças. Como seria esperado, pelo lado europeu, os ganhos estariam concentrados em produtos industrializados, principalmente em máquinas, equipamentos, aparelhos eletrônicos e material de transporte.

Resultados semelhantes foram obtidos pelo projeto coordenado por Coutinho, Laplane e outros (2003), que compreendeu o estudo de 20 cadeias industriais brasileiras e deveria avaliar os impactos das novas rodadas da liberalização comercial, principalmente Mercosul-União Européia e Alca sobre as mesmas, identificando as ações específicas para o aumento da competitividade de cada cadeia produtiva.[83] As análises foram qualitativas, empregando estatísticas descritivas, e um quadro de análise estático. Os diversos setores (cadeias produtivas) foram agregados em quatro grupos, de acordo com os problemas em comum que enfrentam para melhorar sua competitividade internacional. A competitividade relativa foi definida por um indicador simples de vantagem comparativa revelada: saldos positivos ou negativos de exportações no período 1996-2001. Mesmo na ausência de trabalhos detalhados, os setores componentes dos grupos 1 ("vencedores") e 2 ("perdedores") são fáceis de reconhecer. Os dois grupos restantes não têm uma configuração muito precisa, mas é no grupo 2 e no grupo 4 que se encontram os mais fortes grupos de pressão nacionais, responsáveis pela "endogeneidade" da política comercial brasileira.[84]

---

[83] O conjunto de trabalhos é bastante heterogêneo, não apresenta uma metodologia uniforme e, em geral, as "cadeias produtivas" constituem um conjunto de segmentos industriais que são estudados separadamente, sem que tenha sido definida uma metodologia de estudo específica para relações interindustriais.

[84] Ferreira (2001) assinala a lista brasileira de exceções tarifarias à Tarifa Externa Comum do Mercosul, que contém bens de consumo duráveis e o setor automotivo (ventiladores, geladeiras/congeladores, aquecedores de água, utensílios domésticos, equipamentos de som, máquinas de lavar, projetores de vídeo, tratores, automóveis, caminhões, motocicletas, bicicletas e peças de bicicletas), que têm tarifas duas a três vezes superiores às da tarifa média brasileira.

O Grupo 1 está constituído por conjuntos de setores superavitários no comércio externo, que apesar de heterogêneos estão formados por empresas que tendem a ser competitivas nacional e internacionalmente. Esses setores não apresentam problemas de oferta. Os principais estrangulamentos às exportações estão constituídos por problemas de acesso a mercados (que devem ser resolvidos por negociações comerciais multilaterais), internacionalização das empresas, infra-estrutura e facilitação de negócios. São indústrias intensivas em recursos naturais: as cadeias do agronegócio (café, celulose e papel, cítricos, entre outros), siderurgia (intensiva em escala), e as intensivas em mão-de-obra (couro e calçados). Curiosamente, não foi analisada a capacidade do setor de calçados de competir internamente com calçados importados sem a proteção tarifaria, que é muito elevada.[85]

No Grupo 2 estão cadeias produtivas com sérias deficiências competitivas, e que são cronicamente deficitárias no comércio internacional. Esses seriam então os setores "perdedores" em uma negociação de maior abertura comercial. As recomendações do estudo são para manter a proteção tarifária com os parceiros nas negociações, para permitir a execução de políticas setoriais. Durante o período de transição, o governo deveria apoiar os setores com políticas de competitividade para reduzir as principais deficiências encontradas. As ações sugeridas foram de reestruturação patrimonial, de desenvolvimento tecnológico (produtos e processos) e de apoio à cooperação entre empresas. Encontram-se nesse grupo importantes segmentos da base industrial (Bens de Capital Seriados e Petroquímica), a cadeia de Transformados Plásticos, de heterogeneidade comprovada (no tamanho e na competitividade das firmas), mas forte geradora de empregos; além da Cadeia de Construção Naval, potencialmente competitiva (dado o acesso privilegiado a matérias-primas), mas que sofreu forte desindustrialização nos anos 1990.[86] No mesmo grupo se encontra também a Cadeia de Têxtil e

[85] O trabalho sobre o setor de couro e calçados não analisou o impacto da liberalização das importações. Entretanto, como se pode verificar no Quadro 2, a tarifa média em calçados é de 19,2%, sendo a mínima 6% e a máxima de 25%. Ver também De Paula (2002) para o estudo sobre o setor de siderurgia. Porém, o setor de calçados ainda depende dos compradores internacionais, e necessita avançar em termos de desenho, qualidade e criação de marcas internacionais. Além do mais, deve diversificar seus mercados de destino, pois em 2000 cerca de 70% eram enviados aos Estados Unidos. Ver Costa (2002).

[86] O trabalho de Ferraz, Leão et alii (2002) menciona que a questão tarifária não é problema para o setor de indústria naval, que não tem proteção tarifária. O setor é aberto às importações e ao capital estrangeiro (não há dados quantitativos).

Confecções, outra cadeia bastante heterogênea.[87] De fato, certos segmentos da indústria têxtil, de grandes empresas integradas e com alto índice de mecanização, são bastante competitivos. Outros segmentos, em especial confecções, apresentam deficiências competitivas por distintas razões (escala produtiva e patrimonial deficiente, alto grau de informalidade, por deficiências tecnológicas, entre outras).

O Grupo 3 abrange setores nos quais, segundo os estudos, as ameaças e as oportunidades das negociações comerciais se anulariam pelo fato de terem sua competitividade determinada por selos de certificação ambiental (madeiras), diferenciação via marcas e distribuição comercial (Cosméticos), ou por serem pouco comercializáveis (Cerâmica).[88] Evidentemente, as conclusões são discutíveis, principalmente tendo em vista que, de uma forma ou de outra, os temas de meio ambiente, marcas e barreiras técnicas também fazem parte das negociações comerciais.

O Grupo 4 engloba os setores quase que totalmente controlados pelas empresas multinacionais (automobilística, eletrônica de consumo, farmacêutica, informática e teleequipamentos). Nesses setores predomina o comércio intrafirma, e as estratégias das empresas estrangeiras que os controlam. Como são setores cujos mercados se caracterizam por elevada concentração, com um número pequeno de empresas, podem coordenar melhor suas ações e ter maior poder de barganha como grupo de pressão setorial junto aos burocratas do setor público. O setor automotivo, por exemplo, mantém uma proteção nominal e efetiva superior, inclusive aos seus níveis históricos, além de obter regimes especiais, no âmbito do Mercosul e no acordo com o México.

Esses estudos permitem a identificação numérica ou qualitativa de grandes agregados setoriais cujas vantagens comparativas são mais ou menos intuitivas. Não avançam muito em termos da economia política da proteção. Por outro lado, os custos e benefícios do aumento da liberalização comercial não se distribuem entre indústrias, como propõe o modelo simples de

[87] Ver Prochnik (2002a e 2002b).

[88] O trabalho específico sobre cerâmicos de revestimento revela que o país tem perdido competitividade, medida pela fatia de mercado, nos países da Alca (exclusive do Mercosul), embora a perda coincida com o período de câmbio valorizado. Ao mesmo tempo, o país enfrentaria a concorrência do México e da Venezuela, grandes exportadores na região. A tarifa de importação no Brasil é de 15,5%, superior à média tarifaria dos países da Alca (12,9%). O Canadá (8%), o Chile (6%) e os Estados Unidos (10,6%) apresentam uma proteção tarifária inferior à do Brasil, que só é superada pelo México (20%) (Ferraz, 2002).

comércio, mas entre empresas dentro da mesma indústria [89] Igualmente, o complexo de relações interindustriais em cada cadeia produtiva apresenta conflitos distributivos e interesses contraditórios entre vendedores e compradores de produtos finais e de intermediários a montante e a jusante que não são captados por trabalhos setoriais descritivos.

Estudos recentes realizados pela Cátedra do Mercosul de Ciências Políticas sobre as negociações em paralelo e inter-relacionadas que o Brasil, como membro do Mercosul, desenvolve com a União Européia e os países das Américas advertem que, no contexto de incerteza que predomina nas negociações multilaterais, a melhor aposta para o País amplificar as oportunidades de acesso a mercados é concretizar acordos preferenciais simultâneos com os dois grandes países ou blocos de países.[90] Evidentemente, a conclusão decorre da estrutura de proteção tanto dos Estados Unidos como da União Européia, que tem um viés contra os setores e produtos nos quais os países do Mercosul têm claras vantagens comparativas. Dados os custos de ajustes possíveis, em termos de concessões nos setores industriais, que foram apontados mais acima, se levanta a pergunta sobre os custos de oportunidade de ficar fora dos acordos preferenciais. Os estudos quantitativos refletem a especialização agregada do Brasil. Por um lado, um acordo de livre-comércio com a União Européia tenderia a polarizar a especialização interindustrial, favorecendo o agronegócio, enquanto um acordo bem-sucedido (para o Brasil) na Alca, tenderia a ser mais equilibrado, em virtude da grande participação de produtos manufaturados nos fluxos de comércio Brasil-Estados Unidos e restante das Américas, principalmente nas manufaturas tradicionais, como calçados e couros, e alguns têxteis.[91]

Como os demais exercícios numéricos, os exercícios quantitativos da Cátedra Mercosul concluíram que os ganhos para o Brasil em termos do produto real não seriam significantes. Portanto, os custos de não aderir aos acordos também não seriam grandes, embora os cálculos se refiram aos ganhos (e perdas) estáticos.

Considerações finais: questões a serem pesquisadas

Esta revisão de trabalhos cobrindo vários aspectos distributivos da liberalização comercial no Brasil foi feita com o objetivo de identificar questões analíticas relevantes para estudos dos aspectos distributivos das negociações

[89] Ver Gomes e Ellery Jr. (2005).

[90] Bouzas e Motta Veiga (2003).

[91] Flores (2003).

comerciais em curso. A revisão abrangeu aspectos de vantagens comparativas dos setores industriais brasileiros, a heterogeneidade da agricultura, os impactos no emprego e salário, na distribuição de renda, na pobreza e na eqüidade de gênero. Um problema geral enfrentado pelos pesquisadores é a dificuldade de separar os efeitos da liberalização comercial dos efeitos das outras reformas econômicas, e principalmente da defasagem cambial que predominou no Brasil até o final da década de 1990 e que, por outras razões, voltou a ser fonte de perdas de mercados a partir de 2006-2007.

Do ponto de vista conceitual, a teoria do comércio permite a construção de hipóteses sobre as mudanças na especialização industrial, como conseqüência de uma maior exposição à concorrência internacional, e seu impacto na distribuição da renda dos fatores produtivos. Entretanto, a capacidade explicativa do modelo de composição fatorial é baixa. Os efeitos distributivos observados no emprego industrial não corroboram as proposições da teoria tradicional de comércio, que predizem ganhos para o fator trabalho não qualificado, que é mais abundante no País. A evidência empírica favorece as hipóteses do componente tecnológico do comércio. A concorrência internacional, induzida pela redução de tarifas e conseqüente redução dos preços dos produtos importados, incentiva a redução de custos e o aumento de produtividade. A importação de bens de capital e bens intermediários altera os coeficientes de produção e a própria estrutura de demanda de trabalho. Embora o país continue abundante em trabalho não qualificado, a tecnologia incorporada nas máquinas importadas não está vinculada à dotação específica de fatores do país importador, mas observa uma lógica de concorrência global. Esses resultados não foram ainda suficientemente pesquisados, principalmente no que tange à tecnologia incorporada nos bens de capital importados e seu impacto na demanda por mão-de-obra qualificada.

Embora a reestruturação industrial que se seguiu à liberalização comercial dos anos 1990 tenha correspondido à especialização determinada pela dotação de fatores no País, em linhas gerais, o fator recursos naturais tem sido mais dominante do que o fator trabalho de baixa qualificação. Os setores brasileiros altamente competitivos se encontram na agricultura, na siderurgia, e em menor medida no setor de calçados, e parte da cadeia de têxteis e vestuário. As conseqüências dessa especialização, em termos de emprego, foram a redução de postos de trabalho e a reestruturação ocupacional, com tendência a um aumento das qualificações da mão-de-obra. Segundo os especialistas da área do trabalho, essas mudanças na demanda por mão-de-obra como conseqüência da maior integração da economia brasileira ao mercado internacional não são reversíveis e, ao contrário, devem ser aprofundadas com a intensificação da concorrência internacional.

Por outro lado, algumas poucas análises sobre a economia política da proteção brasileira revelam que houve poucas alterações na proteção interindustrial. Embora tenha diminuído o nível de proteção tarifária, os setores mais protegidos em 1987 seguem sendo os mais protegidos em 2005, com exceção da indústria automotriz, que conseguiu níveis maiores de proteção.

Existem dificuldades conceituais e empíricas para avançar os estudos dos impactos distributivos das negociações comerciais. O principal é a disponibilidade de dados atualizados. Como se demonstrou, a agricultura é um setor chave para analisar os efeitos distributivos das negociações comerciais na eqüidade, pobreza e relações de gênero. Entretanto, o último Censo Agropecuário, que, no final dos anos 1990, permitiu traçar um retrato da agricultura familiar, data de 1995-1996. Como o processamento dos dados originais toma um longo tempo, os resultados do novo Censo realizado em 2007 só estarão disponíveis ao final de 2008. Não existem boas medições da intensidade do capital, mormente em algumas indústrias que são caracterizadas como intensivas em trabalho. O capital é medido como resíduo, e pode ser subestimado ou superestimado, dependendo da utilização de trabalho "informal", e do grau de agregação.

Uma agenda de pesquisa sobre os efeitos distributivos das negociações comerciais deve incluir a comparação entre os impactos de uma liberalização seletiva (Alca, Mercosul-União Européia) e uma liberalização no âmbito multilateral: no mercado de trabalho, na desigualdade de renda, nos índices de pobreza e nas relações de gênero.

Uma área que não foi coberta pelos pesquisadores é a do efeito preço da liberalização do comércio no consumo final e intermediário, principalmente nas hipóteses mencionadas acima de liberalização seletiva e multilateral. Existem estudos sobre o crescimento do coeficiente de importação e seu impacto na produtividade setorial que não foram incluídos na revisão da literatura efetuada neste trabalho. Mas não existem trabalhos analisando o impacto para o consumidor final. Na mesma perspectiva, se propõe também que sejam pesquisados os conflitos interindustriais ao longo de uma cadeia produtiva para identificar os interesses divergentes (ou convergentes) com relação à substituição dos insumos produzidos internamente pelos importados.

Outra área de pesquisa que deveria compor os estudos distributivos se refere ao emprego da mão-de-obra feminina nas indústrias de exportação. A hipótese básica da literatura feminista é que as desigualdades de salário e de condições de trabalho entre homens e mulheres são funcionais para a concorrência das exportações dos países em desenvolvimento em geral. Para o estudo do impacto da liberalização negociada na eqüidade social (incluindo a eqüidade de gênero) e na pobreza, é muito importante que as pesquisas procurem adotar a unidade familiar de produção e consumo como unidade de observação básica.

Bibliografia

ABONG (Associação Brasileira de ONGs). 2004. *Agricultura familiar, agroecologia e desenvolvimento rural sustentável no Brasil e na França*. Seminário 13-14 de junho. Disponível em: http://coordinationsud.datapps.com/pub_cgi/abong.pl?lang=pt&session=display&abongdocid=90. Acesso em: 16 ago. 2005.

ABREU, Marcelo de Paiva. 2004. Trade liberalization and the political economy of protection in Brazil since 1987. *Working Paper – SITI – 08B*. abril. Washington, DC, IDB-INTAL. Disponível em: http://www.iadb.org/intal.

ACTION AID BRASIL-REBRIP. 2001. *Comércio internacional, segurança alimentar e agricultura familiar.* 2001. Disponível em: http://www.actionaid.org.br/img/publics/comercio%20internacional.pdf. Acesso em: 16 ago. 2005.

ADSERÀ, Alícia; BOIX, Charles. 2003. The political economy of trade and economic integration: a review essay. In: DEVLIN, Robert; ESTEVADEORDAL, Antoni (Org.), *Bridges for development: policies and institutions for trade and integration*, Washington, DC: Inter-American Development Bank. p. 75-92.

ALMEIDA, Monica Arruda de. 2004. *Vested interests and the political economy of import tariff setting in Brazil*. maio 14-15. Disponível em: http://www.bol.ucla.edu/~marruda.

ARBACHE, Jorge Saba. 2002. *Comércio internacional, competitividade e políticas públicas no Brasil*. Texto para Discussão n. 903, Brasília, DF: IPEA – Instituto de Pesquisa Econômica Aplicada. Disponível em: http:www.ipea.gov.

_____. 2004. Do structural reforms always succeed? Lessons from Brazil. *WIDER Research Paper*, n. 2004/58, set. Disponível em: http://www.wider.unu.edu.

ARBACHE, Jorge Saba; CORSEUIL, Carlos Henrique. 2001. *Liberalizaçao comercial e estruturas de emprego e salário*. Texto para Discussão n. 801, Brasília, DF: IPEA. Disponível em: http://www.ipea.gov.br/pub/td/td_2001/td0801.pdf.

BALDWIN, Robert E. 1985. The political economy of U.S. import policy. Cambridge, MA: The MIT Press.

BANCO CENTRAL DO BRASIL. 2005. *Relatório Anual 2004*, v. 40, Brasília, DF: Banco Central. Disponível em: http://www.bcb.gov.br.

BANCO MUNDIAL. 2003. *Brazil, inequality and economic development* v. 1, Policy Report. Disponível em: http://wbln0018.worldbank.org/LAC/LACInfoClient.nsf/d29684951174975c85256735007fef12/6bdf1e43f715655785256df2005afa04/$FILE/Brazil%20Inequality%20Report_Main_doc.pdf.

BARROS, Ricardo Paes de; CORSEUIL, Carlos Henrique, 2001. *Apertura económica y distribución del ingreso en Brasil*. Disponível em: http://www.undp.org/rblac/liberalization/docs/brasil.pdf.

BARROS, Ricardo Paes de; FOGUEL, Miguel Nathan; ULYSSEA, Gabriel (Org.). 2006. *Desigualdade de renda no Brasil: uma análise da queda recente*. Brasília: IPEA.

BEHRMAN, Jere R.; BIRDSALL, Nancy; SZÉKELY, Miguel. 2001. Pobreza, desigualdad, y liberalización comercial y financiera en América Latina. Washington, DC: IDB. Disponível em: http://www.iadb.org/res/publications/pubfiles/pubWP-449.pdf.

BAUMANN, Renato. 2000. O Brasil nos anos 1990: uma economia em transição. In: BAUMANN, Renato (Org.). *Brasil, uma década em transição*. São Paulo: Campus. p. 11-53.

BAUMANN, Renato; RIVERA, Josefina; ZAVATTIERO, Yohana. 1997. As tarifas de importação no Plano Real. *Pesquisa e Planejamento Econômico*, v. 27, n. 3, dez.

BOIX, Carles. 2004. Between redistribution and trade: the political economy of protectionism and compensation. In: BOWLES, Samuel; WALLERSTEIN, Michael; BARDHAM, Pranab (Org.). *Globalization and egalitarian redistribution*. Princeton, NJ: Princeton University Press / Russel Sage Foundation.

BONELLI, Regis. 2000. *Ganhos de produtividade na economia brasileira na década de 90: um retrato de corpo inteiro*. Rio de Janeiro: IPEA, mimeo.

_____. 2001. *Impactos econômicos e sociais de longo prazo da expansão agropecuária no Brasil: revolução invisível e inclusão social*. Texto para Discussão n. 838. Disponível em: http://www.ipea.gov.br.

BONELLI, Regis; MOTTA VEIGA, Pedro da. 2003. A dinâmica das políticas setoriais no Brasil na década de 1990: continuidade e mudança. *Revista Brasileira de Comércio Exterior*, 75, abr.-jun.

BOURGUIGNON, François; FERREIRA, Francisco; MENENDEZ, Marta. 2005. *Inequality of opportunity in Brazil?* Washington, DC: Banco Mundial.

BOUZAS, Roberto; MOTTA VEIGA, Pedro da. 2003. Introduction. In: VALADÃO, G. A. (Org.). *The costs of opting out. The EU-Mercosur Agreement and the Free Trade Area of the Americas*. Paris: Chaire Mercosur de Sciences PO (Working Group on EU-Mercosur Negotiations Research Program 2002-2003).

BRANDÃO, Antonio S.; CARVALHO, J. L. 1990. Economía política de las intervenciones de precios en Brasil. In: SCHIFF, Maurice; VALDÉS, A.; KRUEGER, Anne (Org.). *Economía política de las intervenciones de precios en América Latina*. Washington, DC: BIRD/BID.

BUAINAIN, Antônio Márcio; ROMEIRO, Ademar; GUANZIROLI, Carlos. 2001. *Agricultura familiar e o novo mundo rural*. (mimeo).

CAMARGO, José Márcio; NERI, Marcelo; REIS, Mauricio Cortez. 2000. Emprego e produtividade no Brasil na década de 1990. In: BAUMANN, Renato (Org.). *Brasil: uma década em transição*. São Paulo: Campus. p. 255-88.

CAMPOS, Arnoldo de; Marcos Antonio de OLIVEIRA; BIANCHINI, Valter. 2001. Integração nas Américas, uma abordagem a partir do rural. In: ACTIONAID BRASIL-REBRIP (Org.). *Comércio internacional, segurança alimentar e agricultura familiar*. Rio de Janeiro: ActionAid Brasil. p.47-82.

CARNEIRO, Francisco Galrão; ARBACHE, Jorge Saba. 2003. *Assessing the impacts of trade on poverty and inequality*. nov. Disponível em: http://ssrn.com/abstract=447165. Acesso em: 19 ago. 2005.

CASTILHO, Marta; GUEDES, Moema. 2002. *Comercio y género: o caso brasileiro*. Red Internacional de Género y Comercio/Capítulo Latinoamericano. Disponível em: http://www.generoycomercio.org.

COSTA, Achyles Barcelos da. 2002. *Estudo da competitividade de cadeias integradas no Brasil: impactos das zonas de livre comércio: couro-calçados*. dez. Disponível em: http://www.desenvolvimento.gov.br/arquivo/sdp/proAcao/forCompetitividade/impZonLivComercio/14couroCalcadosCompleto.pdf.

COUTINHO, Luciano G. (Coord.). 2003. *Estudo da competitividade de cadeias integradas no Brasil: impacto das zonas de livre comércio (síntese)*. Disponível em: http://www.desenvolvimento.gov.br/arquivo/sdp/proAcao/forCompetitividade/impZonLivComercio/01apresentacao.pdf.

CYSNE, Rubens P. 2000. Aspectos macro e microeconômicos das reformas. In: BAUMANN, Renato (Org.). *Brasil: uma década em transição*. São Paulo: Campus. p. 55-99.

DIAS, Guilherme Leite da Silva; AMARAL, Cicely M. 2000. Mudanças estruturais na agricultura brasileira, 1980-1998. In: BAUMANN, Renato (Org.). *Brasil, uma década em transição*. São Paulo: Campus. p. 223-253.

DIXIT, Avinash K. 1996. *The making of economic policy (a transaction-cost politics perspective)*. Cambridge, MA: The MIT Press.

ELSON, Diana, 1999. *Gender budget initiative – Background Papers*. Commonwealth Secretariat, Graduate School of Social Sciences, University of Manchester, junio. Disponível em: http://www.undp.org/gender/CD-Gender-and-Budgets-2004/Budgets%20CD%20section%203/3.1%20gender%20neutral%20gender%20blind.pdf. Acesso em: 13 abr. 2005.

FEENSTRA, Robert C.; HANSON, Gordon H. 2001. Global production sharing and rising inequality: a survey of trade and wages. *NBER Working Paper*, 8372, jul. Disponível em: http://www.nber.org/papers/w8372.

_____; _____. 1996. Globalization, outsourcing and wage inequality. *NBER Working Paper*, 5424, jan. Disponível em: http://www.nber.org/papers/w5424.

FERRAZ, Galeno. 2002. *Estudo da competitividade de cadeias integradas no Brasil: impactos das zonas de livre comércio: cerâmica*. dez. Disponível em: http://www.desenvolvimento.gov.br/arquivo/sdp/proAcao/forCompetitividade/impZonLivComercio/33ceramicaCompleto.pdf.

FERRAZ, João Carlos; LEÃO, Ivan. 2002. *Estudo da competitividade de cadeias integradas no Brasil: impactos das zonas de livre comércio: indústria naval*. dez. Disponível em: http://www.desenvolvimento.gov.br/arquivo/sdp/proAcao/forCompetitividade/impZonLivComercio/24navalCompleto.pdf.

FERREIRA, Pedro Cavalcanti. 2001. *Grupos de interesse, determinantes da política comercial, e produtividade industrial*. Disponível em: http://www.ifb.com.br/documentos/ifb4pedro.pdf.

FLORES, Renato. 2003. The case of Brazil. Costs and opportunities of different scenarios. In: VALADÃO, G. A. (Org.). *The costs of opting out. The EU-Mercosur Agreement and the Free Trade Area of the Americas*. Paris: Chaire Mercosur de Sciences PO (Working Group on EU-Mercosur Negotiations Research Program 2002-2003).

FONSECA, Márcia Batista da; HIDALGO, Alvaro Barrantes. 2004. *Os Impactos da Alca sobre as exportações agrícolas brasileiras*. XXXII Encontro Nacional de Economia (ANPEC). Disponível em: http://www.anpec.org.br/encontro2004/artigos/A04A059.pdf.

GENDER INSTITUTE. 2004. Gender and the economy of care: bibliography. Disponível em: http://www.codesria.org/Links/codice/gender_bibliograhy04.pdf.

GOMES, Victor; ELLERY JUNIOR, Roberto. 2005. *Perfil das exportações, produtividade e tamanho das firmas no Brasil*. Texto para Discussão n. 1087, IPEA. Disponível em: http://www.ipea.gov.br/pub/td/2005/td_1087.pdf.

GROSSMAN, Gene M.; HELPMAN, Elhanan. 2001. *Special interest politics*. Cambridge, MA: The MIT Press.

______; _____. 1994. Protection for sale. *The American Economic Review*, v. 84, n. 4, p. 833-850.

GROSSMAN, Gene M.; ROSSI-HANSBERG, Esteban. 2006. The rise of offshoring: it's not wine for cloth anymore. Disponível em: http://www.kc.frb.org/publicat/sympos/2006/pdf/Grossman-Rossi-Hansberg.paper.0728.pdf.

GUANZIROLI, Carlos E.; CARDIM, Silvia Elizabeth (Coord.). 2000. *Novo retrato da agricultura familiar: o Brasil redescoberto*. Projeto de Cooperação INCRA/ FAO. Disponível em: http:/www.INCRA.gov.br/fao/.

HARRISON, Glen W.; RUTHERFORD, Thomas F. 2004. Trade policy and poverty reduction in Brazil. *The World Bank Economic Review*, 18, n. 3, p. 289-317.

HELFAND, Steven M.; REZENDE, Gervásio Castro de. 2001. *Brazilian agriculture in the 1990s: impact of the policy reforms*. Texto para Discussão n. 785, abril. Disponível em: http://www.ipea.gov.br.

HELPMAN, Elhanan. 1999. The structure of foreign trade. *The Journal of Economic Perspectives*, 13 (2), p. 121-144, Spring.

HIRSCHMAN, Alberto O. 1970. *Exit, voice, and loyalty*. Cambridge, MA: Harvard University Press.

HOMEM DE MELO, Fernando. 2001. Liberalização comercial e agricultura familiar no Brasil. In: ACTION AID BRASIL – REBRIP (Org.). *Comércio internacional, segurança alimentar e agricultura familiar*. Action Aid Brasil. p. 7-44.

JANK, Marcos Sawaya. 2004. Brasil, potência agrícola mundial. *Cadernos Adenauer Revoluçao no Campo*, n. 3. Disponível em: http://www.iconebrasil.org.br/Documentos/Adenauer-Agri.pdf.

_____. 2005. Agronegócio *versus* agricultura familiar? O *O Estado de S. Paulo*, 5 jul. Disponível em: http://www.iconebrasil.org.br/publicacoes/MarcosJank/OESP_Jul05.pdf.

JANK, Marcos Sawaya; NASSAR, André M.; TACHINARDI, M. Helena. 2004. Agronegócio e comércio exterior brasileiro. *Revista USP*, n. 64, p. 14-27, dez.-fev. Disponível em: http://www.iconebrasil.org.br/Publicacoes/Agronegocio%20e%20comercio%20exterior%20brasileiro_RevistaUSP.pdf.

KAMBUR, Ravi. 2001. *Economic policy, distribution and poverty: the nature of disagreements*. jan. Disponível em: http://www.people.cornell.edu/pages/sk145/.

KUME, Honório; MIRANDA, Pedro; CASTILHO, Marta. 2004. *Acordo de Livre Comércio Mercosul-União Européia: uma estimativa dos impactos no comércio brasileiro*. Disponível em: http://www.ipea.gov.br/pub/td/2004/td_1054.pdf.

KUME, Honório; PIANI, Guida. 2004. *Alca: uma estimativa do impacto no comércio bilateral Brasil-Estados Unidos*. Texto para Discussão n. 1058, dez. Disponível em: http://www.ipea.gov.br.

KUME, Honório; PIANI, Guida; SOUZA, Carlos Frederico de. 2000. *A política brasileira de importação no período 1987-98: descrição e avaliação*. Rio de Janeiro: IPEA, mimeo.

KRUGMAN, Paul. 1995. Increasing returns, imperfect competition and the positive theory of international trade. In: GROSSMAN, Gene; ROGOFF, Kenneth (Org.). *Handbooks in Economics, iii: Handbook of International Economics*. Amsterdam: Elsevier. p. 1243-1277.

_____. 1997. What should trade negotiators negotiate about? *Journal of Economic Literature*, v. XXXV, p. 113-120, mar.

LENGYEL, Miguel; VENTURA-DIAS, Vivianne (Org.). 2004. *Trade policy reforms in Latin America (multilateral rules and domestic institutions)*. Hampshire: Palgrave-MacMillan.

McCULLOCH, Neil; WINTERS, L. Alan; CIRERA, Xavier. 2001. *Trade liberalization and poverty: a handbook*. Paris: Centre for Economic Policy Research (CEPR).

MIRANDA, José Carlos. 2001. *Abertura comercial, reestruturação industrial e exportações brasileiras na década de 1990*. IPEA (Instituto de Pesquisa Econômica Aplicada), out. Disponível em: http://www.ipea.gov.br.

MORAIS, Márcia A. F. Dias de. 2002. *Estudo da competitividade de cadeias integradas no Brasil: impactos das zonas de livre comércio: madeira e móveis*. dez. Disponível em: http://www.desenvolvimento.gov.br/arquivo/sdp/proAcao/forCompetitividade/impZonLivComercio/32madeiraMoveisCompleto.pdf.

MOREIRA, Mauricio Mesquita. 2004. Brazil's trade liberalization and growth: has it failed? *INTAL-ITD Occasional Paper*, 24. mar. Disponível em: http://www.iadb.org/intal/ingles/i-default.htm.

MOREIRA, Maurício Mesquita; NAJBERG, Sheila. 1999. O impacto da abertura comercial sobre o emprego: 1990-1997. In: A economia brasileira nos anos 90. Disponível em: http://www.bndes.gov.br/conhecimento/livro/eco90_13.pdf.

MOTTA VEIGA, Pedro da e; IGLESIAS, Roberto M. 2002. A institucionalidade da política brasileira de comércio exterior. In: CASTELAS, Armando P.; MARKWALD, R.; PEREIRA, Lia V. (Org.). *O desafio das exportações*. BNDES. Disponível em: http://www.bndes.gov.br.

NAJBERG, Sheila; PUGA, Fernando P.; OLIVEIRA, Paulo A. de Souza de. 2000. Sobrevivência das firmas no Brasil: dez. 1995/dez. 1997. *Revista do BNDES*, v. 7, n. 13, p. 33-48. Disponível em: http://www.bndes.gov.br. Acesso em: jun. 2000.

NERI, Marcelo; CAMARGO, José Márcio. 2000. Efeitos distributivos das reformas estruturais no Brasil. In: BAUMANN, Renato (Org.). Brasil: uma década em transição. São Paulo: Campus. p. 289-332.

OIT-OMC (2007). *Trade and employment: challenges for policy research*. Genebra: Organização Internacional do Trabalho/Organização Mundial do Comércio.

OLSON, Mancur. 1965. *The logic of collective action (public goods and the theory of groups)*. Cambridge, MA: Harvard University Press.

_____. 1992. Foreword. In: SANDLER,Todd (Ed.). *Collective action*. Ann Arbor: The University of Michigan Press. p. vii-xvi.

OMC (Organização Mundial do Comércio). 2004. *Trade policy review – Brazil – Report by the Secretariat*. WT/TPR/S/140, nov. Disponível em: http://www.wto.org.

PROCHNIK, Victor. 2002a. *A cadeia têxtil/confecções perante os desafios da Alca e do Acordo Comercial com a União Européia. 2002*. Disponível em: http://www.ie.ufrj.br/cadeiasprodutivas/.

_____. 2002b. *Estudo da competitividade de cadeias integradas no Brasil: impactos das zonas de livre comércio: têxtil e confecções*. dez. Disponível em: http://www.desenvolvimento.gov.br/arquivo/sdp/proAcao/forCompetitividade/impZonLivComercio/16textilCompleto.pdf.

RAPOSO, Daniela Almeida; MACHADO, Ana Flávia. 2002. *Abertura comercial e mercado de trabalho: uma resenha bibliográfica*. Texto para Discussão n. 177, CEDEPLAR. Disponível em: http://www.cedeplar.ufmg.br.

RAWLS, John. 1971/1999. *A theory of justice (revised edition)*. Cambridge, MA: The Belknap Press of Harvard University Press.

ROEMER, John E. 1998. *Equality of opportunity*. Cambridge, MA: Harvard University Press.

SAMUELSON, Paul. A. 1962. The gains from international trade once again. *Economic Journal*, v. 72, p. 820-829.

SCHELLING, Thomas C. 1960. *The strategy of conflict*. Londres: Oxford University Press.

SOARES, Sergei; SERVO, Luciana M. Santos; ARBACHE, Jorge Saba. 2001. *O que (não) sabemos sobre a relação entre abertura comercial e mercado de trabalho no Brasil*. Texto para Discussão, n. 843, nov. Disponível em: http://www.ipea.gov.br/pub/td/2001/td_0843.pdf.

VENTURA-DIAS, Vivianne. 2007. Comércio internacional e redução da pobreza: questões conceituais e a experiência brasileira. In: MARCOVITCH, Jacques (Org.). *Crescimento econômico e distribuição de renda. prioridades para a ação.* São Paulo: Edusp/Senac.

VERDIER, Thierry, 2004. *Socially responsible trade integration: a political economy perspective.* April, mimeo.

WINTERS, L. Alan. 1999. Trade and poverty: is there a connection. In: NORDSTRÖM, Häkan; WINTERS, L. Alan; BEN-DAVID, Dan (Org.). Trade, income disparity and poverty. *Special Studies*, 5. Geneva: OMC, p. 43-69.

_____. 2000. *Trade, trade policy and poverty: what are the links?* fev. World Bank. Disponível em: http://siteresources.worldbank.org/INTPOVERTY/Resources/WDR/winters1.pdf.

WINTERS, L. Alan; McCULLOCH, Neil; McKAY, Andrew. 2004. Trade liberalization and poverty: the evidence so far. *Journal of Economic Literatur*, v. XLII, p. 72-115, mar.

WOOD, Adrian. 1997. Openness and wage inequality in developing countries: the Latin American challenge to East Asian conventional wisdom. *The World Bank Economic Review*, v. 11:1, p. 33-57. Disponível em: http://www.worldbank.org/research/journals/wber/revjan97/pdf/artcle~3.pdf.

Quadros e Gráficos

Quadro 1
Indicadores básicos 1999-2004

	1999	2000	2001	2002	2003	2004a
PIB (dólares correntes)	536,6	602,2	509,8	459,4	506,8	604,9
PIB *per capita* (US$)	3.195,5	3.539,4	2.957,3	2.630,5	2.831	3.331
Crescimento PIB real (%)	0,8	4,4	1,3	1,9	0,5	5,2
Crescimento exportações (%)	9,3	10,6	11,2	7,9	9	
Crescimento importações (%)	-15,5	11,6	1,2	-12,3	-1,7	
Exportações* (% PIB)	10,3	10,7	13,2	15,5	16,9	18
Importações* (% PIB)	11,8	12,2	14,2	13,4	13,1	14,3

* Total de bens e serviços

Fonte: OMC (2004) com informações fornecidas pelo Banco Central do Brasil. Boletim do Banco Central 2004 (http://www.bcb.gov.br).

Gráfico 1

Chart III.1
Frequency distribution of MFN tariff rates, 2004

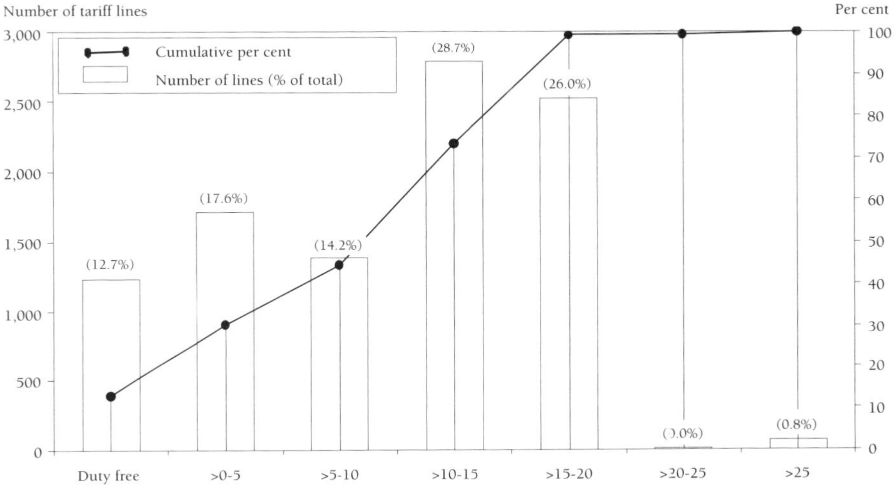

Source: WTO Secretariat calculations, based on data provided by the authorities of Brazil.

Quadro 2
Estrutura Tarifária do Brasil Janeiro 2004

Description	Applied tariff					Bound tariff
	N. of lines	Average (%)	Minimum (%)	Maximum (%)	Coefficient of variation	Average (%)
Total	9,730	10.4	0.0	55.0	0.7	30.2
HS 01-24	1,044	10.4	0.0	55.0	0.5	35.8
HS 25-97	8,686	10.4	0.0	36.0	0.7	29.5
By WTO category						
WTO Agriculture	959	10.2	0.0	55.0	0.6	35.3
– Animals and products thereof	112	8.2	0.0	16.0	0.5	36.9
– Dairy products	34	18.8	12.0	27.0	0.3	50.5
– Coffee and tea, cocoa, sugar etc.	171	13.8	0.0	20.0	0.3	36.3
– Cut flowers, plants	54	5.5	0.0	14.0	0.6	33.8
– Fruit and vegetables	195	10.6	0.0	55.0	0.6	34.4
– Grains	35	6.6	0.0	18.0	0.8	49.6
– Oilseeds, fats and oils and their products	111	7.9	0.0	12.0	0.4	34.7
– Beverages and spirits	42	17.7	12.0	27.0	0.2	37.7
– Tobacco	18	15.3	10.0	20.0	0.2	38.9
– Other agricultural products n.e.s.	187	7.4	0.0	36.0	0.7	28.8

Description	Applied tariff					Bound tariff
	N. of lines	Average (%)	Minimum (%)	Maximum (%)	Coefficient of variation	Average (%)
WTO Non-agriculture (incl. petroleum)	8,771	10.5	0.0	35.0	0.7	29.6
– WTO Non-agriculture (excl. petroleum)	8,747	10.5	0.0	35.0	0.7	29.6
– Fish and fishery products	200	9.9	0.0	16.0	0.3	33.8
– Mineral products, precious stones and precious metals	454	7.7	0.0	29.0	0.8	32.4
– Metals	769	11.3	0.0	18.0	0.5	32.9
– Chemicals and photographic supplies	3,087	6.1	0.0	20.0	1.0	23.8
– Leather, rubber, footwear and travel goods	240	13.0	0.0	35.0	0.4	34.6
– Wood, pulp, paper and furniture	364	11.0	0.0	18.0	0.5	28.9
– Textile and clothing	1,000	17.2	0.0	20.0	0.2	34.7
– Transport equipment	197	18.5	0.0	35.0	0.6	33.4
– Non-electric machinery	1,131	11.8	0.0	20.0	0.5	32.5
– Electric machinery	591	12.3	0.0	20.0	0.5	31.8
–Non-agriculture articles n.e.s.	714	14.0	0.0	20.0	0.5	32.6
– Petroleum	24	0.4	0.0	6.0	3.5	35.0
By ISIC sectora						
Agriculture and fisheries	421	7.3	0.0	55.0	0.7	34.0
Mining	139	4.1	0.0	29.0	1.2	34.2
Manufacturing	9,169	10.7	0.0	55.0	0.7	30.0
By HS section						
01 Live animals & prod.	342	9.4	0.0	27.0	0.5	35.6
02 Vegetable products	362	7.8	0.0	55.0	0.6	35.5
03 Fats & oils	71	9.6	4.0	12.0	0.2	34.6
04 Prepared food etc.	269	15.1	2.0	55.0	0.3	36.6
05 Minerals	212	2.9	0.0	29.0	1.4	34.4
06 Chemical & prod.	2,928	5.7	0.0	36.0	1.0	23.8
07 Plastics & rubber	406	11.7	0.0	35.0	0.5	25.5
08 Hides & skins	121	10.9	2.0	20.0	0.5	34.7
09 Wood & articles	107	7.9	2.0	14.0	0.5	20.6
10 Pulp, paper etc.	230	11.5	0.0	16.0	0.4	32.6
11 Textile & articles	975	17.0	2.0	20.0	0.2	34.9
12 Footwear, headgear	62	19.2	16.0	25.0	0.1	35.0
13 Articles of stone	210	10.7	0.0	23.0	0.4	34.7
14 Precious stones, etc.	64	9.6	0.0	18.0	0.6	35.0
15 Base metals & prod.	739	12.0	0.0	20.0	0.4	32.8
16 Machinery	1,759	12.1	0.0	20.0	0.5	32.3
17 Transport equipment	210	18.0	0.0	35.0	0.6	33.2
18 Precision equipment	475	12.5	0.0	20.0	0.5	31.8
19 Arms and ammunition	21	20.0	20.0	20.0	0.0	34.3
20 Miscellaneous manufacturing.	160	18.5	14.0	20.0	0.1	33.9
21 Works of art, etc.	7	4.0	4.0	4.0	0.0	35.0

Fonte: OMC, 2004.

Quadro 3
Evolución del empleo y del salario em la industria entre 1987 y 1998

	Empleo (millones)		Salario (R$ de 1998)	
	87	98	87	98
Total	9704.2	9132.1	555.51	522.82
Industria Metalúrgica	938.5	919.8	794.47	690.38
Industria Mecánica	465.0	374.8	898.88	722.23
Industria Electrónica	465.6	299.5	832.50	882.68
Material de transportes	552.1	411.2	884.80	992.98
Aserraderos y artículos de madera	1037.5	913.1	371.60	403.37
Industria de papel e gráfica	463.7	482.3	713.66	694.60
Indústria de goma	91.14	65.6	899.65	731.14
Produtos químicos	306.8	275.4	908.79	817.91
Industria de material plástico	188.0	182.2	661.94	625.46
Industria de minerales no metálicos	625.7	557.7	415.38	435.59
Petróleo e Industria petroquímica	76.1	71.0	1682.38	1319.05
Produtos farmacéuticos	140.0	160.2	865.88	947.64
Industria textil	627.7	347.4	416.38	446.50
Industria de alimentos	1461.1	1732.5	460.20	430.64
Prendas de vestir y accesorios	1567.1	1579.9	275.64	269.24
Calzados y artículos de cuero y piele	425.7	414.8	341.[illegible]5	326.01
Industrias diversas	272.3	344.8	472.75	450.75

Fuente: Elaboración a partir de simulaciones basadas en la encuesta "Pesquisa Nacional por Amostra de Domicílio (PNAD/IBGE)"

Fonte: Barros e Corseuil, 2001, Quadro 8.

Quadro 4

Tabela 1

Distribuição dos produtos (SH-6), segundo faixas de vantagem comparativa revelada simétrica do Brasil no mercado mundial, por seção do SH

Seção	Descrição	N. de produtos	-1<VCR <-0,51	-0,5< VCR≤0	VCRS ≤0	0,001< VCR<0,5	0,51< VCR<1	VCRS>0
1	Produtos do reino animal	194	77,3	7,7	85,1	4,6	10,3	14,9
2	Produtos do reino vegetal	267	78,3	6,0	84,3	7,9	7,9	15,7
3	Gorduras e óleos	53	66,0	13,2	79,2	9,4	11,3	20,8
4	Alimentos, bebidas e fumo	180	63,9	10,0	73,9	10,6	15,6	26,1
5	Produtos minerais	170	70,0	10,0	80,0	8,8	11,2	20,0
6	Produtos químicos e conexos	757	73,8	12,8	86,7	6,5	6,9	13,3
7	Plásticos e borracha	189	70,4	17,5	87,8	9,5	2,6	12,2
8	Peles e couros	74	66,2	9,5	75,7	12,2	12,2	24,3
9	Madeira e mobiliário	79	55,7	6,3	62,0	16,5	21,5	38,0
10	Celulose e papel	149	70,5	18,1	88,6	6,0	5,4	11,4
11	Têxtil e vestuário	809	89,1	6,3	95,4	2,2	2,3	4,6
12	Calçados	55	63,6	7,3	70,9	18,2	10,9	29,1
13	Cerâmica e vidro	137	55,5	19,0	74,5	14,6	10,9	25,5
14	Pérolas e metais preciosos	50	72,0	14,0	86,0	4,0	10,0	14,0
15	Metais	585	61,9	17,8	79,7	14,2	6,2	20,3
16	Máquinas e equipamentos	762	71,0	17,7	88,7	8,0	3,3	11,3
17	Material de transporte	132	69,7	15,9	85,6	10,6	3,8	14,4
18	Instrumentos de ótica e de precisão	229	86,5	9,6	96,1	2,6	1,3	3,9
19	Armas e munições	17	47,1	11,8	58,8	23,5	17,6	41,2
20	Diversos	130	84,6	6,9	91,5	5,4	3,1	8,5
	Total	5.018	73,7	12,4	86,1	7,8	6,1	13,9

Fonte: Dados brutos, UNCTAD/WTO/ITC, PCTAS, 2001/2002. Elaboração própria.

Fonte: Kume e Piani, 2004.

AS RELAÇÕES ENTRE COMÉRCIO, DESIGUALDADE E POBREZA NA AMÉRICA LATINA: BALANÇO E CARÊNCIAS DE UM DEBATE[1]

Sandra Polónia Rios

1. Introdução

O tema das relações entre comércio, desigualdade e pobreza vem ganhando densidade tanto no plano político quanto no plano da produção de conhecimentos. Os países latino-americanos adotaram políticas de abertura econômica e envolveram-se em ambiciosos esquemas de integração regional a partir do início da década de 1990, sem o respaldo de análises robustas sobre os impactos dessas estratégias sobre a coesão social, a distribuição de renda e a pobreza. As reações dos indicadores sociais às reformas liberalizantes foram muito variadas nos países da região.

No período recente, ganharam relevância na região propostas políticas "heterodoxas" que buscam sua *rationale* na redução da pobreza e da desigualdade e em argumentos de desenvolvimento. Embora haja visões diferentes sobre as estratégias mais adequadas para mitigar os custos dos movimentos de inserção internacional, cresce o apoio da opinião pública e das organizações multilaterais a políticas que se distanciam do padrão liberal em nome de objetivos de desenvolvimento, redução da pobreza etc.

Muitos trabalhos recentes, baseados em evidências empíricas, sugerem que as relações entre comércio, desigualdade e pobreza não são simples e são muitas vezes mediadas por fatores locais e por circunstâncias específicas. Apesar do crescente número de estudos sobre o tema, permanecem muitas dúvidas sobre os mecanismos de influência da liberalização comercial e da globalização

[1] A Latin American Trade Network (LATN), em cooperação com a Fundação Centro de Estudos do Comércio Exterior (FUNCEX) e o Centro de Estudos de Integração e Desenvolvimento (CINDES), com o apoio da Fundação Ford e da Agência Suíça de Cooperação e Desenvolvimento (GISD/SDC), organizaram o Seminário *Comércio, Desigualdade e Pobreza*, realizado no Rio de Janeiro em 24 e 25 de abril de 2006. Este trabalho – cuja versão original foi publicada na *Revista Brasileira de Comércio Exterior*, n. 89, out.-dez. 2006 – incorpora algumas das conclusões dos debates ocorridos durante esse seminário.

na distribuição de renda e na pobreza. Em particular, não há clareza sobre como a integração afeta a renda real dos pobres. Estudos sobre os impactos em países em desenvolvimento indicam que as experiências são variadas.

As características individuais (de cada país) da distribuição setorial e fatorial da atividade econômica, da desigualdade social e da pobreza nos países em desenvolvimento, das instituições, do ambiente macroeconômico, da regulamentação do mercado de trabalho e das condições de inserção nas cadeiras produtivas globais são alguns dos fatores que parecem influenciar os resultados. Os estudos indicam ainda que a experiência latino-americana é bastante diversa da asiática.

2. O que se sabe sobre as relações entre comércio, desigualdade e pobreza?

Embora haja um expressivo número de estudos sobre o tema, pouco se pode afirmar quanto aos impactos do comércio nas condições de desigualdade social e de pobreza. Há estudos que utilizam metodologias sofisticadas que mostram que a liberalização comercial é positiva em termos de crescimento econômico, aumento do emprego e da renda. Mas há estudos igualmente cuidadosos que encontram relações negativas entre abertura comercial e redução da desigualdade e da pobreza. De modo geral, as evidências empíricas não são suficientemente robustas para permitir conclusões seguras.

A teoria do comércio internacional diz que o aprofundamento da integração econômica de um país à economia mundial melhora a eficiência alocativa dos fatores de produção, com efeitos positivos sobre as condições para o desenvolvimento e o bem-estar dos consumidores no longo prazo. Mas os indicadores mostram que em muitos países que passaram por profundas reformas liberalizantes, a distribuição de renda e a pobreza vêm piorando.

A literatura de comércio também reconhece que, no curto prazo, a liberalização comercial pode provocar danos que podem ser críticos para aqueles que ficarão na pobreza mesmo no longo prazo. A evidência mostra que a abertura econômica por si mesma não tem sido capaz de lidar com as questões de desigualdade e pobreza.

Não há associação biunívoca entre abertura comercial e desigualdade e pobreza. Essas relações são intermediadas pela existência de mercados, instituições e políticas nacionais com características diversas (Ventura-Dias, 2006). Embora a ambigüidade permeie o debate sobre essa questão, a percepção dominante é que o comércio pode ser positivo, mas não o suficiente para resolver os problemas distributivos; ao mesmo tempo, em determinadas circunstâncias, pode ter efeitos negativos.

Portanto, a abertura econômica não apenas é insuficiente para melhorar os indicadores sociais como exige a implementação de políticas públicas que sejam capazes de mitigar seus impactos negativos. Essas políticas são também essenciais para promover o apoio das sociedades às reformas liberalizantes. Mas os economistas chamam a atenção para a importância de evitar a adoção de políticas que obstaculizem os efeitos de realocação dos fatores de produção resultantes das iniciativas de liberalização comercial.

A principal dificuldade na análise dos impactos do comércio sobre desigualdade e pobreza está na identificação correta dos mecanismos de transmissão, que dependem, em grande medida, de características específicas de cada país: grau de abertura e integração econômica preexistente, distribuição setorial da produção, rigidez na regulação do mercado de trabalho, qualidade das instituições e modelos de inserção internacional adotados.

Vários estudos encontram sinais opostos para os impactos da liberalização comercial sobre desigualdade e sobre a pobreza. De acordo com Winters, McCulloch e McKay (2004), a abertura comercial traz oportunidades para a atividade econômica que podem aumentar a desigualdade e ao mesmo tempo reduzir a pobreza. Segundo esses autores, a ambigüidade nas relações entre liberalização comercial e pobreza reflete, em parte, a heterogeneidade das condições de pobreza. Há muitas razões para que as pessoas sejam pobres. Portanto, uma parte crucial em qualquer estudo sobre comércio e pobreza deveria envolver a identificação das diferentes características dos pobres, incluindo informações sobre seus padrões de consumo e condições de produção e emprego.

Medir a pobreza, por si só, já tem se mostrado uma tarefa difícil. A construção de indicadores de pobreza comparáveis requer a utilização de dados sobre renda *per capita* e consumo pessoal que sejam consistentes. Por conta dessas dificuldades, há divergências na avaliação sobre a trajetória e a magnitude da queda da pobreza no mundo.

Os resultados das análises de impactos da abertura comercial sobre desigualdade e pobreza também dependem do padrão de liberalização comercial adotado pelos países (abertura comercial unilateral ou negociada em acordos comerciais) e do grau de integração (*deep or shallow integration*). Dependem ainda das políticas adotadas por outros países: há uma forte conexão entre as políticas em nível doméstico e internacional. Os ganhos resultantes de negociações preferenciais podem ser neutralizados ou reforçados pela adoção de políticas domésticas pelos parceiros comerciais (subsídios à produção ou à exportação, de um lado, e *aid for trade*, de outro).

Na literatura, há duas abordagens diferentes para a questão da liberalização e desigualdade: a que se refere à desigualdade entre os países e a que diz respeito à desigualdade dentro dos países. Aqui interessa avaliar em que medida essas tendências estão relacionadas à integração comercial.

As experiências de integração econômica regional geram resultados diferentes em termos da dinâmica da desigualdade entre países. No caso da União Européia, registra-se uma maior convergência entre os países-membros. Já no caso do NAFTA, aumenta a divergência entre México e Estados Unidos, inclusive com uma mudança de direção no movimento de convergência que se verificava no período anterior à integração. No México, observa-se uma "convergência divergente": os estados do norte do país convergem para os padrões de desigualdade do sul dos Estados Unidos e os estados do sul convergem para os padrões do norte da América Central.

Ao menos dois fatores podem ser identificados para explicar as diferenças nas experiências européia e norte-americana: diferenças nos pontos de partida dos países dos dois blocos (em termos de abertura comercial e situação social) e diferenças nas políticas sociais nacionais e transnacionais adotadas para lidar com as desigualdades.

No que concerne ao aumento da desigualdade no interior dos países, há alguns estudos que identificam a liberalização comercial como uma das causas dessa tendência. O crescimento da desigualdade manifesta-se tanto em termos de disparidades salariais quanto de desigualdade regional, indicando que o dualismo é aprofundado pela integração (o caso da China, com um expressivo crescimento do comércio e também dos indicares de desigualdade, tem que ver com o dualismo e é uma boa evidência desse fenômeno). Mas há também estudos que mostram que a liberalização comercial tem impactos negativos mais evidentes sobre os salários nas grandes cidades, estimulando a interiorização da produção, o que leva a uma maior convergência salarial entre o campo e a cidade.

2.1 *Questões metodológicas suscitadas pelo debate*

Há abundância de estudos sobre comércio, desigualdade e pobreza na América Latina, mas, ainda assim, há a percepção de que estes são insuficientes para ajudar a melhor compreender essas relações. De modo geral, os estudos procuram responder à pergunta implícita: "Em média, o comércio gera crescimento, melhora a distribuição e reduz a pobreza, permanecendo constantes os demais fatores?".

Os estudos utilizam conceitos diferentes, o que torna difícil a comparação de suas conclusões. A primeira dificuldade é identificar o objeto da análise. Qual o fenômeno cujos impactos se quer analisar: globalização da produção, crescimento do comércio, abertura comercial unilateral, liberalização da conta de capital, acordos comerciais? Outra questão é a diversidade de indicadores e de variáveis com que se trabalha: nível de emprego, salários, renda, igualdade ou pobreza.

O debate sobre as técnicas empregadas para estimativas de impacto é da maior relevância. *Cross-sections* e modelos de equilíbrio geral têm limitações fundamentais. Os estudos que utilizam técnicas de *cross-section*, por exemplo, têm dificuldade de capturar as diferenças nas situações de partida de cada país tanto em termos do grau de abertura preexistente quanto das situações institucionais, as condições de desigualdade e as características da pobreza.

Por sua vez, os modelos de equilíbrio geral computável, que buscam capturar os efeitos mais globais das relações econômicas entre os países, têm, muitas vezes, credibilidade reduzida, dada a quantidade de hipóteses que são incorporadas nos modelos e o elevado grau de agregação de indicadores importantes, como os grupos familiares.

Além disso, as análises tradicionais têm mostrado dificuldade para capturar os impactos marginais da liberalização, uma vez que estes dependem do grau preexistente de liberalização. A teoria do comércio tem claro viés estático, e as técnicas têm dificuldade de incorporar os efeitos dinâmicos da liberalização como investimentos, mudanças tecnológicas, economias de escala etc.

Winters, McCulloch e McKay (2004) identificam três dificuldades metodológicas para estabelecer os *links* entre liberalização comercial e crescimento da renda: quantificar os instrumentos de política comercial (agregar tarifas e quantificar as barreiras não-tarifárias), estabelecer a direção de causalidade (o grau de abertura tende a ser endógeno) e identificar necessidade de agregar outras variáveis que devem ser combinadas para garantir que o crescimento seja sustentável (investimento, por exemplo).

No caso da América Latina, a avaliação dos efeitos da liberalização comercial da década de 1990 sobre a distribuição de renda e a pobreza torna-se particularmente difícil, pois a maioria dos países da região engajou-se em processos de estabilização macroeconômica nesse período, implementando programas de ajuste que envolveram reformas econômicas ambiciosas. A abertura comercial foi apenas um elemento no vasto conjunto de reformas.

Os efeitos da abertura econômica sobre distribuição de renda e pobreza na América Latina são pouco claros e parecem ser fortemente influenciados pelo acesso aos fluxos de investimentos estrangeiros e pelas políticas macroeconômicas. Como os fluxos de capital e as políticas macroeconômicas mostraram grande volatilidade nos anos 1990, é difícil prever os impactos dessas variáveis sobre eqüidade e pobreza (Ganuza, Paes de Barros e Vos, 2005).

As dificuldades apontadas acima indicam que é necessário dar maior atenção aos mecanismos mais diretamente correlacionados à melhora da distribuição de renda ou à redução da pobreza, e estudar as relações entre esses processos e a liberalização comercial (Goldberg e Pavcnik, 2004). Por exemplo, se a redução da pobreza é particularmente afetada pelo crescimento do emprego, então é importante avaliar como a liberalização comercial afeta os níveis de emprego, a qualidade do emprego, o emprego informal etc.

3. Impactos do comércio sobre desigualdade e pobreza na América Latina

Um amplo estudo desenvolvido pela CEPAL-PNUD[2] em 2005 comparou resultados de microssimulações que procuram identificar as principais causas de mudanças na distribuição de renda e na pobreza durante o período de implementação de drásticas reformas econômicas em 17 países da América Latina e do Caribe.

Os resultados agregados do estudo indicam que há efeitos claros da liberalização sobre a pobreza. Na maioria dos países (12) a pobreza diminuiu significativamente. Já os resultados sobre a desigualdade são mais ambíguos. O número de casos em que os efeitos sobre a desigualdade foram positivos é muito próximo ao número em que esses efeitos foram negativos e, na maioria dos casos, as mudanças são muito pequenas.

A metodologia adotada envolveu a realização de exercícios "contra-factuais" que procuram analisar o que teria acontecido com a pobreza e a distribuição de renda caso as mudanças observadas no mercado de trabalho não tivessem ocorrido. Esses exercícios pressupõem que o mercado de trabalho é o principal mecanismo de transmissão pelo qual a liberalização afeta a distribuição de renda e a pobreza. Os autores chamam a atenção para o fato de que a comparação dos resultados da simulação com os valores observados mostra que a metodologia adotada fornece uma boa aproximação para o que aconteceu com a desigualdade. A precisão é muito menor quando se observa a trajetória dos indicadores de pobreza.

De modo geral, o estudo conclui que a liberalização comercial parece ter contribuído para aumentar a desigualdade e, em alguns casos, a pobreza também. O aumento nos fluxos de capital, que acompanhou a liberalização

---

[2] Ganuza, Paes de Barros e Vos (2005).

da conta de capital e as políticas de estabilização macroeconômica no mesmo período, aumentou a demanda agregada e compensou – muitas vezes eliminou – os efeitos negativos em muitos dos episódios analisados. Por outro lado, muitos períodos de recessão ocorreram no período, exacerbando os efeitos negativos da liberalização e causando deterioração da pobreza e das condições de distribuição de renda.

Os efeitos da liberalização comercial sobre o mercado de trabalho se dão fundamentalmente na estrutura do emprego e na remuneração relativa dos trabalhadores. A liberalização dos movimentos de capital, quando combinada a políticas macroeconômicas, afeta o nível de emprego e de salários. Na maioria dos casos, aumenta o *gap* na remuneração do trabalho qualificado em relação ao não-qualificado, com impactos negativos sobre a distribuição de renda. Os autores atribuem esse efeito à liberalização comercial. Nos casos em que a estabilização macroeconômica foi alcançada e a demanda agregada cresceu, os salários reais aumentaram e o desemprego caiu, mas os ciclos macroeconômicos estiveram associados com a liberalização da conta de capital e não com a liberalização comercial.

Os autores também chamam a atenção para o fato de que a rigidez no mercado de trabalho impede que os efeitos da liberalização sobre emprego possam se concretizar plenamente. A abertura comercial produziu os efeitos mais positivos nos países que tinham legislações trabalhistas mais flexíveis. Nesse sentido, a rigidez no mercado de trabalho pode contribuir para aumentar a pobreza em períodos de liberalização comercial.

Em termos de impactos sobre os países, o estudo encontra efeitos positivos da liberalização do balanço de pagamentos sobre desigualdade e pobreza em sete países: Brasil, Chile, El Salvador, Guatemala, Jamaica, Panamá e Paraguai. De outro lado, quatro países apresentaram relações negativas nos dois indicadores: Argentina, Colômbia, Peru e Uruguai. A redução da pobreza com aumento da desigualdade foi observada nos seguintes países: Bolívia, Costa Rica, Equador, México e República Dominicana. Honduras foi o único país em que a desigualdade caiu enquanto a pobreza aumentou. Na área rural do Equador, esse fenômeno também ocorreu no período 1995-1999, mas parece estar mais relacionado com choques externos do que com as reformas domésticas.

O fato de que a liberalização comercial tenha efeito negativo sobre a desigualdade em alguns países não é de todo surpreendente. Como argumentam Goldberg e Pavcnik (2004), na maioria dos países latino-americanos os setores mais protegidos são justamente os mais intensivos em mão-de-obra pouco qualificada. Portanto, a abertura comercial tende a atingir mais fortemente esses setores. O que é mais difícil de entender, segundo as autoras, é por que países com elevada dotação do fator trabalho protegem relativamente mais os setores intensivos em trabalho pouco qualificado.

Talvez a melhor explicação para isso seja o fato de que há outros países em que a oferta de mão-de-obra pouco qualificada é ainda maior. A concorrência com a China é a maior evidência. Os produtos chineses vêm ameaçando a produção doméstica de produtos intensivos em trabalho pouco qualificado na maioria dos países latino-americanos, que vêm reagindo com aumento da proteção nesses setores.

Estudos centrados em países ou sub-regiões específicas da América Latina indicam que experiências de integração sub-regional geram resultados diferentes em termos dos padrões de convergência dos indicadores sociais. Como já mencionado no item 2, no NAFTA observou-se um aumento da desigualdade entre o México e os Estados Unidos, com um crescimento concomitante do dualismo no interior do México. No caso da Comunidade Andina, parece ter havido uma redução das disparidades entre os países, mas com aumento da desigualdade no interior dos países, como mostra estudo da Corporação Andina de Fomento. Entre os países da CAN, a Colômbia é o país com maior desigualdade. Entretanto, a desigualdade nesse país não aumentou no período analisado pela CAF.

Sanguinetti e Bianchi (2005) desenvolveram estudo que busca avaliar em que medida as famílias pobres se beneficiam de oportunidades geradas pela negociação dos acordos comerciais entre Peru e Estados Unidos e Colômbia e Estados Unidos. O estudo identifica quatro canais de transmissão da liberalização comercial: (i) abertura comercial sobre preços internacionais e domésticos; (ii) mudanças nos preços domésticos sobre padrões de produção, emprego e salários; (iii) mudanças nos preços domésticos sobre padrão de gastos dos mais pobres e (iv) abertura comercial sobre arrecadação e gasto público. O estudo conclui que a liberalização comercial nesses casos aumentaria o emprego para os trabalhadores menos qualificados, com impactos pequenos no caso do Peru. Um modelo PROBIT é usado para analisar as possibilidades de os mais pobres conseguirem emprego. Os resultados indicam que as famílias mais pobres podem ser beneficiadas, mas não é claro que os desempregados possam aceder ao mercado trabalho por conta da liberalização comercial.

No caso do México, evidências apresentadas por Lustig e Székely (1997) mostram que a abertura comercial teve impactos negativos sobre a desigualdade, mas com ordem de grandeza não muito expressiva. Estimativas indicam que cerca de um quarto do aumento da disparidade salarial no México tem a ver com a liberalização de importações.

O caso da Bolívia é de particular interesse para o debate sobre os efeitos da liberalização comercial. A Bolívia foi um dos países latino-americanos que implementou de forma mais abrangente e sistemática o receituário do Consenso de Washington, mas a desigualdade não melhorou. Como mencionado anteriormente, os estudos indicam que os efeitos da abertura sobre a pobreza foram positivos, mas foram negativos sobre a desigualdade nesse país. Embora não tenha sido possível mostrar uma correlação positiva entre abertura comercial e pobreza, a maioria da opinião pública acredita que essa correlação existe e essa percepção vem estimulando as políticas "revisionistas" na Bolívia.

Outra questão suscitada pelo caso boliviano – e que tem interesse para a maioria dos países da região – é a dependência de recursos naturais. Cerca de 65% das exportações bolivianas são compostas por produtos minerais e combustíveis, setores pouco intensivos em trabalho. Essa característica traz à tona a discussão sobre a maldição dos recursos naturais (*Dutch disease*).

A liberalização comercial em países com elevada concentração em recursos naturais, que são pouco intensivos em mão-de-obra, tende a agravar os problemas de desigualdade. A abertura na Bolívia produziu queda na demanda por mão-de-obra pouco qualificada e beneficiou os setores intensivos em capital. Como resultado, aumentou a informalidade, os salários caíram e aumentou a desigualdade.

A concentração das exportações em setores intensivos em recursos naturais é um problema se as rendas resultantes das exportações desses setores debilitam os incentivos à industrialização e diversificação. Mas, o Estado pode atuar no estímulo à inovação e diversificação e no investimento em fundos de coesão social, capazes de mitigar os impactos negativos da abertura comercial. Esse parece ser o caso do Chile, que vem utilizando parcela dos recursos obtidos com a forte expansão das exportações de cobre para esse fim.

4. A experiência brasileira

No Brasil, depois da abertura comercial, a desigualdade está em seu nível mais baixo em 25 anos, como conseqüência da redução da segmentação do mercado de trabalho e dos diferenciais de salários. Apesar disso, a renda *per capita* permaneceu estagnada nos últimos 16 anos.

A maioria dos estudos sobre o impacto da liberalização comercial sobre a eqüidade e a pobreza no Brasil mostra resultados pouco significativos. Um aspecto importante do processo de liberalização comercial no Brasil é que, embora tenha havido uma redução no nível das tarifas, a estrutura de proteção interindustrial não foi significativamente alterada (Ventura-Dias, 2006).

De acordo com Arbache (2004), a realocação intersetorial de fatores de produção no período pós-abertura comercial no Brasil foi pouco expressiva. A manutenção da estrutura de proteção mencionada acima pode se uma explicação para isso. A segmentação do mercado de trabalho, especialmente entre a área metropolitana e a área rural, também pode ter contribuído para esse resultado.

Estudo realizado por Paes de Barros e Corseuil (2005)[3] conclui que a abertura comercial teve efeitos menos significativos do que a liberalização dos fluxos de capital. O mercado de trabalho não foi afetado de forma significativa pela abertura comercial e, portanto, os efeitos sobre distribuição de renda também foram insignificantes. As maiores variações nos indicadores de pobreza e de desigualdade não atingiram um ponto percentual.

Ao resenhar diversos estudos sobre produtividade, emprego e salário no Brasil, Ventura-Dias (2006) chama a atenção para o fato de que, de acordo com a teoria tradicional do comércio, em um país como o Brasil a abertura comercial deveria provocar uma redução da desigualdade salarial entre os trabalhadores devido ao aumento da demanda por trabalho não-qualificado, o que não ocorreu.

De acordo com a autora, a redução da proteção na indústria de transformação no Brasil resultou em aumento relativo das importações de bens de capital, mas a eliminação de postos de trabalho atingiu principalmente os trabalhadores pouco qualificados. Isso reflete o fato de que os bens de capital e produtos intermediários, que passam a ser importados, incorporam novas tecnologias que demandam trabalhadores mais qualificados.

Essa conclusão confirma a importância de agregar os efeitos dinâmicos induzidos pelos investimentos aos modelos de análise sobre impactos da liberalização sobre desigualdade. Sugere, também, que políticas de qualificação da força de trabalho são essenciais para que o país possa internalizar os benefícios sociais resultantes de processos de integração internacional.

Outro aspecto importante na análise dos efeitos da abertura comercial sobre a eqüidade no Brasil é a dimensão espacial. Paes e Barros e Urani encontram evidências de que a busca de competitividade resultante da abertura comercial induz à interiorização da produção no Brasil, com impactos negativos sobre as regiões metropolitanas e maior convergência salarial entre as

[3] Os resultados deste estudo estão incorporados ao estudo mais abrangente para 17 países latino-americanos e do Caribe, mencionado na nota anterior.

cidades e o interior. Isso não significa que a desigualdade entre as diferentes regiões do País tenha diminuído, mas sim que diminuiu a desigualdade no interior das regiões.

De acordo com Urani (2006), a abertura comercial tem impactos positivos sobre o país como um todo, mas destrói vocações originais metropolitanas, aumentando o desemprego urbano e tornando mais urgente o desafio de "reinventar as metrópoles". Na experiência européia, a questão do desenvolvimento regional mereceu atenção especial, com políticas supranacionais especialmente dedicadas à redução das disparidades entre as regiões do bloco. Mas essa experiência dificilmente pode servir de modelo para a América Latina, tendo em visa a escassez de recursos e a diversidade dos problemas entre os dois continentes.

4.1 *Implicações setoriais das relações entre comércio, desigualdade e pobreza: o caso da agricultura brasileira*

Ferreira Filho (2006) realizou um exercício sobre os impactos da Rodada Doha da OMC para o Brasil, usando um modelo de equilíbrio geral computável e incorporando um cenário desenhado pelo Banco Mundial para o resultado das negociações em curso.

Considerando que a agricultura é o maior empregador das camadas mais pobres da população no Brasil (a agricultura paga 41% dos salários do decil mais pobre da população), o exercício encontra os seguintes resultados a partir da liberalização prevista no cenário do Banco Mundial:

- os preços dos produtos agrícolas tendem a subir relativamente aos produtos industriais;
- o setor agrícola e os setores agroindustriais tendem a expandir sua produção;
- a produção no setor manufatureiro sofrerá contração;
- haverá declínio da produção nos estados de São Paulo, Rio de Janeiro e Amazonas, enquanto nas demais regiões haverá expansão;
- haverá criação líquida de empregos e incremento da renda real dos mais pobres;
- os pequenos produtores também terão ganhos expressivos.

As conclusões de que os ganhos com a liberalização agrícola no âmbito multilateral beneficiam os pequenos produtores e aumentam a renda real dos mais pobres são importantes para o debate sobre os resultados da Rodada Doha. As demandas brasileiras por liberalização das políticas agrícolas nos países desenvolvidos têm suscitado reações negativas na opinião pública e nos governos do Norte sob o argumento de que os principais beneficiários dessa abertura seriam os grandes proprietários rurais e que os benefícios não seriam distribuídos aos segmentos mais pobres da sociedade brasileira.

Entretanto, há visões diferentes sobre os benefícios da liberalização agrícola. Questões como a primarização da produção e das exportações brasileiras, o aumento do desemprego urbano, os impactos ambientais e os efeitos orçamentários da política agrícola no Brasil também devem ser incorporados ao debate. Uma preocupação comum a vários países da região são os efeitos do crescimento das exportações sobre a apreciação da taxa de câmbio. A apreciação cambial poderia contrabalançar os ganhos de competitividade resultantes da remoção de tarifas e de subsídios agrícolas negociados na Rodada.

5. O que estudar?

Ao longo dos anos 1990, a maioria dos países latino-americanos engajou-se em movimentos de abertura comercial. Embora as estratégias nacionais não fossem idênticas – algumas privilegiando a abertura unilateral e complementando-a com acordos bilaterais, outras concentrando os esforços de abertura nos compromissos firmados em acordos preferenciais com países desenvolvidos –, todos os países realizaram esforços de liberalização, sem que os impactos dessas estratégias sobre as questões de eqüidade e pobreza estivessem bem avaliados.

Nesse período, havia a expectativa de que o receituário do Consenso de Washington seria suficiente para lidar com os desafios de crescimento com distribuição de renda e redução da pobreza. As diferentes experiências nacionais analisadas no Seminário deixam claro que a abertura comercial por si só não tem impactos relevantes sobre os indicadores sociais e, em determinadas circunstâncias, pode até mesmo agravar os problemas.

Nos últimos tempos, essa percepção tem estimulado movimentos de revisão das políticas econômicas em países sul-americanos, que vêm promovendo mudanças nas políticas comerciais e de atração de investimento externo praticadas por esses países, com recrudescimento do protecionismo e do nacionalismo.

Apesar das mudanças nas estratégias de alguns, a maioria dos países da região continua envolvida em uma vasta agenda de negociações comerciais. Ainda que se tenha avançado muito na produção de conhecimento sobre as relações entre comércio, desenvolvimento e pobreza, esse avanço não foi suficiente para definir estratégias coerentes. Nesse contexto, o desfio essencial é identificar uma agenda de políticas que consolide a lógica de integração com coesão social.

Algumas questões continuam presentes e demandam que o debate seja aprofundado com a devida urgência para que as estratégias nacionais para as negociações em curso possam ser beneficiadas por novas visões:

- Qual é o papel dos acordos de livre-comércio? Os ALCs são uma projeção das estratégias de inserção internacional dos países, instrumentos para consolidação dos programas de ajuste macroeconômicos ou para apoiar o crescimento econômico?
- Quais são os mecanismos de transmissão entre integração econômica e desigualdade e pobreza?
- Quais são as políticas complementares essenciais para maximizar os ganhos e mitigar os custos da liberalização comercial sobre os indicadores sociais?
- Qual é o papel das organizações internacionais? Qual deve ser o desenho de programas de *aid for trade*? O que fazer para aumentar a coerência entre esses programas, que são patrocinados pelos países desenvolvidos (OCDE), e as políticas comerciais desses países, que prejudicam o comércio do mundo em desenvolvimento?
- Como integrar as políticas de migração às negociações comerciais?
- Como incorporar as questões do dualismo econômico, dos impactos regionais e das metrópoles nos estudos sobre efeitos da liberalização comercial?
- Como aproveitar a concentração de recursos naturais nos países latino-americanos em benefício da redução da pobreza?
- Como as estratégias dos países latino-americanos devem ser influenciadas pela emergência da China e da Índia como grandes *players* na economia mundial?

A essas questões de caráter macroeconômico e estratégico somam-se alguns temas mais específicos que poderiam compor uma agenda de trabalho nessa área. Entretanto, em todos os casos é importante levar em consideração que os países partem de situações diferentes em termos de grau de abertura comercial, profundidade de compromissos assumidos em acordos internacionais em temas que não são estritamente comerciais, organização institucional e arcabouço regulatório, indicadores de desigualdade e condições de pobreza.

- *Efeitos da abertura comercial*

Embora todos os países latino-americanos tenham promovido programas de abertura comercial nos anos 1990, o grau de abertura atual é muito diferente entre eles. Para países que ainda têm nível de proteção razoavelmente elevado, como Argentina, Brasil e Venezuela, acordos comerciais que envolvam redução generalizada da proteção poderão ter efeitos agregados importantes do ponto de vista da distribuição fatorial dos recursos, e, portanto, poderão afetar indicadores de distribuição de renda.

Para países que já adotaram políticas mais ambiciosas de liberalização comercial e que têm a proteção concentrada em poucos produtos sensíveis, os estudos de casos envolvendo setores específicos são mais relevantes.

- *Compromissos em outros temas*

Os acordos regionais de comércio e os acordos bilaterais de proteção de investimentos incorporam uma ampla agenda de temas não estritamente comerciais cujos impactos sobre os temas de desigualdade e pobreza não estão suficientemente tratados na literatura. Compromissos com harmonização de normas ou abertura de mercados para serviços, compras governamentais, garantias para investidores, propriedade intelectual e meio ambiente deveriam ser incorporados à agenda de estudos sob a ótica dos impactos sobre políticas e indicadores sociais.

- *Erosão de preferências*

Muitos dos países latino-americanos já negociaram ou estão negociando acordos de livre-comércio com os países desenvolvidos (Estados Unidos e União Européia). A maioria desses acordos foi muito exigente em termos de liberalização comercial e reformas domésticas nesses países em troca de garantia de acesso aos mercados dos países desenvolvidos para alguns de seus produtos de exportação. Caso a Rodada Doha venha a promover a multilateralização desse acesso, a questão da erosão de preferências pode se tornar relevante para os fluxos de comércio e realocação dos fatores produtivos nesses países, gerando impactos sobre a distribuição da renda e a pobreza em muitos países.

- *Integração Sul-Sul em contraposição à integração com o Norte*

Os movimentos revisionistas em alguns países latino-americanos vêm dando ênfase à importância de privilegiar a integração intra-regional em contraposição à integração com os países do Norte. Do ponto de vista dos aspectos distributivos, o que importa nesse debate é compreender se haverá diferenças relevantes nos fluxos de comércio resultantes da integração entre os países da região quando comparados à integração com os países do Norte e como essas diferenças afetam as diferentes categorias de trabalhadores.

- *O efeito China*

A emergência da China como importante mercado de destino das exportações de *commodities* para muitos países latino-americanos e de origem das importações de produtos manufaturados vem promovendo o reforço da concentração das pautas de exportações desses países, deslocando produtores domésticos de produtos manufaturados e acirrando a concorrência nos mercados da região entre fornecedores regionais e chineses. Essas tendências têm impactos sobre o emprego de fatores de produção que precisam ser mais bem compreendidas.

A revisão da literatura sobre os impactos do comércio sobre distribuição de renda e pobreza permite a identificação de algumas sugestões para o aperfeiçoamento metodológico em trabalhos futuros:

- Aprofundar o entendimento sobre os mecanismos de transmissão que conectam o comércio ao crescimento, distribuição de renda e pobreza. É importante "olhar por dentro a caixa preta". Se é difícil estabelecer de forma clara as relações entre comércio e desigualdade, por exemplo, é necessário melhorar o entendimento sobre cada uma das etapas dos mecanismos de transmissão que conectam as duas variáveis.
- Mesclar evidências quantitativas com evidências qualitativas e, em particular, trabalhar em estudos de casos, além de *cross-section*.
- Desenvolver estudos de casos comparativos, com cortes setoriais. Controlar a seleção de países, de modo a permitir avaliar processos semelhantes e identificar com clareza as diferenças.
- Desenvolver estudos empíricos usando dados mais desagregados tanto em termos dos setores de produção quanto em termos das características das famílias.
- Incorporar nos estudos as estruturas industriais preexistentes em cada país com cortes por setores industriais e tamanho de empresas. Além disso, levar em consideração o tipo de inserção dos setores industriais nas cadeias produtivas globais.

Ainda há muito que avançar no conhecimento das relações entre comércio, desigualdade e pobreza para que os formuladores de políticas possam traçar estratégias de integração internacional que sejam promotoras da coesão social. As questões metodológicas e as sugestões de temas para estudos futuros, resumidas neste *policy brief* são uma contribuição para a construção das agendas de trabalho de instituições interessadas nesse tema.

Bibliografia

ARBACHE, Jorge. 2004. Do structural reforms always succeed? Lessons from Brazil. *WIDER. Research Paper*, n. 58, set.

BOUZAS, Roberto; FRENCH-DAVIS, Ricardo. 2003. *Globalization and inequality: a Latin American perspective*. Mimeo.

FERREIRA FILHO, Joaquim. 2006. *A Rodada de Doha: quais as dimensões dos resultados?* BID/INTAL, Jun.

GANUZA, Enrique; PAES DE BARROS, Ricardo; VOS, Rob. 2005. Labour market adjustment, poverty and inequality during liberalization. In: GANUZA, E.; PAES DE BARROS, R.; TAYLOR, L.; VOS, Rob. *Liberalización, desigualdad y pobreza: América Latina y el Caribe en los 90*. PNUD / CEPAL.

GOLDBERG, Pinelopi; PAVCNIK, Nina. 2004. Trade inequality and poverty: what do we know?" In: COLLINS, Susan M.; GRAHAM, Carol (Ed.). *Globalization, poverty and inequality*. Brookings Trade Forum 2004, p. 223-269. Brookings.

LUSTIG, Nora; SZÉKELY, Miguel. 1997. *México: evolución económica, pobreza y desigualdad*. Washington D.C: Banco Interamericano de Fomento,

PAES DE BARROS, Ricardo; CORSEUIL, Carlos Henrique. 2005. Brazil: economic opening and income distribution. In: GANUZA, E.; PAES DE BARROS, R.; TAYLOR, L.; VOS, Rob. *Liberalización, desigualdad y pobreza: América Latina y el Caribe en los 90*. PNUD/CEPAL.

SANGUINETTI, Pablo; BIANCHI, Enrique. 2005. Liberalización comercial, pobreza y distribución de ingreso en América Latina. Comunidad Andina de Fomento, set.

URANI, A. 2006. *Viejos y nuevos desafíos para las políticas sociales en América Latina. Desarrollo y democracia: repensando América Latina*. Santa Cruz, Bolívia: IETS. maio.

VENTURA-DIAS, Vivianne. 2006. *Aspectos distributivos do comércio e da política comercial: a experiência brasileira*. Rio de Janeiro: LATN. (mimeo).

WINTERS, L. Alan; McCULLOCH, Neil; McKAY, Andrew. 2004. Trade liberalization and poverty: the evidence so far. *Journal of Economic Literature*, n. 42, p. 72-115, mar.

IMPACTOS DISTRIBUTIVOS DO COMÉRCIO BRASIL-CHINA: EFEITOS DA INTENSIFICAÇÃO DO COMÉRCIO BILATERAL SOBRE O MERCADO DE TRABALHO BRASILEIRO[1]

Marta R. Castilho

Introdução

A exemplo do que vem ocorrendo no cenário internacional, a China vem ocupando um papel progressivamente mais importante nas relações comerciais do Brasil. O crescimento do intercâmbio comercial entre os dois países foi particularmente intenso entre 1995 e 2005, tendo a corrente de comércio se multiplicado por cinco, enquanto o total de comércio do Brasil com o mundo dobrou. Esse crescimento reflete um elevado dinamismo tanto das exportações quanto das importações bilaterais brasileiras.

Diversos trabalhos analisam a evolução do intercâmbio comercial entre os dois países e indicam que os efeitos do crescimento do comércio são percebidos de forma bastante diferenciada segundo os agentes econômicos. Se, para alguns, a China aparece como "a nova rota da seda"[2] – ou seja, um mercado potencial importante para as exportações brasileiras –, para outros os produtos chineses são percebidos como concorrentes da produção brasileira seja no mercado doméstico seja em terceiros mercados.

Um *locus* importante para avaliar em que medida o comércio com a China traz benefícios ou ameaças é o mercado de trabalho, visto que aí estão sendo gerados empregos em decorrência do aumento das exportações para aquele mercado, ao mesmo tempo em que postos de trabalhos são potencialmente "ameaçados" pela entrada dos produtos chineses.

Nesse sentido, buscamos aqui avaliar como o crescimento recente do intercâmbio Brasil-China afetou o emprego no Brasil, partindo do reconhecimento de que diferenças setoriais e no grau de elaboração dos produtos exercem diferentes pressões sobre emprego – em função da intensidade no uso do fator trabalho e do perfil de qualificação da mão-de-obra. Para isso, estimamos o conteúdo de trabalho dos fluxos de exportação e importação bilaterais, considerando as diferenças de grau de qualificação dos trabalha-

[1] Este trabalho foi originalmente publicado na *Revista Brasileira de Comércio Exterior*, n. 91, abr.-jun. 2007.

[2] BID (2005).

dores. Esse cálculo nos fornece a quantidade de empregos gerados pelas exportações e ameaçados pelas importações.

O artigo está organizado da seguinte forma. Após uma breve apresentação da estrutura e da evolução do comércio bilateral, apresenta-se a metodologia e os dados utilizados. Em seguida, são apresentadas as características do emprego associado ao comércio com a China. Enfim, são apresentadas as considerações finais.

O comércio Brasil-China: perfil e evolução recente

O comércio bilateral Brasil-China vem passando por um processo de intensificação extraordinário. Embora o mesmo venha acontecendo no comércio com outros mercados emergentes – Rússia, África do Sul e Índia –, a importância adquirida por aquele país tanto como fornecedor quanto como comprador de produtos nos últimos anos se tornou bem superior à dos demais, sendo comparável à de certos parceiros tradicionais do Brasil. Em 2006, a China foi responsável pela compra de 6,1% das exportações e pelo fornecimento de 8,7% das importações brasileiras totais, passando a ocupar o terceiro lugar no *ranking* dos principais parceiros comerciais brasileiros.[3]

O peso da China no comércio exterior brasileiro resulta do intenso crescimento recente dos fluxos de mercadorias. Entre 1985 e 2005, o total comercializado entre os dois países cresceu mais de oito vezes, demonstrando um dinamismo superior ao intercâmbio do Brasil com o resto do Mundo[4] (cuja corrente de comércio cresceu 378% no mesmo período). Grande parte desse crescimento, no entanto, se concentra no período posterior a 2000, como se vê pelo gráfico a seguir. Entre 2000 e 2005, o crescimento do comércio com a China superou significativamente o crescimento do comércio total do Brasil. Enquanto a taxa de crescimento média anual do comércio com a China foi de 44,5% para as exportações e 34,4% para as importações, as exportações totais do Brasil cresceram 16,5% a.a. e as importações 5,7% a.a. para o mesmo período.

Relativamente à evolução do comércio exterior total chinês nos últimos 30 anos, o comércio bilateral Brasil-China apresentou taxas de crescimento bem inferiores. O ritmo de crescimento do comércio exterior chinês se manteve sustentado desde meados nos anos 1980, fazendo que o peso da China no comércio mundial passasse de 1,5 para 5,6% das exportações mundiais entre 1984 e 2002.[5] Porém, nos anos mais recentes, particularmente a par-

[3] Dados recentes para o primeiro semestre de 2007 confirmam a tendência, observada desde 2004, de um crescimento mais acelerado das importações provenientes da China do que das exportações para aquele mesmo país.

[4] Total exceto a própria China.

[5] Dados extraídos de BID (2005).

tir de 2000, as importações e, sobretudo, as exportações brasileiras para a China apresentaram taxas de crescimento superiores às taxas de crescimento das trocas daquele país com o conjunto de parceiros. Como conseqüência, o país passou a representar respectivamente 0,6 e 1,5% das exportações e importações totais chinesas (dados referentes a 2005). O peso do Brasil no comércio exterior da China ainda é bastante reduzido, mas a evolução recente representa um importante avanço relativamente ao início dos anos 1990.[6]

Tradicionalmente, o saldo comercial bilateral tem sido positivo para o Brasil. No período 1985-2005, as transações bilaterais são deficitárias somente entre 1996 e 2000. O saldo bilateral chegou a representar mais de 20% do superávit comercial total brasileiro em 2001, mas atualmente (em 2005) representa apenas 3% do superávit total.

Gráfico 1: Evolução do comércio exterior brasileiro e chinês (1995-2005) (índice base 1995 = 100)

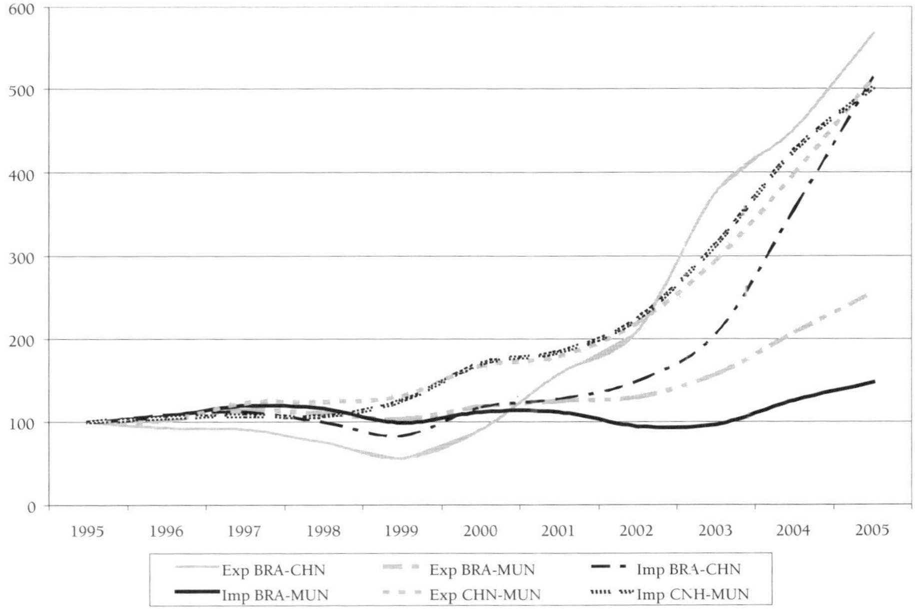

Fonte: Elaboração própria a partir de SECEX e WITS.

[6] Vale assinalar que o aumento do *market-share* das exportações brasileiras na China resulta da evolução recente, notadamente pós-1999. Do lado das importações brasileiras, a entrada de produtos chineses se intensificou a partir de 1995.

O perfil do comércio Brasil-China é bastante peculiar se comparado com os fluxos comerciais entre os demais países em desenvolvimento, assemelhando-se mais ao perfil do comércio do Brasil com os países do norte.[7] Por um lado, as exportações brasileiras são bastante concentradas em poucos produtos de baixo conteúdo tecnológico, e as importações são relativamente diversificadas, com um grau de elaboração maior e crescente.

No que se refere à concentração, o indicador de Herfindahl[8] mostra que a pauta de exportações brasileiras para a China é a mais concentrada dentre seus 15 principais parceiros: dois grupos de produtos respondem por cerca de 70% das exportações: o complexo soja e o complexo siderúrgico.

O produto mais exportado pelo Brasil para a China ilustra fielmente as características das exportações brasileiras evocadas acima. As exportações de grãos de soja[9] foram responsáveis por mais de 25% das exportações brasileiras em 2005 e têm apresentado forte crescimento nos últimos anos. Seu crescimento é explicado sobretudo pela redução das exportações de óleo e resíduos de soja,[10] em virtude da política chinesa de privilegiar as importações dos bens primários e de beneficiá-los em território chinês. Assim, o governo chinês vem investindo na construção de unidades esmagadoras próximas aos portos.[11] Por conseqüência, as exportações da soja beneficiada sob forma de óleo e seus resíduos se reduziram em detrimento da expansão de grãos de soja.

Como apontam Puga et alii (2004), as exportações brasileiras de produtos siderúrgicos e do complexo mineral também têm se concentrado nos

[7] Como sugerido pela indagação no título do artigo de Flores e Wanatuki (2006): *Is China a Northern Partner to Mercosul?*.

[8] Ver fórmula e tabela em anexo. Para se ter uma idéia, para as exportações brasileiras para a China o indicador médio para o período 1990-2005 é de 0,146 – o mais alto entre os 15 principais parceiros comerciais do Brasil. Para Argentina, parceiro para quem as exportações brasileiras são mais diversificadas, o indicador é de 0,011.

[9] NCM 12.01.00.90.

[10] O óleo e os resíduos de soja representavam em 1996 respectivamente 63 e 36% das exportações do complexo soja para a China, sendo a soja em grão responsável por apenas 0,6%. Em 2005, as posições se inverteram: as exportações de resíduos foram quase inexistentes, o óleo de soja representou 9% do total exportado e os grãos de soja responderam por 91% das exportações do complexo soja, segundo os dados da SECEX.

[11] Puga et alii (2004).

bens menos elaborados e o fenômeno acima descrito é também observado em outros setores e complexos industriais.

As importações são menos concentradas e os principais produtos pertencem a três setores: máquinas e equipamentos, químicos e têxteis e vestuário. O primeiro grupo de produtos atingiu 46% das importações brasileiras em 2005, enquanto os outros dois grupos representaram 14 e 12% respectivamente.

A evolução do comércio bilateral reflete em grande medida a evolução da especialização da economia chinesa, marcada pela tendência a uma crescente sofisticação das exportações e ao crescimento do comércio intra-indústria, por meio do qual o país vem se especializando em exportar bens finais e importar bens intermediários. As exportações chinesas de bens intensivos em trabalho vêm sendo progressivamente substituídas por produtos mais elaborados, notadamente máquinas, equipamentos e produtos eletroeletrônicos. Do lado das importações chinesas, além do crescimento das importações desses mesmos produtos, houve um forte aumento das importações de petróleo e metalurgia – o que é descrito como o "apetite insaciável por matérias-primas" (BID, 2005, p. 50).[12]

Assim, o Brasil tem respondido passivamente aos "estímulos" dados pela economia chinesa. Como assinalam Machado e Ferraz (2005), "o sucesso exportador e os ganhos brasileiros não parecem refletir uma estratégia ativa de diversificação e geração de novos mercados e oportunidades comerciais na China, mas tão-somente o aproveitamento de oportunidades produzidas pelo crescimento das importações chinesas, mediante a elevação da oferta de *commodities* produzidas no país, especialmente as agrícolas" (p. 114).

[12] Isso explica a aproximação da China de determinados mercados, tais como os pequenos países asiáticos – Laos e Birmânia – e mais recentemente da África.

Tabela 1
Composição do comércio exterior – Brasil e China, 2005
(em % do total)

	Import BRA-CHN	Export BRA-CHN	Export BRA-MUN	Import BRA-MUN	Export CHN-MUN	Import CHN-MUN
Produtos de origem agrícola	1,4	29,5	26,5	4,6	3,5	3,4
Produtos minerais	6,2	46,7	13,2	19,7	2,7	14
Produtos químicos, plásticos e borrachas	14,5	3,2	7,5	23	7,3	13,6
Couros, peles e calçados	0,3	5,5	5,5	1,4	1,7	2,5
Madeira, papel e celulose	11,7	0,9	1,9	2,1	14,2	3,6
Têxteis e vestuário	3,7	3,8	3	0,5	4,9	0,9
Minerais não-metálicos	1,3	0,2	2,1	1	2,3	1
Siderurgia	2,6	5,4	8,3	2,6	4,5	4,8
Outros minerais metálicos	2,3	0,4	2,9	3,1	3	3,8
Maquinaria, eq. elétricos	46,3	3,2	12,8	29,9	42,3	41,3
Equipamentos de transporte	3,1	1,1	12,9	7,4	3,7	3
Outros	6,6	0,1	3,4	4,7	9,9	8,1
TOTAL	100	100	100	100	100	100
(em US$ mil)	5.353.937	6.833.668	18.308.269	3.598.880	760.310.854	658.101.433

Fonte: SECEX, WITS. Elaboração própria.

Conteúdo de trabalho no comércio bilateral

Metodologia: notas introdutórias

A estimativa do impacto de mudanças no comércio internacional sobre empregos e salários pode ser realizada basicamente usando três metodologias: os MEGCs (Modelos de Equilíbrio Geral Computáveis), estimações da demanda por trabalho (onde são incluídos entre os determinantes do emprego ou dos salários) e o cálculo de conteúdo de trabalho do comércio. Os MEGCs são modelos sofisticados que buscam representar a totalidade das relações econômicas de uma ou mais nações. Demandam uma grande quantidade de informações e o *trade-off* entre detalhamento do modelo e quantidade de dados exige, por vezes, que sejam feitas hipóteses fortes sobre elasticidades e/ou outros fenômenos econômicos.

As estimações econométricas da correlação entre comércio e os níveis de salário e/ou emprego, muito utilizadas pelos especialistas da área de mercado de trabalho, reúnem um vasto leque de equações, bastante diferentes segundo as bases de dados disponíveis, as técnicas econométricas e, evidentemente, as especificações escolhidas. Como mostram os diversos trabalhos resenhados em Cortes e Jean (1995), os resultados são ambíguos e, por isso, inconclusivos quanto à influência do comércio sobre o mercado de trabalho.

O cálculo de conteúdo de fatores consiste em uma metodologia simples, por meio da qual é estimada a quantidade de trabalho contida nas mercadorias exportadas e importadas, que corresponderia a empregos gerados nos setores exportadores e empregos perdidos no setor concorrente das importações. O cálculo é feito a partir dos multiplicadores de emprego normalmente estimados a partir da produção doméstica (emprego/unidade monetária) e aplicado em seguida aos fluxos de comércio de um determinado país.

Esse cálculo baseia-se nas técnicas de decomposição do crescimento do emprego. Partindo das identidades contábeis $C = Q - X + M$ e $P = Q/E$, onde as variáveis representam consumo (C), produção (Q), exportações (X), importações (M), produtividade (P) e emprego (E), para determinado setor i, sabe-se que $\Delta E = (1/P_0)[\Delta C + \Delta X - \Delta M - E_0 \Delta P]$. Para avaliar o impacto do comércio sobre o emprego, supomos que o consumo e a produtividade não se alteram, e temos, então, que a variação do emprego corresponde à variação do saldo comercial líquido multiplicado pelo multiplicador de emprego (inverso da produtividade). Esta metodologia, como comentado adiante, apresenta diversas limitações, entre elas, supõe que não há interação entre os diversos termos da primeira igualdade. Para uma descrição detalhada da metodologia, ver Cruz (1996).

Os coeficientes podem ser diretos ou indiretos, dependendo se é considerado o trabalho associado ao consumo intermediário dos bens por meio dos coeficientes técnicos fornecidos pelas matrizes de insumo-produto. O cálculo do conteúdo de fatores pode considerar ou não dois fatores de produção, dependendo do objetivo do trabalho. Enquanto o cálculo das intensidades relativas (mais de um fator) é normalmente utilizado para verificação do modelo de Hecksher-Ohlin, o cálculo da intensidade de um determinado fator é utilizado para analisar o impacto de variações no nível de comércio sobre o estoque do fator em questão – é o caso da presente análise.

Essa metodologia, embora bastante elucidativa e utilizada por diversos economistas,[13] apresenta diversas limitações. As primeiras estão relacionadas ao seu caráter estático. Como aponta Leamer (1996), não considera as

[13] Para uma "defesa" dessa metodologia, ver Davis e Weinstein (2002).

mudanças induzidas pelo comércio nos preços, salários,[14] produtividade, composição do comércio e consumo, ou seja, desconsidera os ganhos do comércio associados a mudanças nos preços. Também não leva em conta que a "ameaça" competitiva do comércio pode exercer efeitos importantes sobre o mercado de trabalho.

Outras limitações estão associadas a problemas de mensuração. Wood (1994 e 1995) argumenta que, ao se usar um coeficiente "médio" de emprego por setor, está se negligenciando a diferença de produtividade entre firmas de um mesmo setor. Segundo ele, a concorrência dos PEDs não afeta todas as firmas de um mesmo setor. Como forma de solucionar este problema, Borjas, Freeman e Katz (1992 e 1996) propõem o uso de um coeficiente que reflita o *gap* tecnológico dos PEDs.[15]

Outra crítica, levantada por Ojeda et alii (2000), é que seria incorreto usar os mesmos multiplicadores de emprego para importações e exportações, pois seria equivocado achar que os impactos do comércio são simétricos.[16] Discordamos dessa afirmativa se o objetivo for medir quantos empregos nas firmas nacionais seriam deslocados pela concorrência das importações. Nesse caso (e apesar da crítica de Wood), seria razoável supor que todas as empresas nacionais (exportadoras e concorrentes das importações) utilizem a mesma tecnologia.

Essa metodologia ainda é criticada quando usada para validação das teorias de comércio, objetivo para o qual é empregada amplamente.[17] Dado

---

14 Segundo Cortes, Jean e Pisani-Ferry (1996), essa metodologia supõe que o mercado de trabalho funciona em concorrência perfeita e que o ajuste à concorrência externa se dará *integralmente* via quantidade. Esta última crítica é questionável: o cálculo de conteúdo de fatores sugere qual seria a quantidade equivalente nos fluxos de comércio, mas, evidentemente, a concretização dessa variação no emprego depende das condições do mercado de trabalho (qual parcela do ajuste que se daria via preço e qual parcela se daria via quantidade).

15 Segundo Cortes, Jean e Pisani-Ferry (1996), esse problema reflete um viés de agregação: os indicadores são calculados por *indústria*, segundo a classificação das matrizes de insumo-produto, e a concorrência internacional se dá em nível de *produto*. Isso não somente leva a um viés na estimação do número de empregos perdidos, mas também ignora os movimentos de mão-de-obra que podem ocorrer no interior de um setor. Porém, o cálculo de coeficientes de emprego no nível da firma exige um trabalho empírico enorme e impossibilita o cálculo de emprego indireto.

16 A primeira razão seria que, sem as exportações, os produtos que são exportados não seriam necessariamente produzidos e, principalmente, nada garante que, não se importando determinados produtos, haverá produção doméstica que a substitua.

17 Sobre a validação do modelo de HO na economia brasileira, ver, por exemplo, Machado e Moreira (2001), Ferreira e Machado (2001) e Gonzaga, Terra e Menezes-Filho (2001). Esses trabalhos, porém, utilizam metodologias diferentes, não tendo sido encontradas aplicações do cálculo do conteúdo de fatores ao caso brasileiro.

que estamos buscando aqui estimar a quantidade de trabalho criada e potencialmente perdida pelo aumento dos fluxos de comércio entre o Brasil e a China,[18] não apresentaremos a discussão sobre as limitações desse método para validação da teoria da dotação de fatores.[19]

Apesar das limitações dessa metodologia apontadas pelos diversos autores, grande parte deles continua a utilizá-la devido à facilidade e à simplicidade com as quais permite ilustrar os movimentos nas quantidades de emprego. Como bem dizem Cortes, Jean e Pisani-Ferry (1996, p. 21) "nevertheless, we consider it a useful benchmark".

Apresentação da metodologia e dados utilizados

Para avaliar o impacto do crescimento do comércio Brasil-China sobre o emprego no Brasil, levamos em conta o nível de escolaridade dos trabalhadores, que é uma *proxy* para qualificação da mão-de-obra. Isto se justifica pelo fato de que o tipo de emprego criado e ameaçado por exportações e importações pode gerar impactos distributivos diferenciados.

Além disso, o presente cálculo do conteúdo de trabalho leva em conta não somente as vendas e compras de bens finais, mas também o consumo intermediário. Porém, o conteúdo de trabalho do comércio que considera o consumo intermediário pode ser calculado de duas maneiras, que produzem resultados agregados semelhantes mas resultados setoriais com significados diferentes. A primeira maneira consiste em calcular o "coeficiente indireto" de trabalho e, então, aplicá-lo aos fluxos de comércio de bens finais. Os resultados obtidos dessa forma nos informam qual o emprego gerado por cada setor exportador (ou seja, a dimensão setorial está associada ao comércio e não ao emprego). A segunda forma de cálculo consiste em calcular primeiramente o total exportado (importado) "efetivamente" por cada setor, levando em conta os insumos utilizados e, em seguida, aplicar o coeficiente direto de emprego. O cálculo é feito da seguinte maneira:

$$E_j = N_{jxj} \left[A_{jxj} \cdot X_{jx1} \right]$$

[18] A ênfase deste estudo é na "quantidade" de trabalho e, assim, não nos interessaremos pelos diversos artigos que avaliam o impacto da abertura sobre os salários.

[19] A apresentação da metodologia aqui é uma versão adaptada e resumida de Castilho (2005). Sobre a discussão recente sobre a utilidade dessa metodologia para a validação do modelo HO, ver, por exemplo, Deardoff (2000) e Davis e Weinstein (2002).

onde: E é quantidade de trabalho contida no fluxo de comércio; A corresponde à matriz Leontief de coeficientes técnicos para j setores; N é uma matriz cuja diagonal principal corresponde ao coeficiente direto de emprego calculado a partir de da produção e do emprego setoriais (quantidade de trabalho por unidade produzida, N/Q); X é o vetor de exportações (o mesmo cálculo pode ser feito para os fluxos de importações e/ou importações líquidas).

Assim, obtém-se o emprego de cada setor gerado pelas exportações em geral (dos diversos setores). Ou seja, cada linha do vetor final representa os empregos gerados em cada setor pelas exportações dos diversos setores.[20] O setor dessa vez corresponde ao emprego e não às exportações. É esse cálculo que fizemos aqui, por duas razões: para enfatizar o setor em que está havendo variação do número de empregados e pela incompatibilidade de classificações entre as estatísticas de mercado de trabalho e da matriz de insumo-produto.[21]

O total de empregos gerados na economia é evidentemente o mesmo para as duas formas de cálculo, sendo diferentes apenas os resultados setoriais.

Os dados utilizados foram os seguintes:

(i) a matriz de impacto intersetorial – ou matriz de Leontief – é de 1996, último dado disponibilizado pelo IBGE;[22]

(ii) o comércio exterior por parceiro foi calculado da seguinte forma: aplicou-se o peso da China no comércio exterior brasileiro – obtido a partir dos dados da SECEX para os quatro períodos analisados (média de 1995 e 1996; 2000 e 2001; 2003 e 2005) – sobre os dados das exportações e importações provenientes das Contas Nacionais do IBGE para os mesmos anos, em R$ 1.000. Como para 2005 os fluxos de comércio em R$ divulgados pelo IBGE ainda não se encontram disponíveis, utilizamos a mesma

20 A primeira linha do vetor final representa os empregos gerados na agricultura resultantes das exportações dos 32 setores, que usam indiretamente produtos agrícolas.

21 Vale assinalar que a classificação da PNAD é diferente daquela da matriz de insumo-produto; porém, usando-se esta segunda forma de cálculo, é possível multiplicar os coeficientes diretos de trabalho (32 setores) pelas exportações "efetivas" (originalmente, com 43 setores).

22 Essa matriz fornece os coeficientes de impacto intersetorial que nos permitem calcular os encadeamentos produtivos e, assim, considerar o "consumo intermediário de trabalho" de cada unidade monetária de comércio exterior. A desatualização dessa matriz não representa limitação importante, pois as mudanças tecnológicas são de longo prazo.

metodologia usada nas Contas Nacionais para conversão dos dados da SECEX, qual seja: conversão pela taxa de câmbio média (venda) trimestral (Banco Central);

(iii) o coeficiente n corresponde à quantidade de trabalho por unidade produzida (N/Q), onde N é o emprego por faixa de qualificação dos trabalhadores. Foi obtido aplicando-se o peso (participação no emprego total) de cada faixa de qualificação dos trabalhadores (PNAD) ao emprego total fornecido pelas Contas Nacionais do IBGE. Q corresponde à produção total em valores de 2003, em R$ 1.000.000. Para 2005, em virtude da indisponibilidade dos dados de produção, aplicamos o coeficiente n de 2003, supondo assim que não houve mudança técnica entre os dois anos.

Vale assinalar que todos os valores em reais foram atualizados para preços de 2003, usando-se o deflator implícito do PIB (Contas Nacionais, IBGE).

O emprego associado ao comércio Brasil-China

Coeficientes de emprego e intensidade de trabalho

As tabelas a seguir mostram a intensidade de trabalho dos diversos setores da economia no último ano disponível – ou seja, a quantidade de trabalhadores por R$ produzido, total e por grau de qualificação (anos de estudo) para 2003. Aqui é apresentado o coeficiente direto – ou seja, não se leva em conta o emprego dos setores dos quais o setor exportador compra seus insumos – devido à impossibilidade de compatibilização dos dados da matriz de Leontief e dos dados de emprego da PNAD, o que nos levou a calcular o conteúdo de emprego conforme comentado acima. Este é um indicador da intensidade de trabalho, ainda que insuficiente por não considerar as relações de encadeamento entre os setores, como faremos adiante.

O coeficiente (ou multiplicador) de trabalho para a economia como um todo – incluído o setor de serviços – é de 20,8 trabalhadores por R$ 1 milhão produzido. Este valor – médio para a economia como um todo – reflete características bastante díspares entre os setores. Como se pode ver a partir da Tabela 2, as disparidades entre os setores agrícola, industrial e de serviços são importantes. O setor agrícola é o setor mais intensivo em mão-de-obra (coeficiente de 49,8), sendo a mão-de-obra predominantemente de baixa qualificação. O setor industrial é aquele com menor intensidade em trabalho – o multiplicador de emprego é de 6,1 trabalhadores para cada R$ 1 milhão produzido. Os coeficientes referentes à mão-de-obra de baixa e média qualificação são idênticos, sendo o de alta qualificação bem inferior.

Enfim, o setor serviços apresenta um coeficiente intermediário entre os dois precedentes – de 29,8 –, com um perfil em termos de qualificação diferente, onde a categoria mais importante é a de qualificação intermediária, porém com um peso maior para a categoria de maior qualificação relativamente à agricultura e à indústria. Dos três setores, a indústria é o setor que gera relativamente menos emprego, este fato sendo válido para todos os níveis de qualificação.

Dentre os setores produtores de bens,[23] quatro se destacam por apresentarem coeficientes de emprego bem superiores aos demais. São eles: vestuário, agropecuária, madeira e mobiliário e fabricação de calçados. O setor de vestuário é aquele que apresenta o maior requerimento de trabalho direto, bastante superior ao da agricultura. Este, no entanto – e como veremos adiante – vem sofrendo importantes alterações que levaram à uma forte redução do uso da mão-de-obra. O setor de vestuário é intensivo em mão-de-obra no caso das três categorias, conforme evidenciado pela sua posição no *ranking* dos setores.

Do total de 31 setores aqui analisados, apenas estes quatro superam a média da economia. No outro extremo, com os menores requerimentos de trabalho, encontram-se os setores intensivos em capital, como as indústrias de extração e refino de petróleo, além da indústria química e de borracha. Vale ressaltar que as indústrias alimentares, ao contrário da agricultura, apresentam um coeficiente de emprego bastante reduzido.

Outra característica marcante é que o coeficiente de emprego da economia brasileira decresce significativamente com o aumento da qualificação. Os produtos com maior intensidade de trabalho são aqueles que utilizam relativamente mais mão-de-obra de baixa qualificação, enquanto a mão-de-obra de maior qualificação é utilizada de forma mais intensiva nos setores com menores coeficientes de emprego total. Para uma grande parte dos setores, a mão-de-obra de qualificação intermediária representa uma parcela importante da mão-de-obra empregada, a única exceção sendo a agricultura.

Estas informações, juntamente com o perfil da pauta do comércio brasileiro, sugerem que o Brasil não se encaixa no grupo de países cujas vantagens comparativas se baseiam no fator trabalho: juntos, os quatro setores mais intensivos em trabalho citados acima somaram, em 2003, 15% das exportações totais – ou seja, não têm peso importante na pauta exportadora brasileira. Por outro lado, dos três setores de maior peso na pauta de exportações, dois

[23] Detemo-nos aqui sobre as características dos setores agrícola e industrial em virtude de analisarmos o comércio internacional de bens, ainda que adiante calculemos também os empregos gerados pelo comércio no setor de serviços.

deles – produtos alimentares e siderurgia/metalurgia (33% das exportações em 2003) – apresentam coeficientes de valor intermediário. O terceiro setor, material de transporte (13,6% do total exportado em 2003), apresenta um coeficiente muito baixo. Do lado das importações, há uma forte concentração nos produtos com baixo conteúdo de trabalho: 60% das importações estão em setores cujo coeficiente de emprego é inferior a 10.

Tabela 2
Coeficiente direto de emprego: trabalhadores/produção em R$ milhão (2003)

Setores	Descrição	Grau de qualificação da mão-de-obra: anos de estudo						
		0 a 7		8 a 11		12 ou +		Total
23	Artigos do vestuário	37,6	*2*	39,3	*1*	1,7	*3*	78,6
1	Agropecuária	45,9	*1*	3,6	*10*	0,3	*14*	49,8
14	Madeira e mobiliário	23,3	*3*	12,2	*3*	1	*5*	36,5
24	Fabricação de calçados	19,7	*4*	13,4	*2*	1,8	*2*	34,9
4	Minerais não-metálicos	7,5	*5*	3,9	*8*	0,3	*13*	11,7
21	Artigos de plástico	6,5	*7*	4,5	*4*	0,5	*10*	11,5
2	Extrativa mineral	6,7	*6*	3,9	*7*	0,7	*8*	11,3
32	Indústrias diversas	4,3	*8*	4,4	*5*	1,9	*1*	10,6
8	Máquinas e tratores	2,5	*10*	4,0	*6*	0,7	*9*	7,2
22	Indústria têxtil	3,6	*9*	3,1	*11*	0,3	*19*	7
15	Papel e gráfica	1,3	*13*	3,8	*9*	1,4	*4*	6,5
25	Produtos alimentares	2,5	*11*	2,5	*12*	0,3	*16*	5,3
5	Siderurgia e Metalurgia	2,3	*12*	2,5	*13*	0,4	*12*	5,2
20	Farmacêutica e perfumaria	0,8	*16*	1,7	*15*	0,9	*6*	3,4
12	Material de transporte	0,8	*17*	1,6	*16*	0,8	*7*	3,2
10	Material elétrico e eletrônico	0,6	*18*	2,0	*14*	0,4	*11*	3
16	Indústria da borracha	0,9	*15*	1,4	*17*	0,3	*18*	2,6
17	Indústria química	0,9	*14*	0,9	*18*	0,3	*17*	2,1
3	Extração de petróleo e gás	0,1	*19*	0,5	*19*	0,3	*15*	0,9
18	Refino do petróleo	0,1	*20*	0,1	*20*	0,1	*20*	0,3
AGRICULTURA (setor 1)		45,9		3,6		0,3		49,8
INDÚSTRIA (setores 2-32)		2,8		2,8		0,5		6,1
SERVIÇOS (setores 33-43)		12,7		12,6		4,5		29,8
TOTAL (setores 1-43)		10,9		7,5		2,4		20,8

Obs.: Os números em itálico correspondem à colocação do setor no *ranking* dos mais intensivos naquela categoria de trabalho.

Fonte: PNAD e Contas Nacionais/IBGE (diversos anos). Elaboração própria.

Vale, no entanto, observar que algumas dessas características vêm se alterando ao longo do tempo. A Tabela 3 mostra a evolução dos coeficientes totais entre 1995/1996 e 2003.[24]

A evolução do coeficiente de trabalho reflete a evolução da produtividade da economia brasileira. Como diversos autores enfatizam,[25] as empresas brasileiras passaram por fortes ajustes ao longo da década de 1990, em virtude da abertura comercial e da maior exposição à concorrência internacional, que as levaram a incorporar tecnologias mais econômicas em mão-de-obra. Os efeitos desse movimento se fizeram sentir na produtividade das empresas e no volume de emprego. Dados recentes apontam para a continuidade da expansão da produtividade até o período recente.[26]

Nesse sentido, os setores cuja redução dos coeficientes de trabalho foram mais notáveis são refino e extração de petróleo, agropecuária, indústria química, farmacêutica e perfumaria e borracha. Todos esses setores reduziram o coeficiente de emprego em pelo menos 40%. Para a economia com um todo, essa redução foi de 15% e para a indústria, de 27%. Estes dados são compatíveis com os cálculos de produtividade do trabalho realizados por Carvalheiro (2003), que apontam diversos dos setores mencionados acima, como a agropecuária e os setores de extração e refino de petróleo, entre os campeões de crescimento de produtividade entre 1990 e 2000.

No outro extremo, há alguns setores que não reduziram – ao contrário, até mesmo aumentaram – o coeficiente de emprego. São eles: madeira e mobiliário, artigos de plástico e fabricação de calçados.

Vale assinalar que no caso dos serviços a tendência foi de aumento do coeficiente de trabalho. O crescimento foi observado na maioria dos setores e de forma sustentada ao longo do período, favorecendo em diversos casos – como no comércio, nos transportes e nos serviços não-mercantis – os empregos de maior qualificação.

---

[24] Por questões de espaço, não mostraremos a evolução por nível de qualificação, embora os dados se encontrem disponíveis. Vale ressaltar também que, dada a indisponibilidade dos dados de produção para 2005, não foi possível calcular o coeficiente direto para esse ano.

[25] Ver, por exemplo, Carvalho e Feijó (2003), Bonelli e Fonseca (1998) e Carvalheiro (2003).

[26] Segundo Feijó e Carvalho (2006), a produtividade do trabalho da indústria de transformação brasileira apresentou as seguintes taxas de crescimento em 2002, 2003 e 2004: 4,1, 1 e 6%, respectivamente.

Tabela 3
Evolução do multiplicador direto de emprego entre 1995 e 2003, por setor

Setores	Descrição	Total da força de trabalho		
		1995-1996	2000-2001	2003
1	Agropecuária	85,4	67,1	49,8
2	Extrativa mineral	14,5	12,8	11,3
3	Extração de petróleo e gás	1,8	1,1	0,9
4	Minerais não-metálicos	14,4	14,6	11,7
5	Siderurgia e metalurgia	6,9	6,6	5,2
8	Máquinas e tratores	7,5	6,9	7,2
10	Material elétrico e eletrônico	3,4	3,0	3,1
12	Material de transporte	3,4	3,1	3,1
14	Madeira e mobiliário	34,2	39,3	36,5
15	Papel e gráfica	8,5	6,6	6,5
16	Indústria da borracha	4,1	3,2	2,5
17	Indústria química	3,6	2,6	2,2
18	Refino do petróleo	0,6	0,2	0,2
20	Farmacêutica e perfumaria	5,1	3,7	3,4
21	Artigos de plástico	9,3	11,2	11,5
22	Indústria têxtil	7,2	6,9	6,9
23	Artigos de vestuário	85,8	59,9	78,7
24	Fabricação de calçados	30,1	36,1	34,9
25	Produtos alimentares	7,5	6,7	5,3
32	Indústrias diversas	10,4	10,6	10,6
AGRICULTURA (setor 1)		85,4	67,1	49,8
INDÚSTRIA (setores 2-32)		8,4	7,0	6,1
SERVIÇOS (setores 33-43)		28,8	28,9	29,8
TOTAL (setores 1-43)		24,4	22,1	20,8

Fonte: PNAD e Contas Nacionais/IBGE (diversos anos). Elaboração própria.

Conteúdo de trabalho no comércio exterior brasileiro

O cálculo do conteúdo de trabalho permite estimar quantos empregos são gerados em determinados setores ao se exportar e a quantos empregos equivalem as importações (dito de outra forma, quantos empregos nos setores concorrentes das importações seriam ameaçados pelas mesmas). Como levamos em conta o encadeamento para trás dos bens importados e exportados, essa estimativa vai além dos impactos diretos sobre os produtores dos bens finais.

Neste artigo, estimamos o conteúdo de trabalho das exportações e importações brasileiras para a China e, para se ter uma base de comparação, apresentam-se igualmente os resultados para o comércio total brasileiro.

Na Tabela 4, vê-se que o Brasil é, segundo nossos cálculos, um exportador líquido de trabalho, predominantemente de baixa qualificação. A quantidade de trabalho contida nas exportações totais é superior à contida nas importações, gerando um saldo líquido de mais de 4,7 milhões de empregos em 2005. Em 2003, o volume de empregos associados ao saldo comercial correspondeu a 4,1 milhões, o que significa 6,8% do total de empregos contabilizado pelo IBGE naquele ano, segundo as Contas Nacionais. Esse saldo resulta evidentemente de um volume de empregos gerado nas exportações superior àquele correspondente às importações. Em 2005, as exportações geraram mais de 7,6 milhões de empregos, sendo que mais de metade deles de trabalhadores pouco qualificados. Para as importações, o equivalente em empregos é de cerca de 2,8 milhões, e o perfil dos trabalhadores mostra um grau de qualificação um pouco superior ao das exportações. Em termos de saldo comercial, as relações comerciais do Brasil com o conjunto de seus parceiros geram, em termos líquidos, 3,4 milhões de trabalhadores com baixa qualificação, os demais se dividindo entre média (1,2 milhão) e alta qualificação (215 mil).

A evolução do emprego associado ao comércio exterior total do Brasil ao longo da última década tem resultado de um forte acréscimo dos empregos associados às exportações – crescimento de 99% de 2005 em relação à média 1995/96 – em face da estagnação dos empregos relacionados às importações (3% de redução no mesmo período). A tendência a uma maior qualificação dos trabalhadores é observada nos dois fluxos, com menor ênfase nas importações.

Tabela 4
Conteúdo de trabalho do comércio exterior brasileiro total (1995-2005)

	n. empregos			% do total pessoal ocupado (1)		composição do emprego	
	Exportação	Importação	Saldo	Exportação	Importação	Exportação	Importação
média 1995-1996							
0 a 7	2.865.626	1.963.665	901.962	8,5	5,8	74,7	67,5
8 a 11	794.717	758.643	36.074	4,8	4,6	20,7	26
12 ou +	177.899	190.231	(12.332)	3,6	3,8	4,6	6,5
TOTAL	3.838.242	2.912.539	925.704	7,0	5,3	100	100
média 2000-2001							
0 a 7	3.610.275	1.786.970	1.823.305	11,7	5,8	67,6	56,9
8 a 11	1.450.618	1.104.372	346.247	6,8	5,1	27,2	35,1
12 ou +	276.769	253.102	23.667	4,4	4,0	5,2	8
TOTAL	5.337.662	3.144.444	2.193.219	9,1	5,4	100	100
2003							
0 a 7	4.691.096	1.719.576	2.971.520	16,1	5,9	64,6	54,8
8 a 11	2.115.160	1.140.137	975.023	9,3	5,0	29,2	36,3
12 ou +	446.393	279.728	166.665	4,9	3,1	6,2	8,9
TOTAL	7.252.649	3.139.441	4.113.208	11,9	5,1	100	100
2005							
0 a 7	4.869.135	1.464.602	3.404.533	–	–	63,8	51,7
8 a 11	2.271.923	1.097.805	1.174.119	–	–	29,8	38,7
12 ou +	488.512	272.730	215.782	–	–	6,4	9,6
TOTAL	7.629.570	2.835.137	4.794.433	–	–	100	100

Obs.: (1) Total pessoal ocupado em todos os setores da economia (Contas Nacionais, IBGE).

Fonte: IBGE, SECEX (para maiores detalhes, ver metodologia). Elaboração própria.

No que se refere à China, o Brasil também é um exportador líquido de empregos. Tendo em perspectiva o comércio total brasileiro, nas suas relações com a China o Brasil vem ampliando o saldo de empregos e isso, sobretudo, para empregos de baixa qualificação. O saldo em termos de emprego em 2005 – de 322 mil – representa 6,7% do saldo de empregos associado ao comércio total.

As exportações para a China em 2005 geraram 560 mil empregos, o que corresponde a 7,3% total dos empregos gerados pelas exportações. Em 2003, o volume de empregos gerado pelas exportações para a China correspondia a 0,9% do pessoal ocupado total no país. Destes empregos, 70,8% são ocupados por trabalhadores com baixa qualificação, percentual superior ao observado para o total exportado pelo país (63,8%). O restante dos trabalhadores se divide entre aqueles com média qualificação – 24,1% do total (em face de 29,8% no caso das exportações totais) – e 5,1% no caso dos empregos de alta qualificação (em face de 6,4%).

O número de postos criados pelas exportações para a China aumentou significativamente entre 1995-1996 e 2005 (383%), com uma aceleração significativa entre 2000-2001 e 2003. Nesse período, o emprego gerado pelas exportações cresceu 221%, tendo triplicado o seu peso no emprego total brasileiro. Os empregos de qualificação alta e média foram os que mais cresceram, tendo suas quantidades sidas multiplicadas por 6 ao longo de todo o período. A evolução do emprego associado às exportações em termos de qualificação reflete fortemente a redução do conteúdo de trabalho na agricultura. Este setor, que teve seu peso quase dobrado entre 2000/2001 e 2003, devido basicamente à evolução das exportações do complexo soja, gerou menos empregos apesar do aumento das suas vendas externas (ver perfil setorial do comércio em anexo).

Do lado das compras externas, em 2005, as importações brasileiras de origem chinesa correspondiam a cerca de 238 mil empregos. Esses empregos se dividem entre baixa e média qualificação – 49,5 e 41,5% do total, respectivamente – enquanto os empregos qualificados representam apenas 8,9% do total. O emprego associado às importações – ou o conteúdo de emprego das importações – evoluiu de forma diferenciada ao emprego associado às exportações. Embora no período como um todo (1995-2005) a taxa de crescimento tenha sido inferior (196%) aos empregos gerados pelas exportações, no período recente (2003-2005) o número de empregos associado às importações vem crescendo de forma acentuada, tendo apresentado tendência inversa às importações totais brasileiras (cujo número de empregos associados se reduziu). O aumento tem sido equivalente para os trabalhadores mais qualificados e para aqueles de qualificação média (237 e 225%, respectivamente, contra 171% para os trabalhadores menos qualificados).

Esse forte aumento dos empregos "ameaçados" pelas importações provenientes da China se faz sentir no peso que este tinha no volume de empregos associados às importações totais: seu percentual passou de 4,8% em 2003 para 8,4% em 2005. Em 2003, esses empregos correspondiam a apenas 0,2% do emprego total brasileiro.

Tabela 5
Conteúdo de trabalho do comércio exterior brasileiro com a China (1995-2003)

	n. empregos			% do total pessoal ocupado (1)		composição do emprego	
	Exportação	Importação	Saldo	Exportação	Importação	Exportação	Importação
média 1995-1996							
0 a 7	91.754	52.150	39.604	0,3	0,2	79,2	65
8 a 11	19.779	23.256	(3.478)	0,1	0,1	17,1	29
12 ou +	4.279	4.788	(509)	0,1	0,1	3,7	6
TOTAL	115.812	80.195	35.617	0,2	0,1	100	100
média 2000-2001							
0 a 7	123.928	43.438	80.490	0,4	0,1	75,2	54,3
8 a 11	33.892	30.355	3.538	0,2	0,1	20,6	37,9
12 ou +	6.897	6.284	613	0,1	0,1	4,2	7,8
TOTAL	164.717	80.077	84.641	0,3	0,1	100	100
2003							
0 a 7	371.686	75.414	296.272	1,3	0,3	70,3	50,4
8 a 11	129.602	61.062	68.540	0,6	0,3	24,5	40,8
12 ou +	27.674	13.215	14.459	0,3	0,1	5,2	8,8
TOTAL	528.962	149.691	379.271	0,9	0,2	100	100
2005							
0 a 7	396.334	117.641	278.693	–	–	70,8	49,6
8 a 11	134.663	98.637	36.026	–	–	24,1	41,5
12 ou +	28.601	21.177	7.424	–	–	5,1	8,9
TOTAL	559.598	237.455	322.143	–	–	100	100

Obs.: (1) Total pessoal ocupado em todos os setores da economia (Contas Nacionais, IBGE).

Fonte: IBGE, SECEX (para maiores detalhes, ver metodologia). Elaboração própria.

Os resultados agregados para o comércio bilateral com a China refletem basicamente dois movimentos: as alterações na composição da pauta brasileira e as modificações nos coeficientes de trabalho, apresentados na Tabela 5. Os resultados em termos de empregos gerados e "ameaçados" em cada setor pelo comércio encontram-se a seguir, na Tabela 6.[27]

Os setores que têm maior peso no total de empregos gerados pelas exportações brasileiras de mercadorias para a China são a agropecuária, o

[27] Vale lembrar que, conforme assinalamos na apresentação da metodologia, os empregos aqui apresentados são por setor de emprego e não de comércio.

comércio e a indústria extrativa mineral. Somente a agricultura representa mais de metade dos empregos totais (52,7%). Todos estes setores se utilizam amplamente de mão-de-obra com baixa qualificação. Se compararmos os três grandes setores – agricultura, indústria e serviços –, vê-se que o emprego agrícola é o mais importante, sendo o emprego industrial (26,1%) pouco superior ao de serviços (21,2%) – sendo que o último é referente apenas aos empregos indiretos contidos nas mercadorias (agrícolas e industriais) exportadas pelo Brasil.

Comparativamente ao emprego setorial gerado pelas exportações como um todo, a indústria extrativa mineral é aquela que mais se beneficia das exportações para a China em número de empregos gerados – 20,2% dos empregos desse setor gerados pelas exportações estão associados às exportações brasileiras para aquele país. Os empregos gerados pelas exportações para a China de produtos agropecuários e de extração de petróleo e gás correspondem a 10% do emprego gerado pelas exportações totais desses setores.

Por outro lado, o emprego industrial é aquele mais "afetado" pelas importações – o conteúdo de trabalho dos setores industriais das importações responde por metade do trabalho contido nas importações totais bilaterais (50,6%). Os setores com maior número de empregos potencialmente afetados pelas importações são: comércio e agropecuária e, entre os setores industriais, sobretudo artigos de vestuário (devido à alta intensidade de trabalho).

Os empregos de baixa qualificação afetados potencialmente pelas importações são os mais numerosos, porém, ao contrário do que ocorre com as exportações, a diferença relativamente às duas outras categorias de trabalho não é tão grande. Os empregos de baixa qualificação representam 50% do total, enquanto os de média qualificação correspondem a 41% – os 9% restantes dizem respeito aos trabalhadores de maior qualificação. Do lado das exportações, 71% dos empregos gerados são de baixa qualificação.

Tabela 6
Conteúdo de trabalho do comércio exterior brasileiro com a China por setor (2005)

Setores	descrição	Emprego gerado pelas Exportações						Emprego contido nas Importações					
		0 a 7	8 a 11	12 ou +	Total	Peso no total %	CHN/MUN (1)	0 a 7	8 a 11	12 ou +	Total	Peso no total %	CHN/MUN (1)
1	Agropecuária	271.884	21.253	1.941	295.078	52,7	9,8	27.987	2.188	200	30.375	12,8	5,4
2	Extrativa mineral	31.297	18.225	3.424	52.946	9,5	20,2	1.308	761	143	2.212	0,9	4,9
3	Extração de petróleo e gás	132	629	446	1.207	0,2	10,0	19	91	64	174	0,1	0,9
4	Minerais não-metálicos	1.521	791	71	2.383	0,4	2,7	2.926	1.522	136	4.584	1,9	10,2
5	Siderurgia e metalurgia	7.378	7.980	1.391	16.749	3,0	4,1	6.646	7.188	1.253	15.087	6,4	7,6
8	Máquinas e tratores	2.667	4.188	771	7.626	1,4	4,1	2.577	4.045	745	4.367	3,1	4,9
10	Material elétrico e eletrônico	175	546	118	839	0,1	1,7	3.784	11.816	2.544	18.144	7,6	19,5
12	Material de transporte	392	816	401	1.609	0,3	1,1	489	1.018	500	2.007	0,8	2,7
14	Madeira e mobiliário	9.869	5.170	409	15.448	2,8	3,8	4.007	2.099	166	6.272	2,6	10,8
15	Papel e gráfica	1 401	4.156	1.523	7.080	1,3	7,2	418	1.240	455	2.113	0,9	5,0
16	Indústria da borracha	157	238	50	445	0,1	2,6	264	400	84	748	0,3	5,9
17	Indústria química	1.097	1.075	349	2.521	0,5	5,0	1.197	1.172	381	2.750	1,2	5,2
18	Refino do petróleo	82	173	101	356	0,1	4,6	55	117	68	240	0,1	3,2
20	Farmacêutica e perfumaria	29	62	33	124	0	1,6	217	465	245	927	0,4	4,2

Seto-res	descrição	Emprego gerado pelas Exportações						Emprego contido nas Importações					
		0 a 7	8 a 11	12 ou +	Total	Peso no total %	CHN/MUN (1)	0 a 7	8 a 11	12 ou +	Total	Peso no total %	CHN/ MUN (1)
21	Artigos de plástico	1.104	767	78	1.949	0,3	3,2	2.604	1.809	184	4.597	1,9	8,8
22	indústria têxtil	1.573	1.336	111	3.020	0,5	4,6	4.044	3.436	284	7.764	3,3	20,3
23	Artigos de vestuário	360	376	16	752	0,1	1,9	9.576	10.005	430	20.011	8,4	37,5
24	Fabricação de calçados	12.610	8.577	1.165	22.352	4,0	7,2	5.952	4.049	550	10.551	4,4	38,4
25	Produtos alimentares	3.206	3.295	414	6.915	1,2	2,0	631	649	81	1.361	0,6	3,3
32	Indústrias diversas	602	607	264	1.473	0,3	3,1	5.398	5.447	2.369	13.214	5,6	15,4
33	Serv. indust. utilid. pública	1.190	405	48	1.643	0,3	6,0	722	246	29	997	0,4	6,4
34	Construção civil	628	737	102	1.467	0,3	6,1	417	489	68	974	0,4	5,9
35	Comércio	31.154	24.547	2.927	58.628	10,5	5,4	25.935	20.436	2.437	48.808	20,6	8,1
36	Comércio, transportes	1.832	12.050	5.354	19.236	3,4	6,3	1.027	6.756	3.002	10.785	4,5	6,8
37	Comércio, comunicações	34	281	336	651	0,1	5,3	34	285	340	659	0,3	8,1
38	Comércio, instituições financeiras	1.539	1.221	112	2.872	0,5	6,8	940	746	68	1.754	0,7	6,6
39	Comércio, serv. prest. às famílias	3.132	6.687	4.195	14.014	2,5	6,5	1.994	4.257	2.671	8.922	3,8	7,0
40	Comércio, serv. prest. às empresas	7.405	6.597	1.403	15.405	2,8	7,1	5.282	4.705	1.001	10.988	4,6	7,1
41	Aluguel de imóveis, comércio	–	120	125	245	0	6,3	–	92	96	188	0,1	8
42	Administração pública	1.885	1.758	923	4.566	0,8	6,6	1.188	1.108	582	2.878	1,2	6.8

Seto-res	descrição	Emprego gerado pelas Exportações						Emprego contido nas Importações					
		0 a 7	8 a 11	12 ou +	Total	Peso no total %	CHN/MUN (1)	0 a 7	8 a 11	12 ou +	Total	Peso no total %	CHN/ MUN (1)
43	Serv. priv. não-mercantis	–	–	–	–	–	–	–	–	–	–	–	–
AGRICULTURA (setor 1)		271.884	21.253	1.941	295.078	52,7	9,8	27.987	2.188	200	30.375	12,8	5,4
INDÚSTRIA (setores 2-32)		75.652	59.006	11.135	145.793	26,1	5,6	52.113	57.329	10.684	120.126	50,6	10,7
SERVIÇOS (setores 33-43)		48.798	54.404	15.525	118.727	21,2	5,9	37.540	39.120	10.293	86.953	36,6	7,5
TOTAL (setores 1-43)		396.334	134.663	28.601	559.598	100,0	7,3	117.641	98.637	21.177	237.455	100	8,4

Obs.: (1) Emprego correspondente às exportações (importações) para (da) China em relação às exportações (importações) totais

Fonte: IBGE, SECEX (para maiores detalhes, ver metodologia). Elaboração própria.

Considerações finais

O comércio bilateral Brasil-China apresentou forte crescimento a partir de 2000, tendo sido puxado principalmente pelas exportações brasileiras. Como conseqüência, o Brasil hoje detém um superávit bilateral de US$ 1,5 bilhão. Apesar desse resultado bastante positivo, a especialização brasileira no comércio bilateral tem-se concentrado na exportação de bens de baixo valor agregado e importação de bens mais sofisticados tecnologicamente. A pauta de comércio do Brasil hoje com a China se assemelha em muito à que o país tem com o Japão e a União Européia, com exportações de produtos pouco elaborados e menor peso de produtos industrializados.

A evolução recente do comércio com a China tem duas conseqüências principais sobre o mercado de trabalho brasileiro. Em primeiro lugar, o intercâmbio bilateral tem gerado um importante volume de emprego. Em 2005, as exportações para a China geraram cerca de 560 mil empregos, enquanto o número de empregos associado às importações provenientes daquele país era de 322 mil. O saldo é positivo, de cerca de 320 mil empregos. Esse volume por si só já é significativo, visto que corresponde a 6,7% dos empregos associados ao saldo comercial total brasileiro e a cerca de 1% do pessoal total ocupado na economia. Além disso, o número de empregos associados ao saldo comercial é hoje nove vezes maior do aquele observado em 1995.

Esse fato se explica em grande parte pela composição da pauta brasileira de exportações que tem apresentado um forte crescimento das vendas de produtos intensivos em trabalho – notadamente a agropecuária e a indústria extrativa mineral.

Nos 10 anos que analisamos neste trabalho, o número de empregos gerados pelas exportações superou em muito aqueles que são potencialmente afetados pelas importações provenientes da China. Porém, a partir de 2004, as importações – e, por conseqüência, os empregos a ela associados – aumentaram a taxas bastante elevadas, alterando a tendência até aqui observada de manutenção de um superávit favorável ao Brasil. Dados referentes ao primeiro semestre de 2007 confirmam essa alteração, registrando déficit comercial para o Brasil.

Em segundo lugar, o tipo de emprego que tem sido gerado pelo comércio bilateral reflete o baixo conteúdo tecnológico e o baixo valor agregado do que é exportado pelo Brasil para a China. Em termos de qualificação da força de trabalho, o Brasil aparece diante da China como um exportador líquido de mão-de-obra de baixa qualificação. O peso dos trabalhadores de menor qualificação é bastante elevado do lado das exportações – 70% do total – e supera o peso dessa faixa de qualificação nos empregos associados às exportações em seu conjunto. Do lado das importações, ainda que o peso dos menos qualificados seja significativo – 50% do total –, o peso da categoria de qualificação média é relativamente elevado – 40%. Porém, a participação dos mais qualificados é pequena em ambos os fluxos. Vale ressaltar que os setores mais intensivos em mão-de-obra são aqueles intensivos em mão-de-obra de baixa qualificação. E aqui novamente a especialização da economia brasileira no intercâmbio bilateral explica o peso do emprego de baixa qualificação no volume de emprego total associado ao saldo comercial. Ou seja, o impacto do comércio com a China no mercado de trabalho reproduz de certa forma o que acontece com o próprio fluxo de mercadorias: em termos quantitativos, as taxas de crescimento do emprego têm sido significativas, compensando inclusive a redução de empregos que determinados setores promoveram nos últimos anos (notadamente na agricultura). Porém, em termos qualitativos, o perfil do emprego gerado pelo comércio bilateral é demasiadamente concentrado nas faixas de baixa qualificação. O impacto que o crescimento líquido de empregos associados ao comércio bilateral Brasil-China teve na renda do trabalho é certamente positivo. No entanto, por um lado, a reversão do saldo comercial pode comprometer a contribuição positiva para o volume do emprego total. Por outro, resta dúvida se é possível aproveitar do crescimento chinês criando empregos de melhor qualidade, pois isso depende de uma (improvável ou, ao menos, difícil) mudança no tipo de inserção comercial do Brasil no mercado chinês.

Anexos

1. Índice Hirschmann-Herfindahl

O Índice Hirschmann-Herfindahl mede a concentração das exportações, da seguinte forma:

$$\boldsymbol{H} = \sum_i \left(\frac{x_i}{X} * 100 \right)$$

onde x_i / X é a participação do bem i nas exportações totais do país. O cálculo abaixo foi realizado com dados desagregados a 6 dígitos.

Tabela 7
Índice Hirschmann-Herfindahl médio (1990-2005)

País	HH médio		País	HH médio
Argentina	0.011		Bélgica	0.082
Paraguai	0.014		Japão	0.082
Chile	0.015		Espanha	0.082
Estados Unidos	0.024		Coréia do Sul	0.098
Reino Unido	0.036		França	0.101
Itália	0.043		Holanda	0.107
Alemanha	0.044		China	0.146
México	0.061			

Fonte: SECEX. Elaboração própria.

2. Evolução do perfil setorial do comércio Brasil-China

Tabela 8
Evolução da composição do comércio bilateral Brasil-China

Setor	Exportações Brasil-China			Importações Brasil-China		
	1995-1996	2000-2001	2003	1995-1996	2000-2001	2003
Agropecuária	0,3	28,4	27,4	2,9	0,8	0,6
Extrativa mineral	15	27,2	18,8	0,2	0,4	0,2
Extração de petróleo e gás	–	3,4	0,5	0,2	2,6	4,8
Minerais não-metálicos	0,8	0,6	0,2	0,9	0,9	1
Siderurgia e metalurgia	9,3	3,8	18,5	8,6	10,5	14
Máquinas e tratores	2,5	2	1,1	3,7	5	3
Material elétrico e eletrônico	2,1	2,5	1,4	28,6	37,9	38,9
Material de transporte	8,4	10,3	8,1	2,7	2	3
Madeira e mobiliário	0,2	2,9	2,8	0,3	0,4	0,2
Papel e gráfica	1,3	7,8	7,1	0,3	0,4	0,2
Indústria da borracha	0,4	0,1	0,2	1,4	0,7	0,5
Indústria química	0,4	0,7	0,6	6,5	10,6	8
Refino do petróleo	1,5	2,6	2,4	2,3	1,7	2,1
Farmacêutica e perfumaria	–	0,2	0,1	2,5	3,1	3,5
Artigos de plástico	0,2	0,1	0,1	1,7	1	0,7
Indústria têxtil	0,7	0,1	0,7	6,9	3,8	5,6
Artigos de vestuário	–	–	–	8,4	3,4	2,1
Fabricação de calçados	0,3	2,7	2,6	6,7	2,3	2,2
Produtos alimentares	56,1	4	7,1	0,8	0,8	0,7
Indústrias diversas	0,5	0,6	0,3	14,4	11,7	8,7
TOTAL	100	100	100	100	100	100

Fonte: SECEX. Elaboração própria.

Bibliografia

BID (2005) *China y América Latina: nuevos enfoques sobre cooperación y desarollo.* Buenos Aires: BID/Intal.

BONELLI, R.; FONSECA, R. (1998). *Ganhos de produtividade e de eficiência: novos resultados para a economia brasileira.* Texto para discussão n. 557. Rio de Janeiro: IPEA.

CARVALHEIRO, N. (2003) Uma decomposição do aumento da produtividade de trabalho no Brasil durante os anos 90. *Revista de Economia Contemporânea*, v. 7, n. 1, jan.-jun.

CARVALHO, P.; FEIJÓ, C. (2003) Heterogeneidade intra-setorial da produtividade do trabalho na indústria brasileira nos anos 90. *Revista de Economia Contemporânea*, v. 7, n. 2, p. 213-235.

CASTILHO (2005) Integração regional e mercado de trabalho: impactos da Alca e do acordo UE-MERCOSUL para o Brasil. *Revista de la CEPAL*, 78, dez.

CORTES, O.; JEAN, S. (1995) Échange international et marché de travail – une revue critique des méthodes d'analyse. *Revue d'Économie Politique*, v. 105, n. 3, p. 359-406, 1995.

CRUZ, L. (1996) *Emprego e comércio industrial brasileiro: 1980-1993.* Dissertação de Mestrado. Rio de Janeiro: PUC, 1996.

DAVIS, D.; WEINSTEIN, D. (2002) The factor content of trade. *Working Paper*, n. 8.637, Cambridge, NBER, 2002.

DEARDOFF, A. (2000) Factor prices and the factor content of trade revisited: what's the use? *Journal of International Economics*, v. 50, n. 1, p. 73-90, 2000.

FEIJÓ, C.; CARVALHO, P. (2006) *Notas sobre a produtividade industrial.* Texto para discussão, UFF, Niterói.

FERREIRA, A.; MACHADO, A. (2001) *Trade, wage and employment.* UFMG, 2001, mimeo.

FLORES; WANATUKI (2006) Is China a Northern partner to Mercosul? *Ensaios Econômicos*, n. 617, Rio de Janeiro, FGV.

GONZAGA, G., TERRA, M. C.; MENEZES-FILHO, N. (2001). *Wage inequality in Brazil: the role of trade liberalization.* Rio de Janeiro: FGV.

MACHADO, A.; MOREIRA, M. (2001) Os impactos da abertura comercial sobre a remuneração relativa do trabalho no Brasil. *Economia Aplicada*, v. 3, set. 2001.

MACHADO, J. B.; FERRAZ, G. (2006) *Comércio externo da China: efeitos sobre as exportações brasileiras.* Texto para Discussão n. 1182. Brasília: IPEA.

PUGA, F.; CASTRO, L.; FERREIRA, F.; NASCIMENTO, M. (2004) *O Comércio Brasil-China: situação atual e potencialidades de crescimento.* Texto para Discussão n. 104. Rio de Janeiro: BNDES.

INOVAÇÕES TECNOLÓGICAS E AGENDA COMERCIAL: QUAIS SÃO AS INTERSEÇÕES?

TECNOLOGIAS DE INFORMAÇÃO, PADRÕES DE CONCORRÊNCIA E AGENDAS DE NEGOCIAÇÃO COMERCIAL (A INTERNET E AS FRONTEIRAS NACIONAIS)[1]

José Tavares de Araujo Jr.

1. Introdução

O fenômeno da globalização é freqüentemente descrito na mídia como um processo de unificação de mercados por meio do qual as fronteiras nacionais seriam gradualmente abolidas, em virtude da difusão da internet, dos meios de pagamento eletrônico e, sobretudo, da manutenção de uma característica marcante da economia mundial nos últimos 30 anos, que tem sido o declínio recorrente dos custos de informação. De acordo com esta visão, a liberalização multilateral seria a tendência dominante do comércio internacional, dada a perda de eficácia dos instrumentos protecionistas convencionais, como tarifas e quotas de importação. Nesse ambiente, as agendas das instituições multilaterais, e em particular a da Organização Mundial do Comércio (OMC), seriam ocupadas crescentemente por novos tipos de conflitos, oriundos de questões relacionadas com regulação de serviços públicos, propriedade intelectual, políticas de preços das empresas transnacionais, fusões e aquisições, e demais fatores que afetam as condições de concorrência nos distintos mercados.

Com base em dois estudos de caso, este artigo avalia o impacto das tecnologias de informação sobre as agendas de negociações internacionais e indica tendências bem diversas daquelas acima referidas. O próximo item descreve a experiência da indústria de cartões de pagamento, e mostra que as fronteiras nacionais não estão prestes a desaparecer, mesmo no caso de um oligopólio internacional cujo padrão de competição foi afetado radicalmente pela queda dos custos de informação. Ao contrário, nessa indústria, as diferenças nacionais tornaram-se ainda mais marcantes com a difusão dos meios de pagamento eletrônico no passado recente. O item 3 examina a indústria de brinquedos, e registra um problema que Paul Krugman (1989) denominou

[1] Este trabalho foi publicado na *Revista Brasileira de Comércio Exterior*, n. 92, jul.-set. 2007.

de histerese no comércio internacional, ao analisar os efeitos retardados de mudanças cambiais sobre os fluxos de comércio e investimento, problema que também ocorre com as barreiras comerciais. Para a maioria das indústrias contemporâneas, a tarifa de importação tornou-se um instrumento de proteção irrelevante há algumas décadas, mas continua sendo aplicada de forma generalizada em vários países, apesar de gerar conseqüências perversas eventualmente, como bem ilustra o caso da indústria de brinquedos no Brasil. Por fim, o item 4 destaca o tradicional papel exercido pelos custos de transporte, que permaneceram quase inalterados nos últimos 30 anos. Assim, as peculiariadades da geografia econômica continuam sendo fundamentais para explicar o perfil de inserção internacional de várias economias e, por conseguinte, das posições negociadoras de seus governos.

2. Instituições domésticas e difusão do progresso técnico

Embora a indústria de cartões de pagamento tenha surgido na década de 1950, sua configuração atual resultou, em grande medida, do progresso técnico na indústria de informática nos últimos 25 anos e, em particular, da difusão da internet e demais meios de comunicação eletrônica na década de 1990. Apesar de ter sido criada nos Estados Unidos, e sua difusão internacional ter gerado três empresas globais de origem norte-americana (American Express, MasterCard e Visa), na maioria dos países essa indústria adquiriu um formato particular, freqüentemente bem distinto do modelo norte-americano, em virtude de duas ordens de fatores: o perfil dessas três empresas e as instituições nacionais. Enquanto MasterCard e Visa estão organizadas sob o formato de cooperativas que reúnem, em cada país, um grande número de instituições financeiras, American Express é uma rede proprietária que, salvo raras exceções, costuma operar de forma verticalizada. Assim, em cada país, as estratégias empresariais adotadas pelas cooperativas, bem como a distribuição de papéis no interior da indústria, evoluíram de acordo com as peculiaridades de cada economia, como o tamanho do mercado, o formato das instituições financeiras locais, as atribuições do Banco Central na prestação de serviços de compensação e liquidação de pagamentos, o grau de incerteza jurídica no ambiente de negócios e os hábitos culturais nacionais.

No Canadá, por exemplo, ao contrário do que ocorre nos Estados Unidos, a população prefere usar cartões de débito, a fim de manter o orçamento familiar sob controle. Por isso, em 1984, foi fundada a Interac Association (www.interac.ca), uma rede nacional de cartões de débito que atualmente reúne cerca de 80 instituições financeiras que operam como emissoras e/ou adquirentes desses tipos de cartões. A Interac anunciou recentemente um programa de investimentos que permitirá a migração do sistema canandense para a tecnologia do cartão com *chip*. Os primeiros cartões serão lançados em 2007, e a transição será concluída em duas etapas. Até 2012, todos os terminais ATM (*automated teller machine*) da rede estarão equipados com a nova tecnologia, e até 2015 o mesmo deverá ocorrer com os terminais POS (*point of sale*). Para facilitar a transição e permitir que os clientes usem seus cartões em terminais que não disponham dessa tecnologia, os cartões com *chip* conterão também a fita magnética no seu verso por um período indeterminado. Por ironia, a principal razão para manter esse sistema dual após 2015 será para assegurar a compatibilidade com os terminais instalados nos Estados Unidos, cuja modernização não foi iniciada ainda.

Entretanto, a experiência histórica das últimas décadas sugere que o atual atraso tecnológico da indústria norte-americana provavelmente será temporário. De fato, alguns países que foram retardatários em determinados momentos conseguiram modernizar seus sistemas de pagamentos no varejo em poucos anos. Na Espanha, por exemplo, o primeiro cartão de crédito só foi introduzido em 1971, quando este meio de pagamento já era acessível na maioria das economias industrializadas e em vários países da América Latina. Atualmente, a indústria espanhola é particularmente avançada no uso de cartões com *chip* e na exploração do mercado de bens e serviços de baixo valor, como táxis, compra de jornais e revistas, chamadas telefônicas etc., visando acelerar a substituição dos pagamentos em dinheiro por meios eletrônicos. Um dos fatores responsáveis por esse processo de modernização foi a criação em 1979 de três redes nacionais de cartões de pagamento – Euro 6000, Servi-Red e Sistema 4B – com funções similares àquelas que no Brasil são exercidas por Redecard e Visanet.

No caso dos Estados Unidos, a demora em adotar o cartão com chip resulta da combinação de dois fatores principais. O primeiro decorre dos custos fixos inerentes à substituição de sua imensa rede de terminais ATM e POS, que, apesar da desatualização tecnológica, não tem afetado o desempenho do sistema de pagamentos do país até o momento. O segundo reside, paradoxalmente, na intensidade do progresso técnico no passado recente. Além do cartão com *chip*, várias outras alternativas tecnológicas poderão alterar radicalmente o perfil da indústria de cartões no futuro próximo, como o desenvolvimento da biometria, que transformaria a impressão digital em assinatura eletrônica e estabeleceria novos padrões de segurança nas transações; a convergência entre a telefonia celular e a internet, que irá acelerar ainda mais o comércio eletrônico; e outras inovações que hoje parecem ficção científica, mas que em breve poderão estar no mercado, como assinalaram Evans e Schmalensee (2005). Assim, talvez seja conveniente para a indústria americana substituir o cartão com fita magnética por outra tecnologia que, dentro de alguns anos, seja mais avançada do que o cartão com *chip* e cujos custos de implantação sejam relativamente mais baixos, dada a atual configuração daquela indústria.

2.1 *A experiência brasileira e o contexto internacional*

A Tabela 1 descreve a evolução dos instrumentos de pagamento em 13 países nos últimos anos e revela dois fenômenos importantes.

O primeiro foi o declínio acelerado do uso de cheques no Brasil entre 1999 e 2005, cuja parcela sobre o montante de transações sem uso de dinheiro caiu de 62,5% para 28,5%, ao mesmo tempo em que o uso de cartões subia de 16,5% para 42,8%. Em nenhum outro país a substituição entre os dois instrumentos de pagamento foi tão rápida, sobretudo se o compararmos com aqueles em que, tal como no Brasil, havia uma forte preferência por cheques até recentemente, conforme indica a parte superior da tabela. Atualmente, a dimensão relativa da indústria brasileira de cartões de pagamento é similar, ou mesmo superior, à da maioria das economias industrializadas. De fato, entre os países ali reunidos, somente no Canadá, Portugal e Suécia a parcela relativa ao uso de cartões é significativamente maior do que a brasileira.

O segundo fenômeno é que, não obstante os impactos de progresso técnico, a escolha dos instrumentos de pagamento é influenciada profundamente pelos hábitos e instituições nacionais. Assim, nos seis países listados na parte inferior da tabela, o uso de cheques sempre foi virtualmente inexistente. Mas, apesar desse aspecto em comum e de outras semelhanças, como os níveis de renda *per capita*, a proximidade geográfica e a elevada integração econômica regional, os índices de preferência por cartões têm sido inteiramente díspares até o presente. Na Alemanha, por exemplo, tal índice foi de apenas 15,1% em 2004, em contraste com o de 59,3% na Suécia e 34,7% na Holanda.

A Tabela 2 mostra outro aspecto da difusão do uso de cartões de pagamento no Brasil e no resto do mundo, que é o número de terminais ATM por milhão de habitantes em 2001 e 2004. Segundo esse indicador, a atual posição brasileira é superior à de diversos países europeus, como Alemanha, Finlândia, França, Holanda, Itália, Suécia e Suíça. Além disso, o ritmo de expansão da rede de terminais no Brasil durante o período em análise só foi inferior ao da Bélgica e do Reino Unido. Cabe lembrar ainda que 64% da população brasileira não possuem conta bancária (Kumar, 2005) e, portanto, não são usuários de terminais ATM, ao contrário dos demais países listados na tabela, onde praticamente todos os cidadãos têm acesso ao sistema bancário. Assim, o dinamismo do caso brasileiro é, sem dúvida, surpreendente, sobretudo levando em conta que, além das disparidades sociais, dois outros obstáculos limitam o uso de meios de pagamento eletrônico no País: a atual carga fiscal de 38% do PIB e os impostos de importação sobre bens de informática.

Tabela 1
Número de Transações sem Uso de Dinheiro
Percentagens

País/Ano	Cheque	Cartão	Outros Meios(*)
Brasil			
1999	62,5	16,5	21
2004	33,9	37,3	28,8
2005	28,5	42,8	28,7
Canadá			
1999	31,5	51,7	16,8
2004	18,8	62,4	18,8
Estados Unidos			
1999	61,7	31,4	6,9
2004	39,8	47,5	12,7
França			
1999	40,1	26,1	33,8
2004	29,7	33,4	36,9
Itália			
1999	25,2	18	56,8
2004	15,7	35,6	48,7
Portugal			
1999	34,1	47,2	18,7
2004	20,1	60,3	19,6
Reino Unido			
1999	28,8	34,3	36,9
2004	16,2	43,7	40,1
Alemanha			
1999	3,8	11	85,2
2004	0,8	15,1	84,1
Bélgica			
1999	5,8	28,9	65,3
2004	1,1	39,5	59,4
Finlândia			
1999	0,1	38,4	61,5
2004	0,1	47	52,9
Holanda			
1999	1	27,7	71,3
2004	0	34,7	65,3
Suécia			
1999	0,3	22,3	77,4
2004	0	59,3	40,7
Suíça			
1999	0,8	26	73,2
2004	0,3	35,5	64,2

Fontes: Banco Central do Brasil e Bank for International Settlements.

(*) Outros meios incluem transferências de créditos e débitos diretos em conta-corrente.

Tabela 2
Número de Terminais ATM por Milhão de Habitantes

País \ Ano	2001	2004	Taxa de Crescimento
Alemanha	603	638	5,8
Bélgica	669	1.267	89,4
Brasil	646	768	18,9
Espanha	1.167	1.251	7,2
Estados Unidos	1.136	1.303	14,7
Finlândia	835	664	–20,5
França	606	703	16
Holanda	445	484	8,8
Itália	632	682	7,9
Portugal	1.022	1.202	17,6
Reino Unido	621	909	46,4
Suécia	289	315	9
Suíça	692	722	4,3

Fonte: Banco Central do Brasil.

Tabela 3
Tarifas de Importação sobre Computadores em Países Selecionados

País	Tarifa MFN	País	Tarifa MFN
África do Sul	0	Indonésia	0
Arábia Saudita	5	Irã	10
Argélia	5	Japão	0
Argentina	0	Malásia	0
Austrália	0	México	0
Brasil	16	Paraguai	0
Canadá	0	Rússia	5
China	0	Tailândia	0
Colômbia	0	Taiwan	0
Coréia do Sul	0	Turquia	0
Costa Rica	0	União Européia	0
Estados Unidos	0	Uruguai	0
Filipinas	0	Venezuela	5
Índia	0	Vietnã	10

Fonte: Fundação Centro de Estudos do Comércio Exterior – FUNCEX.

O crescimento da carga fiscal nos últimos 10 anos e a complexidade do sistema tributário têm provocado inúmeras distorções na economia brasileira, dentre as quais se destacam os incentivos à sonegação de impostos e à informalidade. Assim, para um pequeno comerciante, cuja contabilidade não registra grande parte das transações do estabelecimento, a decisão de aceitar pagamentos em cartão implicará, necessariamente, uma elevação substancial do montante de impostos a ser recolhido aos cofres públicos. Portanto, dadas as atuais dimensões da economia informal no Brasil, que em 2003 empregava cerca de 14 milhões de pessoas,[2] é inquestionável que a redução da carga fiscal e a racionalização do sistema tributário sejam as principais medidas que o governo poderia tomar para ampliar a difusão dos meios de pagamento eletrônico no País.

Outra medida importante seria abolir as tarifas de importação sobre computadores. Como mostra a Tabela 3, o Brasil é um dos poucos países do mundo que ainda aplicam esse tipo de barreira comercial à indústria de informática. Mesmo entre aquele reduzido grupo de economias heterogêneas, que inclui Arábia Saudita, Argélia, Irã, Rússia, Venezuela e Vietnã, as tarifas brasileiras são as mais elevadas. A alíquota atual é de 16%, mas era superior a 30% até 1999. Embora, em tese, essa alíquota integre a TEC (Tarifa Externa Comum do Mercosul), na prática os demais membros do bloco não a usam, conforme indica a tabela. Num país onde mais de 80% da população não tem acesso à internet,[3] uma redução dos preços de computadores e demais bens da indústria de informática incluídos na posição 8471 do Sistema Harmonizado implicaria, entre outros benefícios, um estímulo adicional à automação bancária e à expansão do comércio eletrônico.

Ainda que as disparidades sociais e as distorções tributárias do Brasil não tenham impedido a modernização acelerada do sistema de pagamentos no País, certas características do sistema atual resultaram daquelas anomalias, como, por exemplo, a configuração das redes de terminais ATM. Em outras economias, sobretudo na Europa e nos Estados Unidos, esses equipamentos realizam três operações básicas: saque, depósito na conta do titular do cartão e informação de saldo. No Brasil, entretanto, o terminal ATM praticamente substitui a agência bancária, e oferece, além daquelas operações básicas, os serviços mais diversos, como fornecimento de talão de cheques, pagamento de impostos e títulos, recarga de celular pré-pago, transferências bancárias, aplicações financeiras, agendamento de operações futuras etc. Assim, sob a ótica do banco, a expansão da rede de terminais permite reduzir a demanda pelos serviços das agências, cuja sobrecarga de trabalho decorre, em grande medida, do atendimento a um elevado número de pessoas que não são

[2] Ver Instituto Brasileiro de Geografia e Estatística (www.ibge.gov.br), Pesquisa de Economia Informal Urbana – ECINF 2003.

[3] Ver Comitê Gestor da Internet no Brasil (www.nic.br).

clientes do banco. Esse grupo é composto, basicamente, por empregados de pequenas firmas que operam na economia informal e, portanto, precisam ir ao banco para fazer pagamentos em dinheiro e descontar cheques, e por cidadãos que não possuem conta bancária.

A tecnologia brasileira de automação bancária é mais sofisticada do que a européia e a norte-americana também sob outro aspecto, o da segurança. No Brasil, para acessar os terminais ATM dos principais bancos, o cliente precisa inserir seu cartão duas vezes na máquina e digitar duas senhas distintas, a primeira com seis números e a segunda com três letras. Na Europa e nos Estados Unidos, basta inserir só uma vez; e a senha tem apenas quatro dígitos. Ademais, nos três últimos anos, alguns bancos brasileiros passaram a adotar crescentemente o cartão com *chip*, que, além de mais seguro, possui dispositivos avançados que facilitam a identificação do usuário, o acesso à conta bancária e a armazenagem de dados, ampliando assim o escopo dos serviços a serem oferecidos aos comerciantes e consumidores. Esta inovação não foi introduzida ainda nos Estados Unidos, porque sua adoção demandaria a substituição completa das redes de terminais ATM e POS instaladas naquele país, como vimos anteriormente.

Nesse caso, a sofisticação da tecnologia brasileira também resultou de esforços para lidar com distorções locais. De fato, o risco de fraudes em operações com cartões é freqüente em qualquer economia contemporânea, mas, no Brasil, os custos desse risco são agravados pela morosidade do sistema judicial, as limitações do mercado de seguro de crédito e as deficiências do aparato policial para coibir ações criminosas. Assim, o cartão com *chip*, a complexidade das senhas, o teclado virtual para transações na internet e outros dispositivos introduzidos pioneiramente no Brasil constituem recursos que visam manter a segurança jurídica da indústria de cartões de pagamento, a despeito da fragilidade das instituições domésticas.

Continuando a análise das Tabelas 1 e 2, é importante identificar as fontes do extraordinário desempenho da economia brasileira ali registrado, que foram construídas gradualmente ao longo da década passada a partir de três eventos principais. O primeiro foi o ato governamental que, em 1991, autorizou a aceitação no exterior de cartões de crédito emitidos no Brasil, ampliando assim a escala desse mercado. O segundo foi a implantação do Plano Real em 1994, que restabeleceu a estabilidade de preços no País e inaugurou o processo de substituição de cheques por cartões de pagamento. Como indica o site da Visa (www.visa.com.br), até 1993, o mercado brasileiro representava apenas 3% das operações daquela rede na América Latina e Caribe, enquanto em 2002 já havia alcançado o patamar de 55%. O terceiro evento foi a criação da Redecard e Visanet em 1996, para prestar os serviços de credenciamento de estabelecimentos comerciais, aprovação de transações, compensação e liquidação de pagamentos. Com a formação dessas duas redes, a indústria brasileira de cartões adquiriu uma configuração que é bastante distinta de suas congêneres em outros países, como veremos a seguir, e que tem sido responsável por grande parte das inovações tecnológicas introduzidas no país até o presente.

Em diversos países, como nos Estados Unidos, por exemplo, não existem redes com o perfil da Redecard e Visanet. Assim, os serviços de aprovação de transações, compensação e liquidação de pagamentos são prestados pela MasterCard, Visa e demais administradoras, que, além disso, cumprem outras funções complementares, tais como: (a) definir as regras para a emissão de cartões; (b) cuidar da publicidade da marca; (c) estabelecer a estrutura de tarifas e a conseqüente distribuição de rendimentos entre o banco emissor do cartão e o banco adquirente, que faz a intermediação entre o comerciante e a administradora do cartão.

Outra diferença importante é que, no modelo norte-americano, as atividades do banco adquirente não afetam a concorrência na indústria de cartões. Em cada operação, o comerciante transmite, por meio do terminal POS, o valor da compra e o número do cartão do cliente ao banco adquirente, que repassa esses dados à administradora. Após verificar, junto ao banco emissor, se existem fundos suficientes na conta do cliente, a administradora informa o resultado ao comerciante por meio do banco adquirente. Por esse serviço de intermediação, o adquirente recebe uma comissão de cerca de 0,5% do valor das operações aprovadas. Essa comissão representa a diferença entre a taxa de desconto que ele cobra ao depositar o valor líquido da operação na conta do comerciante, e a tarifa de intercâmbio que o banco emissor recolhe no momento em que aprova a operação e envia os recursos ao adquirente. Dessa maneira, o papel do adquirente não tem qualquer relação com os demais serviços prestados pela administradora aos comerciantes e portadores de cartões, e, portanto, é neutro, sob a ótica da concorrência.

No Brasil, entretanto, o papel do adquirente é exercido pela Redecard e Visanet, que se comunicam diretamente com o comerciante e o banco emissor. Esse modelo elimina a necessidade de intermediar o relacionamento do comerciante com a administradora, e incorpora a função de adquirente ao conjunto de serviços prestados ao comerciante pela Redecard e Visanet, que inclui, por exemplo, a periódica atualização tecnológica dos terminais POS. Assim, aquela função deixa de ser neutra, e se torna um instrumento de competição.

As evidências relatadas neste item indicam perspectivas promissoras para a economia brasileira. Em primeiro lugar, em vez de criar um padrão de competição universal, a difusão de meios eletrônicos de pagamento estimulou o desenvolvimento de estratégias empresariais diversificadas, que, em geral, foram bem-sucedidas nos mercados domésticos. Esse novo ambiente favorece, sem dúvida, a inserção internacional das economias emergentes, ao permitir inovações que muitas vezes transformam distorções locais em fontes geradoras de eficiência, como vimos nas páginas anteriores. Em segundo lugar, o dinamismo da indústria brasileira de cartões de pagamento no passado recente demonstrou que a ausência de capacidade inovadora, que foi tão típica nas indústrias instaladas no País durante a era da substituição de importações, não é uma fatalidade histórica, mas apenas um fruto das condições de concorrência vigentes na economia. O próximo item ratifica esse ponto, mostrando um caso clássico de proteção supérflua numa indústria tradicional.

3. A histerese protecionista: o caso da indústria de brinquedos

No infindável debate sobre o protecionismo, o tema central reside no balanço entre os custos e benefícios advindos das restrições ao comércio internacional. A dúvida clássica é saber se os ganhos transitórios auferidos pelas indústrias protegidas são suficientes para compensar os prejuízos impostos a outros setores da economia e ao consumidor final. Entretanto, quando as barreiras comerciais são elevadas e duradouras, os principais prejudicados podem ser as próprias indústrias protegidas, na medida em que deixam de acompanhar o ritmo do progresso técnico internacional. A história da indústria de brinquedos do Brasil na segunda metade do século XX é uma ilustração dramática desse tipo de experiência.

Após a edição da lei de tarifas de 1957, a indústria de brinquedos instalada no Brasil passou a ser protegida por alíquotas *ad valorem* da ordem de 150% sobre o valor FOB da mercadoria, além de outras barreiras não-tarifárias, como quotas e licenças de importação, administradas pelos dois órgãos responsáveis pelo comércio exterior do País naquela época: o Conselho de Política Aduaneira (CPA) e a Carteira de Comércio Exterior (CACEX) do Banco do Brasil. Em 1976, os níveis de proteção tornaram-se absolutos, já que os brinquedos de todos os tipos foram incluídos na lista de bens cuja importação era proibida, e ali permaneceram até 1990, quando foi lançado o programa de abertura comercial do governo Collor. Assim, durante 33 anos a indústria doméstica não foi afetada pela concorrência de produtos importados, e tampouco pelas inovações tecnológicas e empresariais que estavam ocorrendo no resto do mundo.

Em diversos países, a década de 1950 foi marcada por uma mudança importante nos padrões de consumo de brinquedos, com a difusão dos programas de televisão dedicados ao público infantil (Cross e Smits, 2005). Ao estabelecer uma comunicação direta com os usuários finais de seus produtos, a indústria conseguiu três resultados principais. Em primeiro lugar, reduziu a sazonalidade do consumo, passando a vender regularmente ao longo do ano, e não apenas na época do Natal. Em segundo lugar, transformou a produção de brinquedos num segmento da indústria de entretenimento, cujo dinamismo é sustentado por várias fontes interdependentes, que incluem o cinema, a televisão, o teatro infantil, as revistas em quadrinhos, a indústria de vestuário e de alimentos. Em terceiro lugar, estabeleceu padrões estéticos internacionais, solidamente protegidos por patentes e contratos de licenciamento, que nas décadas seguintes se tornariam os instrumentos centrais do processo de competição na indústria de brinquedos.

Tabela 4
Indústria de Brinquedos no Brasil: Produção, Comércio Exterior e Proteção US$ Milhões

Ano	Produção	Importação	Exportação	Tarifa Aduaneira (%)
1991	494,9	20,3	19,7	85
1992	438,5	16,7	18,4	65
1993	590,4	44,2	22,1	55
1994	565,0	75,5	16,0	40
1995	558,7	133,1	15,5	20
1996	326,4	98,1	9,1	70
1997	546,4	77,2	8,5	63
1998	472,6	92,5	8,8	52
1999	338,0	59,9	10,2	38
2000	379,8	61,9	11,5	37
2001	296,7	48,5	9,9	33
2002	257,8	34,8	9,8	32
2003	266,4	32,2	7,8	31
2004	–	63,5	9,9	30

Fontes: Ministério do Desenvolvimento, Indústria e Comércio Exterior; Associação Brasileira dos Fabricantes de Brinquedos – ABRINQ.

Em 1990, a indústria brasileira foi exposta pela primeira vez ao padrão de competição internacional que havia se consolidado nas décadas anteriores, e os efeitos foram danosos às firmas locais, como indicam as Tabelas 4 e 5. Em março daquele ano, a CACEX foi extinta, juntamente com as proibições a importar e demais barreiras não-tarifárias. Em seguida, o governo iniciou um programa de redução de tarifas que seria implantado nos quatro anos seguintes. Naquele período, as alíquotas do Imposto de Importação caíram de 85 para 20%, com efeitos assimétricos sobre a produção doméstica e os fluxos de comércio exterior. Por um lado, os níveis de produção e exportação registraram um comportamento irregular entre 1991 e 1995, com fases alternadas de expansão e recessão. Por outro lado, as importações cresceram aceleradamente, passando de 20,3 para 133,1 milhões de dólares.

Os dados da Tabela 5 confirmam a deterioração dos índices de competitividade internacional da indústria brasileira. Entre 1991 e 1995, o coeficiente importado do consumo aparente de brinquedos no País quase triplicou, subindo de 10,5 para 26,6%, enquanto o coeficiente exportado da produção doméstica, que já era baixo, caiu ainda mais, de 4 para 2,8%. Segundo o Ministério do Desenvolvimento, Indústria e Comércio Exterior (MDIC), das 450 empresas que operavam no setor em 1989, restaram apenas cerca de 340 em 1995, e o volume de emprego direto, que era de 27 mil funcionários, foi reduzido a 15 mil.[4]

Tabela 5
Indústria de Brinquedos no Brasil:
Indicadores de Competitividade Internacional
Percentagens

Ano	Coeficiente Importado do Consumo Aparente	Coeficiente Exportado da Produção Doméstica
1991	10,5	4
1992	8,3	4,2
1993	14,6	3,7
1994	17,2	2,8
1995	26,6	2,8
1996	25,1	2,8
1997	21,7	1,6
1998	25,1	1,9
1999	22,4	3
2000	20,4	3
2001	20,5	3,3
2002	17,2	3,8
2003	15,9	2,9

Fontes: Ministério do Desenvolvimento, Indústria e Comércio Exterior; Associação Brasileira dos Fabricantes de Brinquedos – ABRINQ.

Diante deste contexto, em 27 de abril de 1996, a Associação Brasileira dos Fabricantes de Brinquedos (ABRINQ) solicitou ao Departamento de Defesa Comercial (DECOM) a aplicação de uma salvaguarda sobre as im-

[4] Parecer DECOM 08, de 7 de junho de 1996.

portações de brinquedos. O pedido foi atendido imediatamente por meio de uma medida provisória que entrou em vigor em 4 de julho, elevando a tarifa desses bens para 70%.[5] Esta alíquota foi ratificada em dezembro daquele ano, quando a investigação foi concluída, dando início a um novo ciclo protecionista que iria durar até a presente data. O prazo inicial da salvaguarda era de três anos, mas foi prorrogado sucessivamente em 1999, 2003 e 2004, embora com níveis declinantes de proteção, como mostra a Tabela 4.

Conforme determinam as normas da OMC, os governos só podem aplicar medidas de salvaguarda se a indústria doméstica assumir o compromisso de implantar um programa de ajuste estrutural, com o objetivo de recuperar seus níveis de competitividade internacional. Assim, em 1997, as empresas representadas pela ABRINQ começaram a desenvolver uma estratégia de modernização com quatro focos principais:[6] (a) capacitação produtiva, incluindo investimentos em novos bens de capital, revisão das rotinas produtivas, elevação das metas de produtividade e aluguel de moldes; (b) esforço inovativo concentrado no lançamento de novos produtos, aquisição de licenças de fabricação e certificação de qualidade; (c) investimentos em capital humano, por meio de programas intensivos de treinamento de mão-de-obra e valorização das equipes técnicas; (d) fortalecimento dos canais de comercialização, incluindo a participação em feiras nacionais e internacionais, bem como campanhas publicitárias.

Segundo as avaliações realizadas pelo DECOM em 1999 e 2003, as metas do compromisso de ajuste foram cumpridas satisfatoriamente.[7] Entre 2000 e 2002, por exemplo, a indústria brasileira lançou 1.599 produtos próprios e 1.307 produtos licenciados, gerou 11.068 novos empregos, treinou 6.185 funcionários, investiu R$ 29 milhões em melhorias diversas de sua capacidade produtiva, e R$ 71 milhões no fortalecimento dos canais de comercialização. Entretanto, apesar desses esforços, das sucessivas prorrogações da medida de salvaguarda e do relativo declínio das importações entre 1998 e 2003, é inequívoco que, após 15 anos de exposição ao comércio internacional, a indústria brasileira ainda não está preparada para enfrentar os padrões contemporâneos de competição nesse setor, conforme atesta o desempenho medíocre da produção doméstica durante todo o período de vigência da salvaguarda. A própria ABRINQ reconhece que: "A permanente

[5] A alíquota normal da Tarifa Externa Comum (TEC) do Mercado Comum do Sul (Mercosul) para brinquedos é de 20%.

[6] Parecer DECOM 99/12, de 16 de novembro de 1999.

[7] Ver Pareceres DECOM 99/12, de 16 de novembro de 1999, e 03/20, de 21 de novembro de 2003.

e implacável presença em território nacional de brinquedos importados em todo o período da salvaguarda tornou o atingimento de metas de competitividade e consolidação da reconstrução muito mais demandadoras de ações complementares e de novas especializações em nichos (...) e numa velocidade muito superior àquela idealizada para o programa inicial (...)" (Parecer DECOM 03/20, p. 38).

Para que uma empresa seja bem-sucedida numa indústria cujo padrão de competição é centrado na diferenciação de produtos, o que importa não é o número de lançamentos de novos produtos mas a capacidade de ocupar, de forma duradoura, segmentos do mercado por meio do suprimento de bens e serviços que, na visão do consumidor, sejam únicos, ou, pelo menos, superiores às demais alternativas ofertadas por outros competidores. A história mundial da indústria de brinquedos nos últimos 50 anos é repleta de exemplos desse tipo, como a boneca Barbie, os jogos Nintendo, as tartarugas Ninja, o He-Man, os Masters of the Universe, os bonecos Playmobil, e tantos outros. No Brasil, entretanto, os fabricantes locais jamais lançaram uma inovação capaz de capturar o imaginário infantil e redefinir os rumos da indústria, ainda que transitoriamente. Nada impede que isso venha a ocorrer no futuro, mas, até o presente, este é o preço que tem sido pago pelo isolamento da indústria doméstica durante o período em que os padrões de competição internacional foram redefinidos, entre meados dos anos 1950 e o início da década de 1990.

3.1 *As pressões competitivas dos anos 1990: o papel da China e da internet*

Embora a salvaguarda aplicada em 1996 visasse atingir, em princípio, todos os membros da OMC, na prática era dirigida essencialmente contra as exportações chinesas, como revela a Tabela 6. Em 1995, os brinquedos provenientes da China já representavam cerca de 55% das importações brasileiras desses bens, e essa parcela continuou crescendo durante o período da salvaguarda, tendo alcançado um patamar próximo a 80% nos últimos anos. Essa evolução reflete a atual configuração mundial da indústria e seus vínculos com os demais segmentos do ramo de entretenimento. Nessa cadeia produtiva, um reduzido número de empresas americanas e japonesas controla os instrumentos centrais do processo de competição, que são as patentes e os contratos de licenciamento, e atende a demanda gerada pela mídia por meio de fábricas localizadas na China.[8]

---

[8] "During the 1970s, U.S. and (to a lesser degree) Japanese firms increasingly outsourced the production of toys to factories in Hong Kong. [...] As access to Chinese markets improved in the 1980s, this outsourcing began to spill over across Hong Kong's border into Guangdong Province. Today, China (including

Em todo oligopólio diferenciado onde o ritmo do progresso técnico é intenso, o poder de mercado das empresas líderes nunca é absoluto, e nem sempre é duradouro. Na indústria de brinquedos, a atual configuração tem cerca de 30 anos, e foi particularmente fortalecida durante a década de 1990, com a difusão da internet, que consolidou a principal característica dessa indústria desde os anos 1960, que tem sido a tendência à globalização dos padrões estéticos. Conforme notaram Cross e Smits (2005), até recentemente a boneca Barbie era vendida em 140 países, mas com traços físicos diferenciados segundo os padrões culturais de 40 nacionalidades. Mas, em 2002, o fabricante desse brinquedo, a Mattel Toys, descobriu que a Barbie loura vendia tão bem na Ásia quanto nos Estados Unidos. Além disso, constatou também que essa tendência não era unidirecional, já que as empresas japonesas também haviam deixado de diferenciar seus modelos, vendendo no Ocidente exatamente as mesmas versões que originalmente haviam sido bem-sucedidas nos países asiáticos.

Tabela 6
Importação Brasileira de Brinquedos por País de Origem
Percentagens

Ano	China	Hong Kong	Estados Unidos	Outros	Total
1995	54,4	11,9	7,4	26,3	100
1996	62,4	9,4	7,4	20,8	100
1997	55,6	9,2	5,1	30,1	100
1998	60,7	9,6	4,9	24,8	100
1999	65,5	10,3	6,6	17,6	100
2000	72,6	7,1	5,2	15,1	100
2001	73,8	10,6	2,3	13,3	100
2002	78,5	8,8	2,6	10,1	100
2003	77,6	6,6	1,5	14,3	100
2004	83	4,9	0,5	11,6	100

Fontes: Ministério do Desenvolvimento, Indústria e Comércio Exterior; Associação Brasileira dos Fabricantes de Brinquedos – ABRINQ.

Hong Kong) is the world's largest producer of toys, with recent estimates placing its production at 70-80% of the world's toys. [...] While many of these factories produce relatively simple items, some are capable of fabricating sophisticated, high-tech toys. In 2002, for example, Microsoft allied itself with two Guangdong markers, Flectonics and Wistron (manufacturing arm of the Acer Group) to produce its Xbox games console" (Cross e Smits, 2005).

Nos últimos dois séculos, a indústria de brinquedos sempre registrou uma forte tendência à internacionalização, com sucessivas mudanças na liderança mundial do setor. No período compreendido entre a Revolução Industrial Inglesa e a Primeira Guerra Mundial, Alemanha, França e Inglaterra foram, em distintos momentos, os principais centros produtores de brinquedos de madeira, porcelana e folha de flandres (Brown, 1996; King, 1980). Apesar de sua participação regular no comércio internacional, o desenvolvimento desse ramo era limitado por dois fatores principais: a sazonalidade das vendas na época do Natal e a falta de comunicação direta com o usuário final do produto, já que os compradores eram, em geral, adultos desacompanhados de crianças. Como vimos na primeira parte deste item, este quadro mudou depois da Segunda Guerra Mundial, quando as firmas americanas e japonesas começaram a liderar a indústria. Nessa fase, além das mudanças já referidas no padrão de competição, a inovação tecnológica tornou-se a principal variável explicativa do desempenho empresarial, independentemente da posição relativa da firma em cada instante, como bem ilustra a história dos bonecos Playmobil.

Geobra Bandstätter era uma empresa familiar fundada em 1876 nos arredores de Nurembergue, e nos 100 anos seguintes sobreviveu na região atendendo ao mercado local. Em 1974, o então presidente Horst Bandstätter resolveu pôr em prática uma idéia do desenhista da firma, seu fiel amigo Hans Becker, e lançou os primeiros modelos do boneco Playmobil. Naquele momento, no resto do mundo, a integração entre a produção de brinquedos e a indústria de entretenimento já estava firmemente estabelecida, sob a liderança dos fabricantes americanos e japoneses; e Geobra Bandstätter era uma pequena empresa sem vínculos com outros grupos e com reduzida experiência internacional. Além disso, o projeto de Hans Becker contrariava todas as concepções então vigentes na indústria. Os bonecos não eram personagens de cinema, televisão, histórias em quadrinhos, ou de qualquer outro veículo da mídia, mas simples figuras do cotidiano, como o guarda de trânsito, o bombeiro, a enfermeira, o camponês etc. No entanto, as crianças do mundo inteiro gostaram da idéia, e os bonecos alcançaram sucesso imediato, um dos maiores na história do século XX.[9]

As evidências relatadas neste item mostram que os fabricantes brasileiros dispõem de três opções para superar o impasse que enfrentam desde a abertura da economia em 1990. A primeira seria insistir na busca da inovação tecnológica, que embora seja uma variável aleatória, é a única solução que assegura a sobrevivência das firmas dessa indústria no longo prazo, conforme

[9] Ver a história de *Geobra Bandstätter* no *site* da empresa (www.playmobil.com).

atestam as experiências de Geobra Bandstätter, Mattel, Nintendo, e demais congêneres no resto do mundo. A segunda, e eventualmente complementar, seria a aliança com grupos internacionais da indústria de entretenimento, através de contratos de licenciamento, fusões, e arrendamento de instalações produtivas. Essa estratégia tem sido freqüente em vários países desenvolvidos cujas firmas não se destacam pela capacidade inovadora. A terceira seria manter o *status quo*, que, a rigor, tem sido a solução adotada nos últimos 15 anos. Essa alternativa não implica o desaparecimento da produção nacional, mas restringe seus horizontes ao padrão de conduta que vigorava até a primeira metade do século XX, com vendas sazonais, aliadas à exploração dos segmentos menos dinâmicos do mercado, tanto no País quanto no exterior. Como indica a tabela 7, além das vendas domésticas, a indústria brasileira tem sido capaz de manter algum desempenho exportador no passado recente, dirigido essencialmente aos países do Mercosul e, esporadicamente, a outros mercados.

Tabela 7
Exportação Brasileira de Brinquedos por País de Destino
Percentagens

País	2002	2003	2004
Argentina	14,4	39,3	42,4
Paraguai	10,9	14,9	14,3
Uruguai	3,6	5	4,3
Chile	7,5	4,2	7,1
Bolívia	4,3	4,8	4
Colômbia	0,6	0,1	1,9
Venezuela	12,1	1,5	1,8
México	20,2	3,2	0,9
Estados Unidos	15,3	2	1,6
Espanha	–	12,6	8,5
Angola	1,2	5,7	6,5
Outros	9,9	6,7	6,7
TOTAL	100	100	100

Fonte: Associação Brasileira dos Fabricantes de Brinquedos – ABRINQ

4. Epílogo: as agendas de negociação

As duas experiências examinadas nos itens anteriores ilustram um aspecto importante do fenômeno da globalização, que reside no contraste entre o caráter doméstico das estruturas produtivas e a dimensão internacional do processo de competição. Conforme vimos, o progresso técnico das últimas décadas universalizou os padrões de consumo e promoveu a transparência dos mercados globais por meio da redução dos custos de informação. Hoje em dia, um consumidor que tenha acesso à internet pode pesquisar os preços de bens e serviços em qualquer parte do planeta. Há 15 anos atrás, somente as grandes firmas que operavam no comércio internacional dispunham dessas informações e, ainda assim, limitadas às respectivas áreas de atuação de cada empresa. Entretanto, pelas razões explicadas por Joseph Schumpeter (1942), esse processo de destruição criadora não gerou estruturas produtivas homogêneas, porque as indústrias instaladas em cada país possuem configurações próprias, que resultam da interação de três ordens de fatores: (a) o ritmo e a natureza do progresso técnico de cada ramo industrial; (b) as estratégias de expansão implementadas pelas firmas inovadoras, visando maximizar a lucratividade de suas inovações; (c) as peculiaridades do mercado local, que incluem sua dimensão e outras restrições advindas das instituições nacionais, de disparidades sociais, de hábitos culturais e da história econômica do país.

Assim, ao contrário do que sugerem certas teses superficiais, a globalização dos mercados não implica o desaparecimento das fronteiras nacionais, tampouco o fim das políticas governamentais voltadas ao desenvolvimento de indústrias domésticas, mas apenas novos padrões de competição e suas respectivas formas de inserção internacional. Além disso, embora os instrumentos convencionais de política comercial, como tarifas aduaneiras, medidas de salvaguarda e investigações antidumping, tenham perdido eficácia, vários governos continuam a utilizá-los com freqüência, conforme observamos no caso da indústria de brinquedos. Portanto, esses velhos temas continuarão a ocupar espaço nas agendas de negociações internacionais no futuro próximo.

Cabe notar ademais um outro aspecto que não surgiu nos dois casos aqui estudados, mas que é fundamental para explicar a competitividade internacional de inúmeras atividades, como a mineração, o agronegócio, e a maioria dos segmentos industriais: o comportamento dos custos de transporte, que, em contraste com os custos de informação, permaneceram relativamente estáveis nas últimas décadas (Tavares, 2000). Além de acentuar o caráter doméstico das estruturas produtivas e preservar os padrões clássicos do comércio internacional, os custos de transporte continuaram a desempenhar um papel relevante nas iniciativas de integração regional cujas agendas foram afetadas pelas tecnologias da informação mas mantiveram sua antiga racionalidade. Experiências regionais bem-sucedidas nos anos 1980 e 1990, como as da União Européia e o acordo Austrália–Nova Zelândia, mostraram que a globalização adicionou um desafio novo aos projetos de integração relativo à convergência das políticas domésticas. Dai surgiu um paradoxo curioso. Na década passada, os chamados "novos temas" da agenda internacional, como os de regulação e defesa da concorrência, ganharam proeminência como problemas típicos do mundo globalizado, que deveriam ser enfrentados por todos os governos independentemente de suas preferências ideológicas. Todavia, ainda hoje, a maioria dos membros da OMC não está preparada para lidar com esses temas, devido às fragilidades das instituições domésticas. Dessa maneira, as fontes efetivas para disciplinar as políticas domésticas não decorreram, pelo menos até o presente, do processo de globalização, mas das oportunidades de integração regional. Quando os governos não reconhecem os méritos dessa disciplina, os projetos regionais jamais superam a etapa inicial de abolição das barreiras comerciais, como atestam os casos do Mercosul, da Comunidade Andina e outros acordos latino-americanos.

Em síntese, tanto indústrias tradicionais como a de brinquedos, com alguns séculos de história, quanto aquelas surgidas há poucas décadas, como a de cartões de pagamentos, foram submetidas às transformações promovidas pelas tecnologias da informação. Mas o impacto dessas mudanças sobre as agendas multilaterais de negociação foi relativamente modesto, em virtude da histerese protecionista e da estabilidade dos custos de transporte. Contudo, nas indústrias da fronteira tecnológica, as disputas comerciais clássicas virtualmente desapareceram, e foram substituídas por conflitos antitruste. A Microsoft, por exemplo, jamais sofreu uma ação antidumping, porque esse tipo de instrumento seria inútil para restringir seu poder de mercado. Em compensação, a empresa tem sido investigada pelos governos de vários países sob as acusações mais diversas, como preços predatórios, abuso de posição dominante e elevação dos custos dos concorrentes. Assim, a OMC corre o risco de se tornar irrelevante. Por um lado, sua agenda provavelmente continuará repleta com problemas do passado. Por outro, não disporá de instrumentos para lidar com as questões contemporâneas.

Bibliografia

BROWN, K. 1996. *The British toy business: a history since 1700*. London: Hambledon Press.

CROSS, G.; SMITS, G. 2005. Japan, the U.S. and the globalization of children's consumer culture. *Journal of Social History*, v. 38, n. 4.

EVANS, D.; SCHMALENSEE, R. 2005. *Paying with plastic*. 2 ed. Cambridge: MIT Press.

KING, C. 1980. *Antique toys and dolls*. New York: Rizzoli International Publications.

KRUGMAN, P. 1989. *Exchange-rate instability*. Cambridge: MIT Press.

KUMAR, A. 2005. *Access to financial services in Brazil*. Washington, D.C.: The World Bank.

SCHUMPETER, J. 1942. Capitalism, socialism and democracy. New York: Harper & Row.

TAVARES, J. 2000. Poder de mercado e competitividade internacional. Rio de Janeiro: Expressão e Cultura.

OUTSOURCING EM TECNOLOGIAS DA INFORMAÇÃO E DA COMUNICAÇÃO: OPORTUNIDADES PARA A AMÉRICA LATINA

Paulo Bastos Tigre

1. Aspectos conceituais dos serviços de *outsourcing*

Desde 1995, quando o uso comercial da Internet foi autorizado, a comercialização de serviços relacionados às tecnologias da informação e da comunicação (TIC) vem ganhando crescente importância no comércio internacional. Pressões competitivas têm levado empresas multinacionais a buscarem novas localizações para seus centros de *software* e serviços tendo em vista reduzir custos e ter acesso a novas tecnologias e recursos humanos qualificados.

Os dados oficiais sobre o mercado de *outsourcing* nem sempre refletem a realidade, uma vez que a rápida evolução e transformação dos serviços dificulta sua correspondência com as classificações estatísticas hoje existentes no comércio internacional. Outro aspecto que encobre a verdadeira dimensão das atividades de *outsourcing* é o fato de grande parte das transações serem feitas dentro de diferentes subsidiárias de uma mesma empresa global. A especialização geográfica permite que os serviços sejam distribuídos segundo o custo dos fatores e a capacitação tecnológica local. Tais transações não aparecem nas estatísticas de comércio exterior, embora contribuam efetivamente para o balanço de serviços do país, por meio do pagamento de fatores de produção locais.

Os serviços de *software* tradicionalmente prestados a distância envolvem a terceirização de uma atividade específica da área de TI, seja ela na camada de infra-estrutura ou relacionada à gestão e manutenção de aplicativos. Alguns exemplos de serviços terceirizados são:

- desenvolvimento de aplicativos específicos para cada cliente ou grupo de clientes (*software* sob encomenda);
- gestão da infra-estrutura de telecomunicações;
- serviços de apoio a clientes, incluindo *web and voice call centers*;
- manutenção remota de equipamentos e *software*;
- treinamento à distância;

- integração de sistemas, incluindo o detalhamento e o gerenciamento da implantação de um *software* ou sistema visando garantir interligação com os demais sistemas, *softwares* ou infra-estrutura;
- serviços de busca e de bancos de dados.

Novas tecnologias e tendências organizacionais, entretanto, vêm permitindo a viabilização da comercialização de serviços, que embora não sejam propriamente de TIC, utilizam as tecnologias da informação como habilitadora de sua execução. Tais serviços de gestão de rotinas administrativas e processos de negócios são conhecidos como Information Technologies Enabled Services (ITES). Nesse campo destaca-se, devido a seu alto valor agregado, o Business Process Outsourcing (BPO), em que uma organização externa assume a responsabilidade de executar todo um processo administrativo como, por exemplo, a gestão de vendas ou a administração financeira.

Os modelos de gestão contemporâneos enfatizam a especialização das empresas em sua competência central. A subcontratação de serviços é função da necessidade dos agentes focarem seus esforços em atividades onde o valor agregado supera os custos internos de prestação, repassando a responsabilidade e a gestão das demais atividades para terceiros. O acirramento da concorrência, forçando a busca por menores custos, maior produtividade e competitividade, é o principal motor do crescimento dos contratos de terceirização dos serviços de *software*.

2. Oportunidades do *outsourcing*

O *outsourcing* de serviços de TIC e ITES vem se tornando um mercado importante, principalmente nos Estados Unidos, onde ocorrem mais de 60% das operações globais. A maior parte dos serviços é terceirizada no próprio país (*inshore*), mas a contratação no exterior (*offshore*) vem crescendo principalmente na Índia, e também em outros países em desenvolvimento. O *offshore outsourcing* pode ser feito em unidades de uma empresa em outro país (*captive offshore*) ou contratado junto a fornecedores independentes no exterior. O primeiro modo responde por dois terços das operações, indicando que existe uma preferência por manter o controle dos processos na própria corporação. Entretanto, a tendência é equilibrar essas proporções, já que a taxa de crescimento estimada do *offshore* independente (38% ao ano) é maior do que a do cativo (26%).

O mercado de *offshore* é hoje concentrado nos chamados três "Is": Índia, Irlanda e Israel. Outros países importantes são a China, as Filipinas e o Canadá. O caso da Índia é emblemático, pois se trata de um país em desenvolvimento que passou a liderar as exportações de serviços baseados em tecnologias da informação. Em 2004, o país exportou US$ 12 bilhões em serviços, capturando 33% do mercado americano de *offshore*. A Índia apresenta a vantagem de alta especialização, baixos custos e grande oferta de recursos humanos graduados (o dobro dos Estados Unidos). Até o final da década, o país espera exportar US$ 80 bilhões em serviços habilitados por TIC, representando 7% do PIB e gerando 4 milhões de empregos diretos.

A entrada da Índia no mercado de *outsourcing* foi gradual, observando-se um progressivo crescimento do valor agregado dos serviços prestados. Até a década de 1990 as operações envolviam principalmente o *body shopping*, um tipo de prestação de serviços em que tanto a contratação quanto a utilização da mão-de-obra terceirizada são geridas pelo próprio cliente. Com a experiência acumulada, a gestão das operações tem sido transferida para provedores locais, trabalhando a distância e agregando mais valor. Os serviços realizados, entretanto, ainda são intensivos em recursos humanos, a exemplo do desenvolvimento de linhas de código. Porém, a meta das grandes empresas indianas é eliminar intermediários e atender diretamente aos clientes finais no exterior. Para isso, empresas como a TCS vem investindo em subsidiárias, inclusive na América Latina.

3. Atratividade dos países

O que faz um país se qualificar para prestar serviços de *offshore outsourcing*? A consultoria A. T. Kearney elaborou um *ranking* dos 25 países mais atraentes segundo diferentes critérios objetivos (baseados em estatísticas e avaliações disponíveis) e subjetivos (com base em *surveys* realizados junto a empresários). Cinco países latino-americanos estão incluídos na lista, conforme mostra o quadro abaixo.

Quadro 1
Índice de atratividade de serviços de *outsourcing* em países selecionados

País*	Estrutura financeira	Ambiente de Negócios	Recursos humanos	Índice Total
1. Índia	3,32	0,93	1,36	5,61
2. China	3,09	1,77	0,73	5,59
6. Filipinas	3,59	0,92	0,94	5,45
7. Brasil	3,17	1,41	0,86	5,44
8. Canadá	1	2,48	1,94	5,42
9. Chile	2,99	1,68	0,70	5,37
14. México	3,12	1,26	0,74	5,12
15. Argentina	3,25	1,08	0,74	5,07
16. Costa Rica	3,06	1,33	0,67	5,06
23. Irlanda	0,62	2,48	1,39	4,49

Fonte: A. T. Kearney's 2004 Offshore Location Attractiveness Index.

* O número indica a posição no *ranking* global.

A metodologia adota os seguintes critérios de avaliação:

- estrutura financeira (40% de peso): salários de pessoal qualificado, custos de infra-estrutura e carga fiscal;
- disponibilidade de recursos humanos qualificados (30%): quantidade de profissionais de nível universitário, experiência acumulada em *outsourcing*, qualidade do sistema educacional e proficiência em idiomas;
- ambiente de negócios (30%): avaliação do ambiente econômico e político por agencias de *rating*, apoio governamental a TIC, qualidade da infra-estrutura de comunicação e informática, adaptação a diferentes ambientes culturais e segurança da propriedade intelectual.

Os indicadores mostram que a Índia lidera o *ranking* mundial de melhor localização para atividades de *outsourcing*, principalmente em função da disponibilidade de recursos humanos qualificados. A China vem a seguir, graças ao bom ambiente de negócios. Filipinas se caracteriza por apresentar baixos custos e mão-de-obra e fluência em inglês.

Os países latino-americanos apresentam, de modo geral, custos competitivos e bons ambientes de negócios. O Brasil conta com uma maior disponibilidade de recursos humanos qualificados, devido ao fato de ser um país populoso, além de apresentar ampla difusão de TI, enquanto o Chile se destaca pelo ambiente favorável de negócios. A Argentina apresenta boa estrutura financeira, mas perde em termos de ambiente de negócios. Já a Costa Rica é vista favoravelmente nos modelos de negócios, mas carece de escalabilidade de acesso a recursos humanos, dado o pequeno tamanho da população. O México apresenta uma estrutura mais equilibrada entre os indicadores.

Os indicadores de atratividade não revelam diferenças expressivas, sugerindo que todos os países relacionados apresentam um bom potencial. Segundo Greg Blount,[10] apesar de a Índia ser o fornecedor dominante, a maioria das empresas que está em processo de globalização não está satisfeita com a produtividade dos indianos. Os modelos de operação estão se diversificando e as empresas globais estão olhando para múltiplas localidades fornecedoras, inclusive na América Latina, que apresenta a vantagem de já contar com subsidiárias das principais empresas multinacionais. O continente tem bons profissionais, fuso horário similar ao dos Estados Unidos, além de

[10] Diretor da TPI, empresa de consultoria de *global sourcing*, em palestra realizada no Rio de Janeiro em julho de 2005.

proximidade geográfica e cultural e um relacionamento histórico que facilita os negócios. Tais condições favoráveis têm levado companhias multinacionais a aumentar suas operações de desenvolvimento de *software* na região.

4. Os desafios do *offshore outsourcing*

As principais motivações para uma empresa terceirizar serviços de TIC e processos de negócios são a redução de custos e o acesso a competências para modernizar seus processos de negócios. A redução dos custos de *hardware* e serviços de telecomunicações tornou o *outsourcing* uma atividade relativamente pouco intensiva em capital. Os custos salariais representam, em média, cerca de 70% dos custos totais, conforme mostram diferentes estudos.

A segunda motivação para uma empresa terceirizar seus serviços de TIC é ter maior acesso a recursos técnicos qualificados. As empresas querem melhorar a qualidade dos serviços e incorporar novas tecnologias, mas sem incorrer no ônus de investir em áreas que não são de sua competência central. Ao transferir tarefas que não fazem parte de seus ativos críticos, liberam recursos humanos e financeiros para intensificar sua especialização em etapas da cadeia produtiva onde apresentam diferencial competitivo.

O alto custo de transação inerente ao *outsourcing* leva as grandes empresas a buscarem fornecedores com boa reputação e capacidade de prestar serviços globalmente. Os serviços prestados por multinacionais do ramo de TIC tendem a se distribuir entre diferentes subsidiárias. Operações em países de alto custo salarial, como Canadá e Irlanda, são geralmente especializadas em serviços de alto valor agregado, pois não são competitivas em atividades mais rotineiras e intensivas em mão-de-obra.

A qualificação dos recursos humanos é outro fator fundamental para garantir o acesso a novas tecnologias. Isso inclui boa formação universitária, domínio do idioma inglês, acesso a ferramentas computacionais avançadas, testes de certificação, além de flexibilidade e capacidade criativa. A Índia conquistou tais atributos não apenas pela qualidade de seu sistema universitário, mas principalmente pela emigração de técnicos para a Europa e Estados Unidos. Muitos técnicos retornaram trazendo na bagagem a experiência e o conhecimento do mercado exterior.

Na América Latina, observa-se uma notável expansão do sistema universitário (principalmente privado), gerando certa massa crítica para prestação de serviços. Entretanto, a grande maioria dos estudantes não está em careiras técnicas que os habilitariam para a prestação de serviços de TIC. O conhecimento do idioma inglês também é uma barreira, assim como o conhecimento de processos de negócios.

A disseminação de ferramentas padronizadas de design e metodologias de implementação e garantia da qualidade (a exemplo do CMM, uma espécie de ISO 9000 do *software*) é também muito importante. Associada ao acesso a tecnologia, conta muito a experiência prévia das empresas de cada país em prestar serviços locais de *outsourcing*. As exportações são geralmente conseqüência do sucesso das empresas no mercado doméstico. Este é um aspecto que favorece países como o Brasil e o México, em detrimento da Índia, onde o mercado local de serviços de TIC é pouco atraente.

Por outro lado, a terceirização de serviços de TIC envolve muitos riscos de parte a parte que precisam ser contornados pelo aumento da confiança. Os contratos de terceirização são feitos de forma muito lenta e cautelosa, devido ao alto custo de transação envolvido. Do ponto de vista da empresa contratante, terceirizar um processo significa abrir mão de capacitação nessa área. Contratos são peças imperfeitas, e fatores como a fidelidade do agente a ser contratado, sua capacitação dinâmica e os cuidados adotados na proteção à propriedade intelectual não podem ser perfeitamente conhecidos *a priori*.

Do lado da oferta, também há altos riscos envolvidos. Prestar serviços rotineiros requer investimentos em ativos específicos, principalmente no aprendizado sobre a forma particular como cada cliente organiza seus sistemas e processos. Significa também participar do dia-a-dia da empresa sem estar submetido à mesma rotina hierárquica, o que exige a prática de novas formas de governança. Por isso são mais comuns os acordos de terceirização de serviços entre diferentes subsidiárias de uma mesma empresa.

5. *Outsourcing* no âmbito do GATS

Desde 1995, o GATS vem desenvolvendo um quadro de referência para abertura dos mercados de serviços, por meio do princípio de listas positivas. Tal princípio permite que países assumam compromissos específicos em cada setor para todos os modos de comércio previstos. A maior parte dos serviços de *offshoring* é classificado no Modo 1 (serviço transfronteiras), que é definido como serviço prestado no território de um país membro para outro país membro. Dado que cerca de dois terços do *outsourcing offshore* é realizado no âmbito de uma mesma empresa multinacional, a liberação do Modo 3 do GATS (envolvendo investimento direto estrangeiro) também ganha relevância para o avanço do *outsourcing*.

Segundo o World Trade Report da OMC de 2005, nas discussões sobre comércio eletrônico, os países membros da OMC concordaram que o GATS era tecnologicamente neutro no sentido de que não continha provisões que distinguissem entre as diferentes formas tecnológicas nos quais os serviços são prestados. O compromisso relativo ao Modo 1 implica o direito do prestador de entregar o serviço em qualquer modalidade possível, seja via correio, internet, telefone etc. Entretanto, essa interpretação vem sendo questionada e não pode ser assumida como um compromisso definitivo.

O comércio de serviços é geralmente muito regulado na maioria dos setores, dada a necessidade de assegurar a qualidade do serviço e as qualificações do fornecedor. O GATS reconhece o direito dos países regularem tais serviços e introduzirem novas regras em seu território para cumprir com objetivos de políticas públicas. O órgão não quer interferir nas políticas públicas, mas trabalha no sentido de assegurar que certos tipos de medidas não discriminatórias (qualificações e procedimentos requeridos, licenças) sejam baseados em critérios objetivos e transparentes e não constituam barreiras desnecessárias para o comércio de serviços. Isso implica não discriminar o prestador de serviços segundo o modo de prestação.

O WTR 2005 observa que os compromissos assumidos no Modo 1 são muito menores que no Modo 3. Entretanto, isso pode ser explicado pelo fato de muitos tipos de serviços não poderem ser tecnicamente prestados pelo Modo 1 dada a necessidade de proximidade física. Na medida em que as tecnologias da informação e da comunicação avançam, mais serviços passam a ser tecnicamente viáveis de serem prestados a distância. O relatório argumenta que a inexistência de compromissos formais de abertura não significa a ausência de oportunidades comerciais. Na realidade, as condições atuais de prestação de serviços de TIC e habilitados por TIC são bastante liberais, mas novos comprometimentos em segmentos específicos são necessários para tornar os serviços mais transparentes e previsíveis para os operadores de negócios.

A maioria dos analistas acredita que o quadro de referência hoje existente está longe do ideal. Três críticas são destacadas: 1) Ainda existem muitas indefinições acerca do modo de prestação de alguns serviços (tipo 1 ou 2); 2) o sistema de ofertas de compromissos tem se revelado lento demais para obter avanços; 3) o sistema atual de classificação de serviços não reflete adequadamente os novos serviços prestados a distância. O GATS não exige que seus membros sigam uma lista específica e eles acabam seguindo a Lista de Classificação de Serviços Setoriais elaborada em 1991, quando a Internet ainda não existia comercialmente. Dada a crescente importância do *outsourcing*, o tema vem ganhando crescente importância na agenda, sem ter ainda uma linha definida de solução.

6. Conclusões

Em uma economia cada vez mais intensiva em informação e conhecimento, não é difícil prever o crescimento acelerado do comércio de bens imateriais como *software* e serviços. Alguns países da América Latina se encontram em posição favorável para explorar tal potencial, graças aos investimentos públicos e privados realizados em educação superior e em infra-estrutura de telecomunicações. No entanto, é necessário aprofundar nosso entendimento sobre os diversos aspectos que revestem a questão. Uma agenda de pesquisas precisa ser implementada visando reforçar o posicionamento estratégico da região no mercado global de *outsourcing*. Em particular, observa-se o paradoxo no qual, embora os relatórios apontem alguns países latino-americanos como grandes prestadores potenciais de serviços de *outsourcing*, as estatísticas disponíveis não incluem os países do continente como efetivamente participando do mercado global.

A analise das condições necessárias para prestação de serviços de *outsourcing* envolve fatores técnicos, econômicos, políticos e culturais. Os fatores críticos de sucesso variam de acordo com os diferentes serviços e o estudo destes fatores pode ajudar os países da América Latina a promoverem políticas públicas e estratégias empresariais adequadas para sustentar o crescimento das exportações de serviços e a se posicionarem nas negociações comerciais.

Outra questão relevante são as análises controvertidas acerca do impacto do *offshore outsourcing* no emprego e no comércio exterior. Por um lado, os relatórios de empresas de consultoria apontam para um grande crescimento atual e potencial de serviços de *outsourcing*, dada a necessidade de as empresas focarem em suas competências centrais e reduzirem custos. O World Trade Report de 2005, em contraste, conclui que tais serviços não são novos e tampouco são diferentes de outras formas de comércio impulsionadas por vantagens competitivas. Além disso, o relatório argumenta que o impacto dos serviços de *offshoring* na produção, emprego e comércio é menos importante do que vem sendo sugerido por alguns artigos na imprensa.

Por fim, a própria agenda de interesse dos países latino-americanos é pouco clara. Os temas da chamada Agenda de Singapura, apoiada pelos países mais desenvolvidos, é hoje centrada na liberalização dos mercados financeiros, serviços de telecomunicações e proteção à propriedade intelectual. Por outro lado, a agenda para promover o *offshore outsourcing* está associada à liberalização de serviços profissionais que são reservados a pessoas certificadas segundo regras e procedimentos locais. Isso inclui, por exemplo, serviços de contabilidade, projetos de arquitetura e serviços médicos e legais. Dado o interesse dos países latino-americanos em expandir suas exportações de serviços profissionais, é necessário examinar quais os aspectos relevantes para a agenda de negociações do GATS.

Bibliografia

FROST; SULIVAN. Fazendo o *outsourcing* de TI dar certo: os grandes consumidores de TI na América Latina compartilham suas experiências e mostram como ter sucesso na implementação do *outsourcing* de TI.

GUTIERREZ, R. M. V.; ALEXANDRE, P. V. M. Complexo eletrônico: introdução ao *software*. *BNDES Setorial*, Rio de Janeiro, n. 20, p. 3-76, set. 2004.

HYDER, Elaine B., HESTON, Keith; PAULK, Mark. *The eScurcing capability model for service providers (eSCM-SP)*, v. 2, Part 1: Model Overview. CMU-ISRI-04-113. Carnegie Mellon University, 2004.

JESUS, L. *Terceirização de serviços de Tecnologia da Informação e serviços habilitados por Tecnologia da Informação: conceitos gerais e a terceirização via Fábrica de* Software. DEI-POLI/UFRJ, Projeto de Fim de Curso. Rio de Janeiro, 2005.

MATTOO, A.; WUNSCH, S. Pre-empting proteccionism in services: the WTO and outsourcing. *World Bank Policy Research Working Paper* 3237, March 2004.

MIT/SOFTEX. *A indústria de software no Brasil, 2002: fortalecendo a economia do conhecimento*. Campinas: Softex, 2002.

NASSCOM-MCKINSEY. NASSCOM-McKinsey Report 2002. *Strategies to achieve the Indian IT industry's aspiration*. New Delhi: Kriti Graphics, 2002.

SPARROW, E. *Successful IT outsourcing: from choosing a provider to managing the project*. Londres: Springer-Verlag, 2003.

TEIXEIRA FILHO, J. *Orientações gerais para terceirização de serviços em informática*. Disponível em: www.informal.com.br. Acesso em: 29 jul. 2000.

AUTORES

João Paulo Cândia Veiga

Professor do Departamento de Ciência Política da USP. Pesquisador do Centro de Estudos das Negociações Internacionais (CAENI).

José Tavares de Araujo Jr.

Diretor do Centro de Estudos de Integração e Desenvolvimento (CINDES). Sócio da Ecostrat Consultores.

Leane Cornet Naidin

Economista da FINEP/ MCT. Pesquisadora da Universidade Federal do Rio de Janeiro. Professora Adjunta da PUC-RJ.

Lia Valls Pereira

Professora da Universidade do Estado do Rio de Janeiro e do Instituto Brasileiro de Economia da Fundação Getulio Vargas.

Maria Fernanda Gadelha

Economista da FINEP/MCT. Pesquisadora na UFRJ.

Maria Regina Soares de Lima

Professora do IUPERJ e do IRI/PUC-RJ. Coordenadora do Observatório Político Sul-Americano (OPSA).

Marta Calmon Lemme

Economista, Pesquisadora, Doutoranda e Professora Assistente da UFRJ.

Marta R. Castilho

Professora do Departamento de Economia na Universidade Federal Fluminense.

Paulo Bastos Tigre

Professor titular do Instituto de Economia da UFRJ. Economista, MSc em Engenharia de Produção (COPPE-UFRJ). PhD, Science Policy Research Unit, University of Sussex.

Pedro da Motta Veiga

Coordenador de LATN no Brasil. Diretor do Centro de Estudos de Integração e Desenvolvimento (CINDES). Sócio da Ecostrat Consultores.

Ricardo Markwald

Diretor-Geral da Fundação Centro de Estudos do Comércio Exterior (FUNCEX).

Roberto M. Iglesias

Doutor em Economia pela Universidade de Oxford. Diretor do Centro de Estudos de Integração e Desenvolvimento (CINDES). Professor da PUC-RJ.

Sandra Polónia Rios

Economista e diretora do Centro de Estudos de Integração e Desenvolvimento. Sócia da Ecostrat Consultores.

Vivianne Ventura-Dias

PhD, University of California, Berkeley. Membro do Comitê Diretor da LATN. Consultora (BCA Consultoria). Professora colaboradora da UFSC.

ÍNDICE

A AGENDA DE NEGOCIAÇÕES COMERCIAIS E OS INTERESSES BRASILEIROS

COMÉRCIO E POLÍTICA COMERCIAL: A DIMENSÃO DISTRIBUTIVA

Impressão e Acabamento
Prol Editora Gráfica